Sandplay Therapy

A Step-by-Step Manual for Psychotherapists of Diverse Orientations

沙游治疗

——心理治疗师实践手册

[美] 芭芭拉 · L. 博伊科　E. 安娜 · 古德温 / 著
(Barbara L. Boik)　(E. Anna Goodwin)

田宝伟　等 / 译

中国轻工业出版社

图书在版编目（CIP）数据

沙游治疗：心理治疗师实践手册／（美）博伊科（Boik, B. L.），（美）古德温（Goodwin, E. A.）著；田宝伟等译．—北京：中国轻工业出版社，2012.2（2025.3 重印）

ISBN 978-7-5019-8539-5

Ⅰ.①沙… Ⅱ.①博… ②古… ③田… Ⅲ.①精神疗法-手册 Ⅳ.①R749.055-62

中国版本图书馆CIP数据核字（2011）第238710号

责任编辑：戴　婕　　责任终审：杜文勇
策划编辑：阎　兰　　责任校对：刘志颖　　责任监印：吴维斌

出版发行：中国轻工业出版社（北京鲁谷东街5号，邮编：100040）
印　　刷：三河市鑫金马印装有限公司
经　　销：各地新华书店
版　　次：2025年3月第1版第12次印刷
开　　本：710×1000　1/16　印张：19
字　　数：181千字
书　　号：ISBN 978-7-5019-8539-5　　定价：38.00元
读者热线：010-65181109
发行电话：010-85119832　　010-85119912
网　　址：http://www.chlip.com.cn　http://www.wqedu.com
电子信箱：1012305542@qq.com

如发现图书残缺请拨打读者热线联系调换
250309Y2C112ZYW

译 者 序

英国诗人威廉·布莱克在《天真的预言》中说："一沙一世界，一花一天国。无限掌中置，刹那成永恒。"

首次接触沙游治疗，惊叹于它的神奇。

记得那还是2004年3月，我参加教育部组织的全国高等院校心理咨询骨干教师培训班。课堂上，张日昇教授详细介绍了沙游治疗的历史、基本理论和实践操作。最后，他邀请几位学员共同参与制作一个团体沙盘。我有幸参与其中，第一次体验了沙游的神奇和魔力。我手捧着细细的白沙，让它们从指缝中缓缓滑过。在大家的共同协作下，我们构建了属于我们的"世界"。我充满好奇地在物品架上搜寻着那些吸引我的物件，并把它们放入我们的"世界"之中。我时而犹豫——真不知该选哪个好，这些物件像充满了灵性的精灵，瞪着圆圆的眼睛召唤着我；我时而坚定——毫不犹豫地选择一个，放在我认为合适的地方。有时别人移动了我的物件，有时我也会根据自己心中的构想而把别人的物件移开，有时我发现他人的某个物件带给我意想不到的惊喜，有时我们也会因"世界"的构造而产生矛盾……最后，当作品完成时，我们都充满珍惜与渴望地看着我们创造的神奇"世界"，聆听老师对"世界"的分析，体悟沙游带给我们的启迪。活动结束时，我们热烈拥抱，庆祝我们“新世界”的诞生并拍照留念。

准确把握来访者的心理和行为，是每个心理学流派、每位心理学家的梦想。不同的心理流派对此也都进行了探索和尝试：行为主义取向者把目光聚焦在外显行为上，精神分析取向者则注重挖掘来访者的成长经历和无意识内容，认知疗法取向者则着重探讨认知思维模式的影响，以来访者为中心疗法的采用者则更重视咨访双方关系的建立和治疗师给予来访者真诚的、无条件的积极关注……在这些治疗体系和方法中，治疗师通常面临两个难题：一是如何呈现和澄清来访者所面临的问题，二是如何使来访者聚焦于此时此地。面对这两个难题，上述治疗体系和方法，或只重其一，或无法深入。

沙游治疗很好地解决了上述难题。它借助于沙盘和各种物件，使来访者的问题以物化的方式真实重现，同时来访者也可以在沙世界中进行动态演绎，从而身临其境地感觉、体验、反复检验内在的迷惑和感觉，并在动态发展中调整自己的认知结构和行为模式，对未来生活进行演练，甚至可以创造性地与内在自我、他人和社会进行心与心的对话与交流。

沙游治疗是一种充满乐趣且意义深远的心理治疗方法。许多刚接触沙游治疗的心理咨询师或治疗师都会对这种方法感到欣赏，但有时又常常因为难以驾驭沙游过程以及对意象进行适当的解释而止步不前。

感谢芭芭拉·博伊科(Barbara Labovitz Boik)和安娜·古德温(E. Anna Goodwin)，正是她们的努力和与人分享的精神才有了这样一本关于沙游的实操指导手册。本书不仅会激发你对沙游治疗的浓厚兴趣，而且会使你对沙游理论有一个清晰的理解和认识。最重要的也最具价值的是，本书还详细讲述了沙游在治疗儿童、成人、夫妻等方面的具体应用步骤。

如果你是一名心理咨询师或治疗师，本书将使你了解和掌握沙游这种充满神奇和智慧的治疗方法——它不仅能有效治疗来访者，也有助于你实现个人成长，解决反移情问题。如果你正有意于建立自己的沙游工作坊，本书给你提供了具体且必要的操作性指导。如果你是一名心理学爱好者，本书将为你打开一扇趣味世界的大门，你可以探索属于自己的那片内在领地。

感谢郭艳秋、张培、刘林德对此书翻译所做的贡献，他们精益求精的工作态度令我肃然起敬；感谢鲁小华、张驰、牛勇，在本书的翻译过程中，他们提供了丰富的沙游治疗方面的素材，我们共同对这种治疗方法的探讨和实践使我更为准确地传达原作者想要表达的内容；感谢我的同事王凤英、何玉珍、赵玉梁、刘黎明、高翠香等老师，他们对本书的翻译提供了很多建设性的意见和建议；感谢我的学生陆峰、李燕、韦东玉、吴斯、王震、葛晨晨对译文进行的一丝不苟的校对。

感谢我的女儿，是她把我重新带回了童真时代，我们在共同的沙盘游戏中探索对方，找寻自己。

愿所有人都能在沙世界的创造中实现自我探索和不断成长！

田宝伟

序　　言

在一个小小的盘子中，装有或湿或干的沙子，来访者可以使用也可以不使用小物件来配置沙子，创造出一个场景。来访者运用触觉、视觉、听觉和嗅觉，将其最内在的意识和无意识想法、感觉变成物质的形式。通过运用积极的想像和创造性的象征游戏，沙盘游戏（简称沙游）成为一种实用的、体验性的工具。它创造了一个从无意识到意识、从心灵到物质、从非语言到语言的沟通桥梁。来访者通常说不出自己的困难、痛苦、冲突的来源及解决方案，或对它们缺乏理性的理解。当这种困境发生时，沙游就提供了一个机会，让来访者可以用意象来呈现发生在个人内在或外在世界的各种状况。换句话说，意象成为了一种来访者与心理治疗师沟通无意识内容的语言，从而使来访者对自我有更深刻的理解并实现行为的改变。就像艺术治疗一样，视觉形式取代了语言沟通，因此绕过了来访者的心理防卫。沙游的另外一个优点，是它允许来访者用可以被触摸到的并且容易被改变的象征性物件，来展示整个问题的各个方面。对来访者和治疗师来说，只有当治疗师坚信来访者的无意识心智可以提供通向自我发现的独特道路时，深层的转化工作才能够发生。

目前，对各种不同的心理治疗取向的治疗师来说，沙游都是一种有力的工具。荣格学派沙游治疗的前身是“世界技术”（world technique），它由英国的一位小儿科医师玛格丽特·洛温菲尔德（Margaret Lowenfeld）在20世纪20年代末期发明。如今，在整个欧洲和美国，沙游已经找到了属于自己的位置。在过去，沙游主要被用于儿童心理治疗，现在它已成为对成人、夫妻、家庭和团体进行治疗、实现个人成长、增进沟通以及解决问题的一种工具，被精神卫生机构、医院、私人诊所、学校等广泛运用。虽然沙游主要是由精神卫生领域的专业人士来实施的，但是受过训练的护士、小学或中学老师、大学教授、督导师以及组织行为研究者，都可以有效地使用。

作为本书的作者，我们非常高兴和你分享我们是如何迈入沙游这个领域的。

芭芭拉：在讲述我的沙游治疗事业历程之前，先讲讲我自己创造第一个沙世界的故事。我的一位同事在学习了沙游后，问我是否想亲自体验一下。当时我已经开始利用沙游治疗儿童心理疾病了，我发现很多人对于创造自己的沙盘都充满了浓厚的兴趣。虽然如此，我起初对于自己亲自感受沙游却很犹豫。事后回想起来，我觉得这是因为我的沙游体验都来自治疗师的角色，而非爱玩的儿童角色。在平时的沙游过程中，我一直扮演的是一个有意识的观察者和支持者。在对来访者进行沙游治疗的过程中，虽然我在无意识中实现了对沙游活动的积极参与，但是从来访者角度而言，我并不熟悉沙游。最终，我决定变换自己的角色来体验沙游。我用沙子做出各种造型，重新体验了孩提时代在海滩上建造沙堡时的美好感觉。但是我对物件的选择并没有做到随心所欲。渐渐地，我的注意力变得越来越集中，自己也更为放松，认知慢慢从有意识层面向无意识层面靠近。我用选择的物件创造了一个不在我意识心智计划中的“世界”。结果让我大吃一惊。我创造的场景是：一只欢快的美人鱼在沙盘中央向外看着她周遭的世界（请看

图1)。在事后与同事的讨论中，我深刻地觉察到，我内在的童心被唤醒了。我认识到，虽然我本性上很喜欢嬉闹，但是我却在有意识地抑制自己内在的童心。从那时起，我在更深的层次上理解了沙游的深刻内涵，以及它对我个人和对成人来访者的有用性。

图1　芭芭拉的第一个沙世界

20世纪60年代，我的职业生涯从当一名小学教师开始。我发现，当我给孩子们创造一些机会让他们以自己独特的方式来表达自己、进行学习和游戏时，孩子们就会有惊人的进步和成长。在教室中，学生必须把注意力集中在课本知识的掌握上，再加上班级人数众多，这些因素使我无法顾及每位孩子的智力发展、情绪波动。这种现状驱使我去念了心理咨询方向的研究生。我的第一次咨询经历是在一个城市学校里，我用游戏来使儿童吐露心声，帮助他们治疗心灵创伤并逐步迈向康复。当我获得心理学专业的第二个硕士学位后，我在大学咨询中心和私人诊所对成人及夫妻进行治疗的工作机会越来越多。在治疗过程中，我运用过不同的技术，包括完形治疗、催眠治疗、叙事治疗、理性情绪疗法，同时还对儿童进行游戏治疗。我发现，当我运用比较间接的方式与来访者互动时，常常能获取更多的信息，得到更深的领悟，并能促进来访者的改变、成长、康复以及实现问题的解决。我能够触及到来访者在意识层面上还没有准备好要呈现的隐藏信息材料。像沙游这样间接的、富于创造性的、充满想像力的方法通常具有较少的威胁性，它容许来访者更自然地表达自己。当然，我也会使用直接的、语言性的方法，这取决于特定来访者的需要和情况。

20世纪80年代，通过与同行切磋、阅读相关书籍和在沙游工作坊进行实践，我对沙游这种治疗方法更加熟悉。在我创造自己的第一个沙游世界并且持续做自己的个人沙游之后，我开始在实践中将沙盘用于治疗成人来访者。对成人来访者的治疗结果反映了这个方法的益处。我越来越信任来访者内在智慧的力量。90年代初期，当时与我在同一个团队工作的安娜参加了一个关于沙游应用的强化工作坊，她与我分享了许多想法。

安娜：我生命当中的许多体验都促使我把沙游作为实现来访者和我自己成长的重要方法。在此我仅讲述几个例子。我早期主要从事儿童护理工作，包括精神科、内科和外科病人的护理。这种工作经历让我认识到身体健康的重要性，以及人的健康状况是如何受情绪、认知和精神层面的东西影响的。从那时起，我通过仔细观察自己孩子的成长，越来越觉察到游戏在人的个体化进程中的价值。我注意到触觉、听觉、视觉、嗅觉和味觉可以大大地促进人的个体化进程。

20世纪70年代末期，我回到研究所致力于儿童及青少年咨询研究。游戏治疗和家庭系统治疗是当时教授们采用的基本干预方法，主要强调对整体的人和系统的治疗。虽然在治疗师职业生涯的早期我就接触过沙游，但当时沙游只是用来治疗儿童。从我第一次目睹了沙游用于治疗儿童的过程时起，我就认识到这不是一项普通的技术。儿童被物件和沙子吸引，就像铁片碰到了磁铁一样。当他们在沙盘中玩时，他们好像忘记了时间和空间，对当前的自我情况也会忽略。因为我个人从未使用过沙游，所以不了解这个方法对成人的威力。在我个人的职业生涯中，我专长于身体虐待和性虐待问题，工作对象有儿童、成人和家庭。我越来越认识到尊重和信任每位来访者内在智慧的重要性，它可以带领来访者完成独特的治疗过程。我也认识到，当一个人长大成人后，童心不会消失。即便是成人，要释放创造力和内在的无意识内容也需要借助游戏。

我发现，运用较少指导性的和非评断性的技术，可以使来访者真实地展现自我，充分地探索自我。虽然完形技术、催眠技术、叙事疗法和其他游戏技术在理性和情绪层面上是成功的，但是总觉得好像还缺少某些东西。很显然，成人和儿童来访者都很难冲破跟自身记忆有关的有形阻碍。我阅读了一些沙游书籍，运用同行的沙游工作坊有选择性地治疗了一些成人和儿童，做我自己的沙盘，在加州奥克兰跟随格思拉·德·多美尼科（Gisela De Domenico）博士做了广泛的学习研究，之后，我真正认识到沙游的魅力。来访者通过触摸和移动那些反映他们问题和创伤的象征物件，实现了自身心理和行为的戏剧化改变。

芭芭拉和安娜：20世纪80年代末期到20世纪90年代初期，我们开始共同举办针对治疗师和教育工作者的培训，主要讲授一些用于儿童治疗的新方法，包括沙游、各类游戏技术和讲故事技术。最初，我们主要专注于将沙游用于治疗个体，包括儿童和成人。到了20世纪90年代中期，我们将治疗对象扩展到家庭和夫妻。我们发现沙游在解决关系问题、促进家庭成员的沟通方面有很高的价值。如今，我们将沙游广泛地运用在我们自己和来访者身上，开办工作坊，召开专题研讨会，与相关专业的师生切磋，培训他们使用沙游以及创立沙游工作坊。

本书的构思来源于参加我们沙游治疗工作坊的一些治疗师的建议。目前已出版的有关沙游的书籍数目虽在慢慢增多，但是总体品种仍然很少。现有的一些书籍和文章虽然对沙游的历史、理论和价值进行了总结和梳理，但没有一本书详细阐述如何去运用沙游，以及运用沙游开展治疗的步骤。为了填补这一空白，我们决定写一本沙游操作指导手册。

在本书中，我们没有依附任何一种理论取向或治疗技术。但要说明的是，我们工作模式的基础源于格思拉·德·多美尼科（Gisela De Domenico）发展出来的沙游模式。虽然我们和德·多美尼科的理论原则可能有些不同，但是我们发现她治疗来访者的哲学与我们很相似，她做沙游的模式非常有效。我们通过分享来访者在沙游过程中的某些体验来说明沙游治疗的相关问题。书中的范例反映了我们取得的成功和所犯的错误。我们相信，第一手的经验是学习和内化知识与技巧的最有效方法。诚挚地希望你能从这本指导手册中获益。

目　录

第1章

揭开沙游的神秘面纱——沙游概论

什么是沙游

在讨论什么是沙盘游戏（sandplay，以下简称为沙游）之前，我们先看一个我们治疗过的来访者的沙游治疗经历。爱丽丝，女，40岁，离异。童年时她的祖父曾对她有过严重的身体虐待。为了走出这种痛苦回忆所带来的阴影，爱丽丝前来寻求我们的帮助。在接受了催眠、完形及认知治疗之后，她解决了许多长期困扰她的心理问题。不过，她仍然抗拒把游戏当成一种治疗形式，因为利用游戏进行治疗的想法令她感到害怕。

在治疗过程接近结束之际，她提到了一件跟她祖父有关的创伤事件，这件事如影随形缠绕着她，影响着她的日常生活。爱丽丝小的时候非常任性，有一次她没有听祖父的话，祖父大怒，将她锁进一个养满小鸟的笼子里。受到惊吓的小鸟鼓动翅膀掠身拍她，用爪子抓她，用嘴啄她，她只能默默地蜷缩在笼子的一角，瑟瑟发抖。她记忆的画面就停在这里。此后，每当她一接近鸟，就有一种恐惧感。即使只是看到鸟的羽毛，她也会变得脸色苍白，浑身开始发抖。虽然爱丽丝已经接受过一些治疗，但是效果并不明显。我们建议说沙游治疗也许可以帮助她处理这个创伤，因为这种方法可以容许她真实地看到和触摸到她所害怕的东西。鉴于对我们的信任以及对驱除这种恐惧的渴望，爱丽丝决定试一试沙游治疗。

当她进入沙游室开始浏览所有物件时，她突然呆住了。她脸色变得苍白，浑身开始颤抖，说不出话来，手一直指着架子上的两支鸟翅。最后，她转头将视线移离鸟翅，嚎啕大哭。当情绪稍微平静后，她摇着头，嘴里不停地说："我就是不能碰它们，连看它们都不行！"短暂沉默之后，我们问："假如我们把翅膀和羽毛替你放在你想要放置的地方，你想再继续下去吗？""是的，我想是这样。"她说，"我真的想要结束这一切，我再也不要祖父继续破坏我的生活了。"我们轻轻地拿着鸟翅和羽毛，将它们放置在沙盘中由爱丽丝指定的位置上。接下来，当她在沙盘中创造她自己的沙世界时，对过去事件的记忆逐渐清晰浮现。她终于领悟到鸟和她祖父的连结是导致她得恐惧症的真正原因，而鸟本身对她并没有伤害性（请看图2）。

图2　爱丽丝的沙世界

这次治疗即将结束时，爱丽丝轻轻地捡起一片羽毛，将它放在胸口。她轻抚着羽毛，低声呢喃，眼泪滚过脸颊，滴落到羽毛上。哭过之后，她开始面露微笑，继而大笑，说："我做到了。"在最后的治疗讨论中，爱丽丝说悼念她的过去很重要，只有这样才能抛弃过去。我们问她将如何去做，她立刻说她想去抚慰和埋葬她遇到的下一只死去的鸟。

第二天下午爱丽丝打来了电话。当她诉说着离开治疗室之后所发生的事情时，声音显得坚强有力。一位对她过去受虐历史毫不知情的朋友在停车场拦下她说："我有东西要送给你，我觉得它跟你很般配。"她递给爱丽丝一根美丽柔软的沙丘鹤羽毛，爱丽丝接受了。第二天上午，当爱丽丝离开家要上班时，她在门口发现了一只死去的小麻雀，她的第一个反应是想跑开，但这一次她没有这么做，而是在她家的白桦树下面挖了一个小坑，轻轻地拎起小麻雀，把它放在坑中埋葬了。她站在那里为自己过去的岁月哭泣，为这只小巧优雅的麻雀而难过。她认为是这只小麻雀牺牲了自己的生命使她获得了解放。她在麻雀的墓碑上面写道："飞高一点，小家伙，飞高一点。"在挂断电话之前她说："你知道，如果没有沙游，我不可能做到这些。"如同荣格（Carl Gustav Jung，瑞士著名心理学家）在他的文章中所写，"通过赋予模糊内容一个可见的形式来澄清它，这种方式常常是必要的。通常双手了解如何解决一个被思维缠绕而解不开的谜题。"（Jung，1960）就像爱丽丝一样，我们的许多来访者已经验证了荣格的话。

到底什么是沙游治疗呢？在沙游治疗中，治疗师提供沙盘、水、许多物件和材料，来访者在沙盘所限定的区域里，运用这些道具发挥自主想像创造一些场景。沙游可以有效地用在对儿童、成人、夫妻、家庭以及团体的治疗上。正如国际沙游治疗学会主席鲁丝·阿曼（Ruth Ammann）所述，沙盘就像是"一座心灵花园"，像一个展示来访者心灵生活的容器。沙盘是一个介于个体内心世界和外在生活的"中间地带”，来访者的内心世界和外在生活在这里得以逐步呈现和自我揭示。沙盘是一片自由的空白区域，来访者在此运用自己鲜活的创造力创造自我的“世界”、改造现存的“世界”。治疗师提供一个安全和接纳的环境，来访者可以敞开心扉，说出自己的心声。阿曼比喻说，这个“中间地带”也存在于来访者和治疗师之间。在“中间地带”，意识层面和无意识层面的内容得以展开且一起出现，并得以具体形象化。这也是治疗师与来访者的无意识和意识相遇及互动的地方。

沙游为来访者提供了接触内在感觉或心灵的通道。在沙游治疗中，来访者用意象来呈现发生在内心世界和外在世界的事。通过使内心世界的东西具体化，来访者把其与自己的关系带到外在现实，并且允许无意识内容被揭示。这种无意识内容被具体形象地呈现，可以把来访者被压抑的或未知的东西带入到意识中来。

人们在生活中创造了人格面具（persona）来面对外部世界。大家常常压抑自己的感觉和思想，疏离心灵中心的“灵性自我”（Selves）。个体日常生活中持续的活动和需求，对创伤和痛苦经历的隔离，人们所受到的不要感性行事而要理性思考的教导，凡此种种，都阻碍着人们接触“灵性自我”。人们受到的阻碍越多，人格面具就越背离“灵性自我”。“情绪和感觉掩盖得越深，记忆和部分人格就距离意识越远，我们就越不可能找到词语来表达它们。”（Ammann，1993）当他们通过创造沙世界看到了自己的未知领域并且对无意识内容有了更多的了解时，他们就能够获得原先被他们否认的能量和领悟。有学者这样描述荣格的理论：“意识和无意识的合作导致个体心灵上的整合和力量。”沙游提供了这种意识和无意识合作的框架。

沙游有许多形式。在来访者和沙子间建立联系，有助于将来访者归置或恢复到一个需要治疗的位置上，这样做的原因之一是大部分人在儿童时期都曾在沙土中戏要过。沙游将人带回到某些童年记忆中去。

有些来访者完全不用物件，只是触摸、拨弄沙子以造出各种形状，有些人用很少的物件，有些人则用很多的物体。有些人用干沙，有些人则用水把沙弄湿。有些人很快地建造出他们心中的场景，有些人则做得很慢。有些人创造出一个静止的“世界”，有些人则创造的是一个连续的故事。有些来访者说自己在沙游过程中体验的是专注和平静，有些来访者则享受着沙游乐趣，还有一些人则体验到了过去的痛苦。没有所谓的正确方式或正确结果。对于心理治疗师来说，要尽可能地避免将自己的偏见、价值观以及自己未解决的问题带入治疗过程中，这一点非常重要。这种意识可以让治疗师开放地接收来访者正在体验到的信息，而不去做太多的判断。

“沙游治疗是来访者个体化进程中最主要的推进器。”（Weinrib，1983）我们赞成荣格学派的观点，认为心灵可以自然地趋向治愈和完美。当个体的无意识内容逐步意识化时，来访者无意识中努力追求完美的渴望就会得到实现。来访者对自己人格的不同侧面、对影响治愈的原因等也会有更深入的洞察。沙游就像是一个梦境体验，它把来访者在现实中无法看到的情形带入意识，弥补了来访者觉察的盲点。

我们把沙游看作是心理治疗的辅助手段。心理治疗师可以继续使用自己在专业领域中运用的得心应手的技术。沙游弥补了许多治疗方法的不足。完形技术、心像法、身体活动法、认知重建技术、艺术治疗以及催眠技术等治疗方法都可以和沙游治疗相辅相成、相得益彰。

沙游的发展历史和趋势

在将沙子及象征物正式应用于治疗用途之前，一些土著部落就曾在地上画一些有保护含义的圆圈并创造了沙画。在温里布（1983）看来，沙游治疗的起源跟历史悠久、文化内涵丰富的沙画并驾齐躯——“纳瓦霍宗教的沙画广泛运用于治疗的仪式等”。克莱尔·贝克（Clare Baker）在其文章《纳瓦霍沙画和沙游》中详细阐述了沙画和沙游的平行发展情况。纳瓦霍沙画和沙游均为治疗方式，它们激发了个体的心理能量，开启了从一种心智状态到另一种心智状态的通路。另外，它们均促进了参与者之间的沟通。

沙盘的运用可以追溯至20世纪20年代末。将游戏和创造性活动作为治疗过程的一部分在当时已被广泛运用，特别是对于儿童的治疗。梅兰妮·克莱因（Melanie Klein）、安娜·弗洛伊德（Anna Freud）、艾瑞克·艾瑞克森（Erik Erikson）等人都是将玩具和小物件用于治疗和诊断的积极推动者。他们的实践结果强有力地支持了荣格将想像力和创造性用于成长和个体化进程的主张。在沙游于20世纪50年代被杜拉·卡夫（Dora Kalff，一位瑞士籍荣格学派的治疗师）命名之前，运用小物件在沙中制造场景的方法已经在治疗领域确立了它的地位。1929年，英国小儿科医师玛格丽特·洛温菲尔德发明了“世界技术”，又称做“世界游戏”（worldplay），它是沙游的前身。

20世纪20年代，洛温菲尔德从小儿科医师转为儿童心理治疗师，她的目标是想要找到一种媒介和方法，这种媒介和方法既对儿童有吸引力，又可以让观察者和儿童进行有效的沟通。她深信运用一些小玩具可以了解儿童最深层的、口语期之前的想法和感觉。洛温菲尔德的个人经历，包括多病的童年、父母离异、母亲去世，以及她在俄国与波兰战争期间的医护工作经历等，都成为她思考的对象。她的过去经历加深了她对儿童内在心灵生活的理解，以及对非语言工具可以促进人际沟通的认识。年轻时，洛温菲尔德偶然地看到了威尔士（H. G. Wells）于1911年写成的《地板游戏》。威尔士坚信游戏可以为成人提供一个广阔的、有创意的空间。在《地板游戏》中，威尔士描述了许多他和两个儿子共同参与的活动，他们用木片、纸、粘土、小人模型、小动物模型等物件建造城市和岛屿。威尔士对沙游发展做出了重大贡献，他明确了游戏的材料和游戏的类型。这些游戏鼓励独创性，推崇创造性的想像活动。在威尔士的启发下，加上自身的经历，以及自己在寻找与儿童沟通的途径方面的努力，洛温菲尔德创造了“世界技术”。

20世纪20年代后期，在搬到英国的儿童心理研究所之前，洛温菲尔德已经收集了许多小玩具和小物件，如各种纸质图形、彩色棒等。洛温菲尔德将它们放在一个箱子内，孩子们称之为“神奇箱子”。在搬到研究所的时候，这些物件被存放在一个带有小抽屉的橱柜里，孩子们叫它为“世界”。洛温菲尔德做了两个镀锌的箱子，一个装沙子，另一个装水，于是孩子们就开始把那些物件和箱子结合起来使用。“世界技术”就是让来访者自发地在干沙或湿沙中排列小物件或塑造沙型，创造出一幅画或一个场景。洛温菲尔德认为儿童思考问题的方式是利用体验性的生动意象而不是用文字或原型（archetype）[①]。她发现儿童在沙盘中表达出了他们意识的和无意识的想法。她不是一位精神分析师，也没有对来访者的作品进行分析。但她相信“世界技术”的价值已经在体验它的过程中得到了实现。洛温菲尔德认为，“世界技术”的目标是“让被创造出的‘世界’面质它的创作者，而不是让治疗师

[①] 原型：个体的心灵结构中继承下来的先存形式。就像本能解释了人们重复的行为模式一样，原型解释了心灵的重复模式。——译者注

面质‘世界’的创作者”。她认为“世界技术”可以被不同理论取向的心理治疗师所应用。

20世纪50年代，杜拉·卡夫师从洛温菲尔德。作为一名荣格学派的分析师，卡夫根据荣格理论调整了“世界技术”，将它命名为“沙游”。卡夫对沙游的看法反映出她的理论素养和个人能力，如她对东方哲学的研究、高直觉力、运用沙盘的丰富经验、受诺埃曼发展理论的影响以及她跟随荣格和洛温菲尔德所做的研究等。卡夫的沙游理论建立在荣格观点的基础上，认为人的心灵能够被激发并不断地朝健康的方向移动。卡夫认为沙游是一种工具，儿童通过它可以表达原型和内心世界，并同每天的外在现实相连结。她提出了一种假定：即这种象征性游戏实现了意识和无意识心智之间的一种沟通。在治疗师创造的这个得到保护的安全空间里，意识与无意识心智间的交融激发个体产生和谐和丰满的意象，重新建立自我和本我的连结。伴随着“自我”和“本我”的连结，儿童各方面的行为机能变得更加平衡与和谐。在观察到这种现象之后，卡夫便开始将沙游方法运用在成人身上。

杜拉·卡夫到世界各地演讲，培训荣格学派的治疗师和分析师，并且力推沙游。和“世界技术”有所不同，在沙游精神分析模式中，是由治疗师来面质来访者的。在治疗过程中，卡夫运用两种沙盘，一个装干沙，一个装湿沙，沙盘蓝色的底部和侧边分别代表着水和天空。她强调治疗师应保持沉默，以便来访者在没有受到干扰的情况下完成场景的建造。她认为，治疗师应该等几个沙盘都完成之后再去做诠释，并对每一个场景都进行拍照，以便在日后回顾时在深层的感受体验中加入认知觉察。

20世纪80年代早期，德·多美尼科运用不同形状和尺寸的沙盘对正常的学龄前儿童进行现象学的研究，她也对儿童、青少年、成人、夫妻、家庭和团体做了临床性的和转化性的研究工作。她的沙游理论和实践——她称之为“沙盘—世界游戏”（sandtray-worldplay）——就是从这个研究发展而来的。她的理论来源于在游戏指导过程中的发现，以及她对来访者游戏行为的观察（即观察他们是如何在盛着各种颜色沙子的容器中通过玩沙子和水来揭示自己的）。她关注的焦点是沙游的整个过程、游戏所创造的景象，以及沙游不同阶段具有治疗性作用的“意义形成”。

像许多前辈一样，德·多美尼科也强调心灵的自我治愈力量。不过，她没有强调“无意识心灵”的深层，而是通过促使来访者体验沙世界和自己的过程，通过忽略治疗师说出口的和未说出口的解释，直接触及人类意识的深层。她强调，要信任心灵以及游戏的产物，以便忠实地反映出来访者在治愈和成长方面的进展。她将沙游治疗师的功能看成是一个调解者——他调解着来访者“成长边缘”和“公众—社会”对每个人的期望间的差距。

德·多美尼科探讨心灵的方式跟洛温菲尔德和卡夫有很大的不同。她认为人类是一个多维的存在体，在许多不同的维度上是有意识的，而且可以运用不同的意识体（而不是无意识体）去体验、回应、创造和调整现实的不同侧面。多美尼科认为，一旦沙的造型和被创造的形象被呈现在沙盘上，它们就是真实的（而不是象征性的）。和洛温菲尔德和卡夫不同，德·多美尼科认为，不管对来访者的诊断如何，人的意识领域和意识体都会在每一个体身上发挥作用。她认为通过沙游可以激活它们。德·多美尼科认为，当治疗师面对来访者“各种各样的体验体”时，治疗师不需要解释来访者的沙世界，可以先撇开专家的角色，与来访者一起成为“世界”的共同探索者。像洛温菲尔德一样，德·多美尼科从来访者的个人体验开始；像卡夫一样，她尊崇来访者体验的原型水平，但不去解释它们。在她的沙游工作中也包含了对家庭、社会、祖先、超个人等方面的研究。德·多美尼科教给她的学生的是关于游戏来访者的故事，而不是治疗师的故事。

在工作过程中，德·多美尼科创造了许多技术让来访者去深刻体验他们的沙世界，体察他们的内心。在德·多美尼科之前的沙游治疗师在治疗过程中都没有统一的程式，德·多美尼科发展出了适用于个人、同时也适用于多人的沙游模式。她要求来访者将沙游体验应用到他们的日常生活中去，并且认为治疗师也应该尽可能经常运用沙游来进行自我发掘。

沙游在治疗师、教育工作者和商业咨询师中广受欢迎。虽然具有荣格象征技法的卡夫式沙游已被广泛应用，德·多美尼科的“沙盘—世界游戏”目前也为许多治疗师所熟知，但是最近几年来许多不同取向的治疗师仍在探索的是如何将沙游应用在他们的来访者身上。根据我们的经验，不管你的理论取向是什么，沙游本身对大部分来访者和我们自身的治疗与成长都有极大的帮助。我们发现，德·多美尼科的方法非常有效，跟我们的理念和治疗方式非常相像。我们在继承已有优良治疗模式的基础上，改进并运用了德·多美尼科的治疗模式和某些技术。

沙游融入了语言和非语言的方法，通常用来作为心理治疗的辅助技术。沙游的发展趋势是尽可能摆脱僵化的规则和诠释。沙游的应用领域包括精神治疗机构、私人诊所、学校、个人成长训练中心以及商业组织。

沙游治疗的优势

沙游的效力是什么？为什么在20世纪90年代越来越多从事成人和儿童治疗的心理治疗师开始使用这种技术呢？沙游跟其他游戏治疗方法又有何不同呢？本节我们将阐述一些学者对这些问题的看法以及我们自己的观点。洛温菲尔德、卡夫、温里布、德·多美尼科、布莱德威（Bradway），以及其他许多运用沙游的治疗师都已经感受到沙游在以下方面的优势与长处。

第一，长期以来，治疗师已经知道儿童的幻想游戏可以促进个体化的进程，并且增强其对成人世界的把握能力。根据皮亚杰（Piaget）的说法，游戏是学龄前儿童发展的最主要动力来源。荣格说："'幻想'是所有可能性之母。在幻想中，内心世界与外在世界就像是所有的心理对立一样，被结合在一个活生生的联合体之内。"近些年来，在很多人身上都重新体现出童心的力量，这鼓舞了许多精神卫生工作人员更广泛地将游戏治疗和其他体验性的治疗方法运用于来访者的治疗上。人们需要并渴望通过游戏来释放创造力、内在感觉和记忆，并将它们带到外在现实。

在幻想游戏中，沙子和水是特别有力的工具。对儿童而言，沙游是一种自然的表达形式，而且很容易被它吸引。大多数的成年人在童年都有过在沙滩或沙坑玩沙的经历。因此，沙游起到了连接过去经历的作用，它创造出了一条通向儿童内心世界的通道。对于沉浸在游戏当中的儿童，沙子和水就像磁铁一样，吸引着儿童自发性地进行游戏。大部分进入我们治疗室的儿童都会立刻被沙盘和众多物件所吸引。成年人通常也会对沙游区感到好奇，但是有些人对于玩游戏会比儿童显得较为犹豫。大部分成年人和儿童在他们童年的玩沙经历中没有太多的艺术技巧和特别的文化限制，因此他们会觉得创作很自由，没有约束。在沙中玩游戏的方法不涉及对与错的问题。“世界”是在没有其他成人的示范或干扰之下创造出来的，它真实地反映了创作者的内心世界。

第二，沙游与其他治疗方法最大的区别是它容许来访者去创造一个“世界”,这个“世界”为来访者的内在想法和感觉提供了有形的证据。这个“世界”可以看得见、摸得着、体验到、可以改变，能够讨论和被拍照。在创伤得到化解之前，一些来访者需要先把他们经历过的某些体验或创伤具体化、客观化。就像前面的爱丽丝所说：“如果没有沙游，我不可能做到这些。”尽管其他一些治疗方法也很有效，但是它们中的大部分并不允许来访者运用真实的物质形式来重现过去。根据荣格的看法，一个无法靠认知方法理解或化解的情绪体验，常常可以通过赋予它一个可见的形状而得到处理。在运用沙子、水、物件和双手创造“世界”的过程中，奇迹发生了，一些无意识的解决方案这时就能传送到建造者的手上，一个被整合的实体跃然呈现在沙盘之上，来访者这时也会顿悟和感到惊喜。对儿童而言，游戏和生活几乎是同义词，沙游中无意识内容的客观呈现会实现其与目前现实的整合。对成人而言，领悟来得既快又完全，而且常常可以在生理上、情绪上、心理上和精神上感受到。当来访者无法通过其他治疗方式解决自己的问题时，或者对正在感觉到的东西迷惑不解时，或者想知道自己为什么会用某种方式行动时，这种能够被摸到、被看到、被听到和被闻到的沙世界就可能为他们提供答案。

沙子和水不但是物质的、有形的，同时也是人类定基于地球并同地球连结的自然原型象征物。就像心灵一样，沙子和水会流动和移动，不断发生着改变。沙子和水把心灵与身体、精神与物质连结在一起，为精神和肉体的意识上的和无意识上的互相影响提供了机会。在创造沙世界的同时，建造者不断地把意识转换成物质的东西呈现出来。

第三，在沙游中运用的物件和材料等象征物是一种共通的语言。儿童通常没有能力确切说出发生在他们身上的事情；而成人，如爱丽丝，也经常无法用适当的词汇来描述他们的感觉。沙游为来访者提供了一个表达他们最内在想法和感觉的途径。因为沙子和水可以开发语言期之前的意识，故在理解心灵的表述时，语言技巧就不再是必需的了。基于这个理由，沙游可以适用于不同的语言、文化、种族、年龄和发展程度的人。世界上有许多文化都涉及泥土和象征物的运用（如美国原始部落的沙画、东方国家的“冥想”花园）。除此之外，话语过多也可能会妨碍治疗进展。对于那些凭借语言来使自己的思维变得理性和逃避问题实质的来访者，沙游会阻止他们理性的心智，让其无意识地讲出自己的故事，同时将身体设定在此时此地。因此，沙游容许非语言的表达，内心深层的体验可以被象征性地传达给来访者和治疗师。这些体验的分享拉近了治疗师和来访者间的联系，而这些通常是很难用语言方式建立起来的。

第四，当来访者抗拒治疗师询问某些困难问题时，沙游就是一个比谈话治疗具有更小威胁性的方法。沙游可以软化防卫，减少抗拒。无需任何语言，来访者关心的问题就会自然浮现在沙盘上。我们曾经治疗过一个十多岁的女孩子，她具有强列的抗拒心理。当我们鼓励她说出家庭的问题时，她显得有压力并退缩。然而，她却以无言的方式在沙盘中创造出了多个“世界”，来呈现她被父母虐待的真实故事。

第五，沙游可以作为一种辅助工具，与治疗师目前运用的技术相辅相成。虽然在大多数情况下沙游被当作是荣格学派的一种实务技术，但它也可以用来作为其他治疗方法的辅助工具。例如，如果一个治疗师在本质上主要是认知取向，那么他在沙游中就不太可能去做心理分析，而很可能会和来访者一起在沙盘中帮助来访者重新建构他的思维。

治疗师没有必要去学习一套全新的理论方法，特别是当他们现在的方法得心应手时。你可以将沙游技术融入你最熟悉的治疗方法，如完形技术、心像法、心理剧和认知重塑，并且在治疗的过程中不做或只做很少的解释。

虽然许多治疗师对他们平常使用的治疗方法和技术很满意，但我们发现有许多这样的情形，即当这些方法和技术失效的时候，来访者和治疗师就会出现停滞和感到挫折。当这些方法和技术无法充分地描绘个人内在精神体验的完整性或复杂性时，沙盘世界靠着它多层次及三维空间的象征物则可以克服这个限制。"非语言的沙盘世界使沙游者能够同时在许多层面上描绘事件——就像它们在梦中呈现一样。"（Thompson，1990）来访者创造了一个从无意识到意识，从内在心灵到外在世界，从精神灵性到物质，以及从非语言到语言的桥梁。这个过程也会反过来进行，因为无意识一旦被客观化为意象，它反过来也可以充当内在心灵改变的催化剂，意识和无意识之间的直接连结就实现了。

第六，沙子和水的运用会自动将来访者带回到体验中需要治疗和整合的区域。在沙游过程中，来访者过去的经历或创伤在一个自由的、安全的环境中得到界定，并最后被治疗师掌握。当治疗师以尊敬和推崇的态度，而不是以评价的态度来看待来访者和他的创作时，上述过程就会出现。当来访者在沙盘中建造场景的时候，他不断地改变"世界"，破坏旧的东西和创造新的意象。在建造沙世界时，来访者通过不断地创造、破坏、创造、破坏，来展现和审视他们自己的沙世界。他们可以及时地从过去经历的受害者转变成旧体验的主人和新体验的创造者。

第七，沙游激活了个体无意识中的天生康复力量，并且为来访者提供从受害者转变成创造者的机会，它赋予每个人力量来让他们决定自己的治疗流程。来访者自己决定在治疗过程中是否揭露自己或将要学习什么。只有来访者准备好要处理的内容才会进入意识。他们向外创造的意象反映了他们无意识的内在世界，而且会扩大对自己的理解。因为来访者在治疗过程中是主动的、有意识的，因此他们能够克服无助感和自卑感。由于治疗师尊重来访者对他们“世界”的创作和个人解释，而且不给予治疗师的个人解释，来访者的独特体验和领悟便得以证实。每一个来访者都会为自己是一个能掌握自己生活的、聪明的、受尊敬的人而欣喜。

最后，因为沙盘是一种处理许多生活事件的强有力的工具，这些生活事件包括创伤、人际关系问题、个人成长、灵性自我的整合和转化等，因此治疗师和来访者都可以从沙游中获益。治疗师可以在沙盘中解决反移情问题和个人成长的问题（请见第10章）。就像洛温菲尔德所说的那样，因为我们是通过沙盘（而不是治疗师）来面对来访者以及把握来访者的反应的，因此沙游也能使治疗师获益。我们赞成琳达·坎宁安（Linda Cunningham）对为什么沙游治疗比谈话治疗更不会让治疗师感到能力耗竭的解释，因为来访者的许多投射都映现在沙盘中了，而不是投向治疗师身上，因此处理移情所需的能量便减少了。坎宁安写道：

> 我的假设是沙游治疗师比运用其他治疗方法的治疗师会感到更少的能力耗竭，因为沙盘本身就成为荣格所说的参与秘法和克莱因所说的投射性认同的容器。来访者将自己无意识的自我拒绝内容及其连结的感觉象征性地放入沙盘中，沙盘又将这些感觉和自我拒绝的内容用一种比较能够承受的和可利用的形式默默地反馈回来。治疗师的主观移情体验就不会很强烈了，因为移情已经呈现和转化在沙盘容器当中了。

沙游治疗师的角色

虽然沙游是对治疗师现有治疗技术的丰富和补充，但是做沙游治疗还是需要一些特殊的能力和素质。格思拉·德·多美尼科列举了许多开展这类体验性治疗的要求。她认为开展沙游治疗“需要坚信象征性物件、绘画文字的内在心灵意象是真实存在的，需要有自觉地投入体验的能力，需要有容纳新体验的能力，需要有从容进出体验的能力。治疗师以观察者角色进入……在体验性投入结束之后，能够转而发挥反思功能，带来体验的意识记忆和整合。”

在沙游治疗中，治疗师通过让自己成为一个心理容器这种关键性的方式去把握发生在沙盘和治疗室内的所有状况。在整个过程中，治疗师让来访者感到安全并容许其内在声音说话。这种方式对儿童尤其重要，因为他们尚未发展出一个强壮的自我，还需要一个成人的支持，这个成人通常不会对别人的想法和行为进行批评和评价。治疗师也向来访者示范了什么是真正的倾听和投入。在示范这种专注时，治疗师显示了自己可以进行无评价的观察并展示了意义形成的过程。除此之外，治疗师还帮助来访者看清他所创造的“世界”或场景是如何反映某些无意识的心灵内容的。因为沙游过程通常会唤醒深层情绪和领悟，并且将它们从原本隐藏的状态带入到可观察和感知的层面。因此，在来访者处理浮现出来的情绪和记忆的过程中，治疗师必须担当起来访者的协助者或支持者的角色。

沙游是来访者探索心灵的旅程，治疗师是他在这个旅程中的共同探索者，他们一起游过心灵地志。在意义形成的过程中，来访者在前面带路，治疗师紧随其后，提出疑问和建议。对治疗师来说，最重要的是要有耐心，让来访者的叙述渐次展开。治疗师必须注意，当激发来访者探索时，治疗师只是一个共同探索者。阿曼对这种角色平衡有很形象的描述："装有精神分析对象（心灵过程）的容器正在烹调，治疗师必须小心地把握火候，既不能让炉火熄灭，也不能让炉火烧得过旺，以免锅里面的东西溢出来或是被毁坏。"

在担当"见证人和镜子"的过程中，治疗师促进了无意识群聚的过程。对来访者而言，有个值得信任和尊敬的人来见证自己那些不同于意识的事情会使他感到更加安全和踏实。来访者常常不确信他们自己的新领悟。当治疗师对所观察到的来访者体验给予口头回应时，通常可以帮助来访者看清他自己，如同从不同的角度看镜中的自己一样。我们发现，即使我们只是简单地回应了我们所看到的事情，来访者就会被触发且更进一步将沙世界应用到他们自己的生活中。

那么，治疗师如何才能做到这些呢？一个治疗师必须拥有许多特质和技巧才能够有效地对来访者做如此深入的工作。当然，就像任何治疗取向所要求的那样，治疗师必须对人类发展、心理过程和治疗性干预有一个基本的认识和知识基础。在沙游治疗中，对心灵、集体无意识的语言和原型的知识有些了解也会对治疗很有帮助。除此之外，掌握一些身体疾病方面的知识也很有必要，但这方面的知识并非绝对必需。

治疗师通过探索自己的"灵魂花园"，让自己不断趋于完美和个性化，这一点也很重要。治疗师通过自己做沙游，可以从沙盘来访者的角度体验沙游的过程，这将提高他理解来访者体验的能力。通过经历沙游过程，治疗师不仅有效调节和强化了他们的观察力以及运用各种感官的能力，同时也培养了他们的创造力和想像力。再者，治疗师更能觉察他们隐藏的无意识内容，这样，将减少自己的阴影投射到来访者身上，同时也容许治疗师和来访者间或多或少地进行未过滤的心灵交换。治疗师必须认识到学无止境，治疗师与来访者之间的互动对双方来说都是一个学习的过程。

正如沙游治疗无法满足所有来访者的需要一样，沙游也不是所有治疗师都要选择的干预方法。在回顾本部分中有关沙游治疗师的必备技巧和角色任务时，治疗师也必须评估自己是否适合这种治疗方式。

本章小结

什么是沙游

- 在沙子中进行的富有想像力的活动。
- 个体化进程的天然镜子。
- 达到内在感觉核心的通路。
- 无意识内容的直观呈现。
- 用于沟通的象征性语言。
- 安全和接纳性的环境。
- 在一个被限定的空间内进行。
- 用或不用水。
- 用或不用物件。
- 静态或动态的世界。
- 辅助性治疗方法。
- 治疗对象包括儿童、成人、夫妻、家庭、团体。

沙游治疗的优势

- 促进个体化进程。
- 能够释放来访者的创造力、内在感觉、知觉和记忆，并将它们带到外在现实且提供具体证据。
- 利用大部分的感官，提供一种扩展性的体验。

- 让来访者退回到过去的体验，促进康复和整合。
- 创造了从无意识到意识、从内心世界到外在世界、从精神到物质、从非语言到语言的桥梁，因此可以显现隐藏的信息。
- 激发来访者自发游戏；游戏方法无所谓对错。
- 因为没有威胁性，可以减少来访者的防卫心理。
- 对于儿童来说，它是一种自然语言；对于不同文化和发展阶段的人来说，它是一种共同语言。
- 通过来访者从“受害者”到“创造者”位置的改变以及来访者自己决定治疗流程进而激发来访者的潜在力量。
- 对心理治疗起辅助作用，因此各种取向的治疗师都可以运用该方法。
- 为治疗师提供进行个人心灵探索的机会。

沙游治疗师的角色

- 心理容器：容纳来访者发生在沙盘和治疗室内的所有状况。
- 示范：示范专注倾听、不加评价的行为，完全的陪伴。
- 连结：连结来访者和他的沙游——无意识内容和意识以及沙游和外在世界。
- 协助者／支持者：支持被激发起的情绪，并且帮助来访者体验这些感觉。
- 共同探索者：和来访者一起探索他的创作以及创作对他的意义。
- 见证人／镜子：见证和回应来访者的沙游过程，确认和强化这些体验。

沙游治疗师必备的重要特质

- 具备理论知识。
- 具备临床经验。
- 对人的内心世界有所了解。
- 能够不断加强自我理解和实现个人成长。
- 体验过自己的沙游。
- 具有容纳新体验的能力。
- 相信象征性内在意象。
- 具有身体疾病方面的知识。

第2章

如何创建沙游工作坊

创建沙游工作坊是开展沙游治疗的前提。也许你会说你的工作空间不够大或者资金不足，不必担心，我们将告诉你如何在最小的空间、以最少的花费做起。必须准备的基本材料包括沙子、一至两个沙盘、一些小物件、建构材料、一个水壶、一部照相机、一张小桌子，以及一些架子或存储物件的容器。在本章中，我们将详细描述在沙游工作坊中各种可能出现的情况，为你提供不同的选择和建议。

在将沙游融入治疗实务的过程中，你必须花一些时间阅读相关书籍和文献。如果条件允许的话，我们鼓励你去参加一两个由合格的沙游治疗师开设的工作坊。工作坊最好是体验性的，它可以让你经历身为来访者和治疗师两种角色的体验。这将有助于你确定沙游是否适合自己，是否应把沙游作为自己目前所用技术的一种辅助工具。

沙游工作坊的必备设施

沙　　盘

用来装沙子的沙盘或沙箱有各种不同的形状、类型和尺寸。建议至少准备两个沙盘以备使用。一个沙盘中的沙子来访者可以弄湿，另一个沙盘中的沙子则一直保持干燥。这让来访者可以有所选择。另外再准备一个空的沙盘有时也很有必要，尤其是对儿童而言，这一点我们将在第4章讨论。洛温菲尔德用的锌制长方形沙盘长50厘米，宽80厘米，深8厘米。卡夫用的沙盘通常是木制的，并在边线上镶金属条或硬塑料。为了模拟天空和水，她把沙盘的内侧涂成蓝色，沙盘大小为50厘米×70厘米×8厘米。

为什么要使用这个特定尺寸的沙盘？卡夫给出了多项理由。她觉得应该要让来访者不用移动视线就能够看到整个沙盘世界，这样来访者可以全面地理解和欣赏自己的创作。沙盘的每个区域也都在来访者伸手可及的地方。有目的地将尺寸缩小，是为了来访者可以方便地创造沙盘世界。卡夫认为沙盘实际上“限制游戏者的想像，因而具有调节和保护性的作用，让建造者的想像不致于超出控制”。乔尔·里思·梅纳赫（Joel Ryce-Menuhin）认为：“固定沙箱的空间可以使游戏者的幻想在限定的范围之内自由释放。”德·多美尼科对沙盘的不同尺寸做过研究，结论是，洛温菲尔德和卡夫使用的小沙盘有助于来访者聚焦他们的沙世界和并使之具体形象化。与在较大的容器中进行的沙游相比，儿童在较小的沙盘中玩的时间更长，可以用反射性的象征模式更清楚地表达其内在的世界观。当运用一些大得可以爬到里面去的沙盘时，儿童就会出现注意广度减小和肢体活动增加的情况，而且也增加了替代性游戏活动出现的机会。德·多美尼科认为，沙盘在实际效果上对游戏者和创作都起了扶持和限制的作用。她认为“在一个有限的安全空间中，心灵能够最完整地呈现它自己”。

虽然我们许多木制沙盘大约是50厘米×80厘米×8厘米（和德·多美尼科所用的大小一样），但我们发现根据来访者的游戏进程，不同尺寸和形状的沙盘都有不同用处。除长方形沙盘外，我们还提供一个正方形沙盘和一个圆形沙盘（请看图3）。我们通常建议来访者选择一个在谈话中他最想使用的沙盘开始游戏。我们相信，潜意识会引导来访者对沙盘的挑选；偶而我们也会指导来访者选用一个我们认为最能促进来访者某个特定进展的沙盘。长方形和正方形沙盘比圆形沙盘更能清楚地描绘出对立和冲突，而且它们通常可以容许一个缓慢而自然的整合过程逐渐出现。圆形沙盘使画面比较集中，冲突和二元性经常在圆圈之中找到连结点，而创作的场景也更理想化，这对来访者更有镇静和安抚作用（De Domenico，1988）。因此，治疗师可能会挑选圆形沙盘来减轻来访者的焦虑和烦躁情绪。如果来访者经常选用圆形沙盘来逃避自己的场景焦虑，那么你可以建议他使用长方形或正方形沙盘，促使他面对自己的问题。要依照你自己的判断去指导来访者。

木制沙盘既美观又实用。我们用蓝色丽光板来做衬里，丽光板的蓝色模拟了水和天空，同时也可以防水。你可以找生产商做或请朋友帮忙做木制沙盘，如果你对木工很内行的话，也可以自己做。一般来说，这些沙盘的价格在150美元至300美元之间。

虽然常用的长方形沙盘也适合做夫妻治疗，但我们还是要准备一个稍大的沙盘（约50厘米×110厘米×10厘米）供夫妻和家庭治疗时使用（请看图4）。值得一提的是，我们还有一个带有储藏隔间的便携式沙盘（请看图5）。对于那些需要到不同地方工作的治疗师，例如：精神卫生工作人员、公共卫生护士、社工人员以及学校咨询师，这种

图 3　圆形的和正方形的沙盘以及放置沙盘的桌子

图 4　用于夫妻、家庭治疗的沙盘和沙盘桌

图 5　便携式沙盘

便携式沙盘会特别有用。如果治疗室很小或是跟别人共用治疗室，这种沙盘也很方便，因为沙盘只占用很小的空间。便携式沙盘的规格大概为50厘米×70厘米×8厘米，两边各有一个带盖的小盒子（50厘米×35厘米×8厘米，带有可调整式隔板）用来放置不同类别的小物件。这种沙盘可以完全地折叠起来，包括可折叠的桌腿（桌腿30厘米高），在箱子上还装有一个把手可以提着。如果觉得装满沙子沙盘太重的话，也可以把沙子去掉以便出行时携带。

虽然许多治疗师偏爱木制沙盘，但我们发现坚固的塑胶沙盘同样好用。塑胶沙盘比较便宜，而且即便灌水过多也不会损坏。这种沙盘（请看图6）通常带有蓝色或白色的盖子。如果你需要将多个沙盘摞在一起的话，盖子就非常重要了。塑胶沙盘有各种不同的尺寸和价格，我们常用的塑胶沙盘是50厘米×80厘米×15厘米，价格大约15美元。我们使用的较小型的塑胶沙盘尺寸是38厘米×53厘米×15厘米，价格大约5美元。如果可能，你可以买一个蓝色的沙盘来模拟出天空和水。“世界的建造者”通常更喜欢8至10厘米深的沙盘，因为在这样深度的沙盘中工作起来比较容易。在一个较浅的沙盘中，来访者比较容易从不同的角度看到他们所创造的场景。不过，到目前为止我们还没找到价格便宜的8厘米深的塑胶盘。摄影器材店有卖50厘米×60厘米×8厘米的冲像盘，价格大约27美元。这种冲像盘通常只有白色的，偶而才有蓝色；而且，这种冲像盘没有盖子。如果你在上面提到的这些商店中还没能找到满意的沙盘，你可以去玩具商店、五金店看看，或者检索一下塑胶商品厂商的商品目录。

为了模拟水的样子，你可以将半透明塑胶沙盘的底部涂成蓝色或是将沙盘放在一块蓝布、蓝色贴纸或蓝色壁纸上面。如果盖子是蓝色的，你也可以将沙盘放在盖子的上面。至于不透明的沙盘，你可以把它的内侧涂成蓝色或是用蓝色的贴纸贴在里面。我们还在寻找一种能

图 6　塑胶沙盘、物件储藏柜及储藏架

久用不脱落的油漆。如果你的来访者经常将沙子灌满水，你可以在沙盘一侧接近底部的地方钻一个圆洞，大小以可以塞入一个橡胶栓为宜。用一块凹进沙盘的细孔滤网盖住小洞，将橡胶栓从沙盘外侧塞进圆洞中。这个洞用来排水。如果你在使用中想要排掉过多的水，只要抬起没有洞的那一边，拔掉橡胶栓，用手或其他东西挡住沙子不要流出沙盘外即可。

我们所用的圆形沙盘是把塑胶圆桶的下半部分切下来制成的。这些圆桶本来是用来装肥料或其他农用物资的，因此使用之前必须彻底洗净。如果它们不是蓝色的，你可以将它们涂成蓝色，以便模拟出天空和水。你也可以到折扣商店或杂货店去买直径50厘米到80厘米的又大又圆的透明或蓝色圆桶或垃圾桶，你可以把它们切成8到10厘米高来使用。

随着你更深入地探索自己和来访者的需求和动机，你将逐渐学会如何挑选最适合你的实际工作需要的沙盘。

沙盘桌

我们发现大多数年幼的儿童和一部分较大的儿童以及成人喜欢在地板上做沙盘；而大多数的青少年和成人则喜欢站着或坐着。因此，很有必要为所用的沙盘提供至少一张桌子，桌面应该可以放得下一壶水、一卷纸、一盒面巾纸，以及来访者选来想要放入沙盘的物件。桌子的高度大约到人的腰部，如此一来，来访者在创造沙盘世界时就可以选择是坐着还是站着。桌子若有轮子就更理想了，这样就可以很轻易地把它移动到任何想去的位置。

为了保护地毯或地板，你可以把桌子或沙盘放在一块塑胶布上面。如有必要，在两个访谈之间，只要很快地用手或用吸尘器清理一下塑胶布或地板，就可以保持工作空间的干净和整洁。不用沙盘时，将塑胶布卷到桌脚，以免来访者被塑胶布绊倒。如果有额外的沙盘，把它们堆在桌子的下面以节省空间。

如果你想同时拥有干沙盘和湿沙盘，但只有一个很小的空间，你可以把它们存放在“可套叠的桌子”上面（请看图3）。为了便于取用和存放，桌子应装有轮子。不用时，较矮窄的桌子可以滑入较高大桌子下面。桌子的高度应恰到好处，能够让较矮的桌子连同沙盘一并推入。你可以请人制作不同高度和尺寸的桌子，或者你也可以调整现有的桌子或买一张刚好放在较大桌子下面的小桌子。如有必要，也可以把较矮桌子的脚锯到适当高度，装上滚轮（在大多数五金店都可以买得到），这张桌子就可以移放到较大桌子的下面了。如果你的预算很有限，可以到跳蚤市场去淘一些既适合又便宜的桌子。我们也有两张不同高度和尺寸的木制沙盘桌（较矮窄的桌子可以推到较高桌子的下面），它们其实是带有轮子和桌腿的沙盘，有盖子，是依照我们的设计特别制作的（请看图4）。在不做沙盘时，盖上盖沙盘就可以充当多功能的桌子。这种桌子的缺点是当来访者工作时没有地方可以摆放物件和材料；不过，你可以在沙盘桌旁边设置一个平面来放材料，以弥补这个缺点。

沙 游 物 件

当你开始挑选沙游所用的物件时，请记住，你所搜集的物件将是建造者意识和无意识心智的象征语言。你所提供的物件种类越多、数量越大（至少要到某个数量），来访者能够使用的词汇就越丰富、越有创造性。来访者使用的每一个物件就像是学了一个新字，扩充了他的象征性词汇。尽可能多地使用能够激发来访者视觉、听觉、嗅觉、味觉和触觉的物件。大量挑选小物件可以鼓励来访者探索其人生的各种可能状态。在收集物件时，“你的目标是搜集到人类和地球上所有重要方面，包括集体的、个人的、种族的、文化的、历史的、精神的、生理的和情绪的等各方面的遗产。”（De Domenico，1988）

另一方面，有些治疗师喜欢只呈现一些简单的物件。他们认为，对于已经困苦不堪的来访者而言，简单物件会让来访者感到较少的困惑和刺激。此外，当来访者制造他们自己的象征性物件时，无意识心智中的东西就会通过这项工作反射出来（Ammann，1993）。通常，治疗师会提供一些多用途的材料，例如丝织品、烟斗通条、细线、黏土、陶土、做构架的纸张以及一些神奇标志等，以便来访者可以制造出他们自己的物件来精确地表达出他们想要表达的东西。无论你准备的物件是多是少，最好提供给来访者一些可以用来制作他们所要物件所需用的材料，因为来访者可能找不到他们想要表达的内心所需的恰当物件。

刚开始收集时，先从本章所列出的每个类别中至少挑选出几种物件。“记住，你不是在创设艺术馆，也不是在创造一个穷苦的世界。因此，你所收集的物件应包括令你厌恶的、像磁铁般吸引你的、令你感到无聊的、索然无味的、令你恐惧的、美好的、邪恶的、和谐的以及荒谬的物件，等等。”（De Domenico，1988）你要确认在所挑选的物件中令你厌恶的和吸引你的物件数量相当，这为内心提供了表达和整合极端观念和内在冲突的机会。

收集不同尺寸、颜色、质地和材料的物件。物件范围包括从大到小、从黑白到彩色、从透明到不透明、从粗糙到光滑的各种物件，而且应该由各种不同的材料制成，例如白腊、玻璃、陶土、木材和塑胶。要收集有固定形状的物件和无固定形状的物件。不同的尺寸、颜色、质地和材料都会在建造者身上引发出一种独特的意义，这取决于潜意识想要在那个时刻表达什么。尺寸大小通常表示支配性的程度，有固定形状的人物比沙子和不成形或非定形的材料更接近意识。要每个类别中尽可能多地收集天然的物件。当来访者对人造小物件感到不舒服或是需要跟自然连结时，真实的羽毛、贝壳、松球、细枝、石块等可以促进来访者的治疗进程。天然的物件可以为来访者提供一个感觉有力量和祥和的环境。

当你和来访者探索沙世界时，他们通常能够表达出每个物件的意义。如果他们自己无法揭示物件的意义，可以容许他们停留在困惑中，或创造一个扩展性沙盘，或询问他们是否想要查阅符号辞典以便清楚了解。如果你对探索物件的意义感兴趣，但来访者没有兴趣，你可以在来访者离去之后再查阅辞典去了解来访者的沙世界，这么做是为了帮助你弄清来访者沙世界的意义。不过要记住，辞典上的解释也许可以，也许无法应用在来访者的沙盘上面。象征很可能是原型，但它们中的绝大部分对建造者来说都具有其独特的意义。

物件可以从各种渠道收集到。天然的物件可以在徒步远足或观光旅游中找到。有些特殊物品，例如神像和女神，可能必须到特殊的商店才买得到。大多数的物件并不贵。你也可以定期到折扣商店或跳蚤市场找找看。如果你有朋友喜欢到跳蚤市场闲逛，你可以列出你想要买的东西给他们，他们一定很乐意替你去搜寻这些东西。你也可以在自己的小饰品或孩子的过时衣物、玩具中翻寻，以便找到适合的小物件。如果你是学校的咨询师，可以告诉家长和老师你可能用得到的物件类型，通过这种方式，一些家庭原本想要丢弃的玩具或物件就可以加入到你收集的物件中。你也可以列出一些平常你并不会买的特别物件，要求别人作为礼物送给你，因为朋友和亲戚通常会在你生日或特殊场合给你买一些你想要的东西。

丙烯颜料可以用来为原本没有颜色的物件上色，或者为你不喜欢颜色的物件重新着色。有时候很难找到不同种族和年龄的人物，你可能会想要改变某些人物的肤色和头发颜色；有时候很难找到金属物件，你可以把物件重新涂上铜色、金色或银色来仿制金属。我们发现利用雕刻、黏土、木材或纸张来制造我们自己的小物件非常便宜，而且可以提供我们平常找不到的象征物（请见图7）。

图7　自制的物件和空中吊钩

利用三维空间可以为建造者提供更多的可能性。为了这个目的，我们制造了空中吊钩。空中吊钩的做法是把一条弯曲的金属丝（我们使用衣架）粘在两个又大又重的铁圈之间，金属丝往上伸展，在顶端做出一个吊钩（请见图7），铁圈埋入沙中，只露出延伸出来的铁丝。这让来访者可以悬挂一些物件象征天空中的东西，例如太阳、云彩、飞机和鸟类。

有时候我们鼓励来访者把自己家里对自己有意义的物件带来使用。被带来化解来访者问题的东西通常是个人的、文化的或宗教的制品、童年用过的物品以及一些与人际关系有关的特别物件（如照片）等。举例来说，我们曾经治疗过一个来自中国的来访者，每当打算创造一个沙世界时，她就会带来一个盒子，里面装满了中国饰品、佛像、观音像和家传宝物等。另一位来访者，因为对他父亲的死亡哀恸不已，他带来了父亲的一些照片和特殊物件。

德·多美尼科在其工作坊中建议，当治疗师得到一些新的物件时，他们应把这些物件运用在自己的沙盘中建造一个他们自己的沙世界。她认为这有助于治疗师将象征物融入到他们的收集中。你可以试试这个方法。然而，你要知道，来访者不一定会采用和你一样的方式来运用这些物件。

当你开始收集沙游物件时，你将发现你看待世界的方法可能改变了。几乎你看到的每一样东西，你都会把它当成要收集的沙游物件。无论你是去徒步旅行、度假，或是只是走进一个房间或一家商店，你会发现那些物件在向你“招手”。你可能很快就会对这种强迫性的搜集行为感到烦扰不堪，但从积极的方面来看，你会发现自己越来越多地觉察和了解了周围的环境。我们常常把我们的生活环境看成了一个沙世界，在这个“世界”中，到处都是各种物件传达出来的象征性的神奇意义。

照 相 机

在所有的沙游会谈中都要准备一台照相机。在大多数情况下只对完成的沙盘世界进行拍照。如果来访者愿意要，他们可以拍一张最后完成的沙盘世界的照片带回家。我们发现来访者通常都会这么做，在这种情况下我们建议使用拍立得照相机。当来访者想要或需要有一个即时而又具体的东西来提醒他们正在做的努力时，拥有一部拍立得照相机尤其重要。虽然在沙世界建造的过程中拍照可以揭示来访者的心理过程，但我们并不常拍照，因为不断拍照可能会干扰来访者。如果你要对沙游过程和完成的场景拍照，必须先征得来访者的同意。

在来访者拍照之后，你可以另照一张以作备案，有时则等到来访者离开之后再拍。35毫米照相机最为理想，因为用它拍的照片比用拍立得照片便宜得多，而且照片比较清晰，可以显示更多的细节和深度。如果你将来跟来访者一起回顾沙游过程，可以使用幻灯片。有关照片记录的更多信息请参看第3章内容。

沙子和水

沙子和水具有高度的象征性，它们将人类与地球连结在一起。水可以流动、洗涤物品、溶解东西，也可以再生，通常它代表着无意识和情绪。它被喻为女性主义、生殖力和生命的基础。水是一切可能性的来源。沙子通常象征着土地、具体的和物质的东西。儿童和成人在泥土中无意识地创作和游戏，将自己定基于物质的现实之上。土地也可被视为女性，是提供滋养、生殖力和爱的生命拥有者。德·多美尼科认为，“沙子是创造‘世界’的基础。沙子支持、隐藏、掩饰或破坏沙盘中的意象。”沙子和水使人们退行到儿童早期的体验。透过灵性自我的诞生和重新诞生过程，这些元素促进了个体化的进程。不论沙子是湿的还是干的，它都可以保持固定不变，维持物品的形状，或是按照创造者的要求而不断地流动和改变。对于那些需要超越沙子而与泥土有更多具体连结的来访者，有些治疗师会提供泥土给来访者使用。

记住上面这些比喻，仔细挑选你所使用的沙子。如果你只有一两个沙盘，那么你的选择性就比较少。不过，我们在这里还是要描述一下我们所使用沙子的粗细范围，不同颗粒大小和质地的沙子都会引发独特的感觉。我们使用的沙子从20～90网眼都有，数字愈大，沙子就愈细。比较细的沙子通常使人祥和宁静，而且比粗沙子更激发来访者心灵更深层的改变状态。而对某些来访者而言，非常细颗粒的沙子令他们感到困扰，粗糙的沙子则让他们感觉比较稳固。因此，如有可能，至少提供两种不同颗粒的沙子供来访者选择。来访者可以在一次会谈中使用较细的颗粒，而在下一次会谈中使用较粗的颗粒，这取决于他们当时的情绪状态。有些来访者更喜欢使用由几种不同颗粒所组成的沙箱里的沙子，因为他们对这些沙子更熟悉。这种沙子的优点是它通常可以快速地让来访者退行到童年时期，缺点是有些沙子非常细，容易弄得到处都是灰尘。灰尘可能会对过敏的人产生其他影响。

我们注意到使用含有硅成分的沙子可能对身体有一些不良影响，因此我们简要讨论一下这个问题。一位在职业安全与健康方面工作的工业卫生专家告诉我们说，当灰尘颗粒被埋在肺的内层时，可能会导致硅肺病（silicosis），即由硅造成的肺疤痕。当一个人在建筑工地工作或是经常出入建筑工地时，如果他经常吸入清扫沙子时所扬起的粉尘，就可能得这种病。专家告诉我们，在沙盘中使用沙子并不会造成什么危害。

德·多美尼科教导我们，在挑选沙子时颜色非常重要。如果你有不止一个沙盘，就应考虑使用不同颜色的沙子。沙子天然的颜色包括从浅色到深褐色、白色、黑色、深红色、绿色以及珊瑚色。不同的颜色会引发不同的感觉，来访者会根据他的需要挑选颜色。比如，我们有一位来访者在做自发性沙盘时挑选了深红色的沙子，当她被吸引至沙盘前时，她不知道自己要做什么，接下来她创造了一个沙盘，整个沙世界的焦点集中于——在一个血迹即将凝干的干池塘中发现母亲的这个创伤事件。在做好沙盘后的反思中，她终于认识到自己为什么会选择红色沙子的原因。

砖块水泥公司通常都卖各种不同颗粒的沙子，不过，他们通常只有白色的或浅褐色的沙子，一般约90斤一袋，每袋大约5美元。在不同沙滩或沙丘上可以找到带颜色的沙子。有人说他们曾经使用过染色的玻璃沙或者他们自己给沙子染上过颜色，不过，我们不知道这种颜色是否能够持久，尤其是当沙子被弄湿的时候。如果你愿意，你可以亲自实验一下。你也可以在大都市的沙子专卖店和砂砾商店买到各种不同颜色的天然沙子。

将沙子倒入沙盘中，2～3厘米厚即可，一袋沙子足够装两个50厘米×80厘米的沙盘，剩下的沙子存放起来，在沙子被自然耗损或来访者要求用更多沙子时补充到沙盘中。要留一个装有相同颗粒和颜色的沙袋，以便当来访者要求更多沙子或是想要将沙子从沙盘中移除时使用。如果你想要使用两种不同颗粒和颜色的沙子，你可以和其他治疗师共用几袋沙子。除此之外，在沙盘旁边放一大壶干净的水，以便来访者可以用水弄湿或灌满沙盘、洒水或倒水，或是把水倒入容器中。你也可以提供一个喷水器或水枪。如有可能，当来访者需要更多的水时，尽量让他很容易取得。

当把沙游应用于非常年幼的儿童或发育迟缓的来访者时，他们可能会把沙子吃下去，可以用粗玉米粉、米粒或粗粒小麦粉来代替。这个方法的优点是你不用再担心来访者会把它吃下去，而且来访者可以尽情地玩，缺点是跟土地的连结将会减少。

选好沙子的颗粒、成分和颜色，准备好了桌子、沙盘和一壶水，你就可以让来访者开始沙游了。大多数治疗师会提供小物件。对物件种类的挑选非常重要，但并不是绝对需要，有些来访者只玩沙或是只玩沙子和水。永远谨记：相信来访者的无意识心智可以选择他所需要的沙子颗粒和颜色，可以用可能的最好方式解决他的问题。偶而，当来访者在游戏过程中受阻时，我们才可以指引他们使用某种特别的沙子颜色或颗粒，以便帮助他们处理特定的问题。

工作空间的选择

有些沙游治疗师喜欢把沙盘和小物件放在一个单独的房间，因为这样可以让治疗过程显得独立和特别，尤其是拥有独立沙游治疗室的治疗师更加如此。然而，我们也发现，把沙盘放在会谈室的显著位置可以引起来访者的好奇，这便于我们将沙游引入和整合到对儿童和成人的会谈治疗中。至于到底使用一个房间还是两个房间，决定权在你。

在实际工作中，大多数治疗师的选择都受空间和预算的限制。如果你选择创造一个独立治疗室（只有少数治疗师才这样做），你可以将架子排在各面墙边，将沙盘放在治疗室中间，这样来访者就不会直接面对物件。然而，如果你只有一个小房间，你可以把架子摆在一面墙边或墙角里，把放在套叠桌上的沙盘放在靠近架子的角落里。在最上端的桌子上放一大壶可以用来弄湿沙子的水，有些来访者可能会在做沙游的过程中定期地用水洗手。还要提供纸巾，以便来访者随时可以擦干或清洁他们的双手。不要忘了放一盒面纸！当然，没有一间治疗室不供应面纸的，但是你要确保来访者可以很容易拿得到面纸。在架子旁边放一把折叠脚凳，以协助来访者观看和挑选架子较上层的物件。在靠近桌子的旁边摆两张椅子，好让你和来访者可以在会谈中坐下来。

用来给来访者所创造场景拍照的照相机可以跟其他会谈所用物品一起放在桌子上。然而，照相机最好放在远离沙子和水的桌面上，以免意外损坏。

如有可能，尽量把你平常的咨询区跟沙盘和小物件的陈列区稍微分开。通常治疗室的一个区域或角落可以布置成游戏区，而另一个角落则当作咨询区。为了避免分心，咨询区安排座位时要让来访者背对陈列物件的架子。

当来访者选择在会谈中运用沙盘时，将他选好的沙盘挪离物件陈列区愈远愈好。至为重要的是，必须空出足够的空间让来访者能够在沙盘附近自由走动。来访者可能选择坐或站在沙盘旁边，或是在沙盘旁边的地板上席地而坐。和德·多美尼科一样，我们发现许多建造者认为用站的姿势最能使他们掌控他们正在创造的沙世界，也可以让他们自由移动。站着比坐着更能激发更为主动的游戏形式。在地板上玩沙盘很容易鼓励来访者的退守行为，因此，如果来访者选择在地板上玩，记着要加入他的游戏，以便你们两人处在平等地位。

以上建议只是根据我们的经验和阅读得出来的，你可以设计最符合你和来访者需要的方法。这是你的空间，而且你每个星期都要在这个空间工作很长时间，因此由你自己来支配。不过，我们一直坚信，保持工作空间的干净和秩序至关重要，当外在的秩序得以维持时，内在秩序才容易体察得到。

沙游物件的陈列

陈列你所收集的小物件的方法有多种。物件应分门别类整齐地摆放，以便来访者拿放自如。陈列方法由你自己决定。我们在此描述几种陈列方法，你也可以寻找其他更适合自己需求的方法。

洛温菲尔德认为玩具本身不应对来访者提供任何暗示，来访者也不应该因玩具种类丰富而无从选择。在对儿童的治疗工作中，她发现最令人满意的存放玩具的方式是使用带有抽屉的小型橱柜，抽屉可以整个拉出但又不会掉下来。洛温菲尔德认为游戏时最好是在一个抽屉完全关上之后再打开另一个抽屉，这样就可以减少过度刺激的机会。另一方面，跟大多数荣格学派分析师一样，卡夫使用开放的架子做陈列，小物件被摆放在沿着游戏区排列的架子上，一览无遗。

在实际工作中我们主要使用的是开放的架子陈列（请看图8)。我们发现这样可以把来访者吸引到物件面前，进而开始玩沙游戏。物件好像激活了每个人身上天生的好奇心和创造力。我们并没有发现开放的陈列方式会对大多数的来访者造成过度刺激，相反，它会为来访者开启了许多不同的可能性。如果过度刺激或注意力分散是一个重要问题，那么当来访者在沙盘中工作时或者不再进行沙游时不要让他直接面对陈列架，就可以消除这个问题。

图8　开放式的陈列架

如果你经常面对的工作对象是非常年幼的儿童或是注意力分散的多动症儿童（他们比其他的来访者更容易注意力不集中），你会发现，洛温菲尔德存放物件的方式对你最合适。不过，如果你更喜欢用架子来陈列物件的话，那么也有一些方法可以减少物件的暴露。你可以在架子上装上门或是挂上布帘遮住物件，布帘和门的长度和宽度由你自己决定。你可以不陈列物件，陈列某种物件，或是陈列所有物件，这完全取决于你会谈的需要（请看图8）。

我们发现，使用带有一些容器的开放式架子最有益于我们的工作。这样容器占用更少的空间，从而减少视觉上的刺激。许多物件，例如士兵、花朵、小石块，可以很容易地储放在篮子、碗、储藏箱或小盒子里面。容器不用加盖，物件显而易见。但是，我们发现，即使没有加盖，存放在容器中的物件也没有公开陈列的物件使用的频率高。

如果你和几位治疗师共用一个治疗室，那么能够放在储藏柜里、可关上门的架子和储存箱通常最为合适（请看图6）；对于不只在一个地方工作的治疗师来说，可以把类似于前面提到的有盖的塑胶小沙盘的塑胶储存容器分成几个小区域，以便存放不同类别的物件。日常用的工具箱或工具储存容器也可以改装使用。如果两个来访者之间留下的空档时间很短，而又必须在下一个会谈开始之前将物件收拾干净，那么使用储存箱或者一并使用容器和架子的做法最有效，这将大大减少清理的时间。

我们的架子深10～30厘米，宽1.8～2.4米。架子深度以不超过15～20厘米最为理想，因为来访者在这个深度挑选和放回物件时会较少地干扰旁边的物件。我们的架子所用材料是木制和胶合板的，由生产商所制作。当然你可以向生产商订做或是自己做。由砖块和木板所做的陈列区轻而易举就可做好并投入使用。你也可以在跳蚤市场、旧货店或折扣商店买到价格合理的由木材、胶合板、塑胶或金属做成的浅书架。我们大多数的陈列架大约6英尺高。虽然我们把最受儿童欢迎的物件放在较低的层架上（大约是他们眼睛的高度），但我们还是为那些不能拿到或看到较高层架上物件的儿童或来访者准备了一个稳固的折叠式脚凳。那些隔板可以升高或降低的墙架最为有用，因为不同隔板间的距离可以随物件的尺寸而调整。

为了避免混淆和方便寻找，相同类别的物件应放在一起。这规则有两个例外：第一，像德·多美尼科一样，我们把各种类别中较高的物件放在最底层，因为它们需要隔板间的距离比较大，如此一来，其他层的隔板就可以放得更近一点，也就可以有更多的空间陈列物件（请见图9）；第二，我们把其他物件归为杂物类——包括所有无法分类的物件，因为它们要么相关物件太少（例如时间物件、通讯物件、行星物件），要么因为难以决定放在何处。

图9　物件的摆放

沙游物件的归类

当你根据本部分所述的类别收集一系列的物件时，请整齐有序地陈列它们。对沙游治疗卓有贡献的人采用了不同的物件分类方式。当我们扩展沙游空间时，德·多美尼科令人印象深刻的收集深深地影响了我们。你可以依照我们在这里列出的类别来陈列物件，也可以用其他书中列举的方式来陈列，或者你也可以创造出最适合你自己情况的分类方式。下面是我们觉得最有用的类别归类。我们提供的是一个比较宽泛的清单，你的空间、预算和来访者的需要决定你所挑选物件的数目和种类。请记住一定要从每个类别中至少选择几个物件。

人物模型

人物常被用作来访者生活中真实个体的象征，或是用作对来访者影响深刻的显著人格原型（如攻击性或仁慈的性格）。人物也象征着来访者人格的某些侧面。

在下面所列举的人物类别中，你都要补充进去一些不同种族、不同文化和不同年龄的人物物件，每种小物件都应包含不同的颜色和尺寸。最小的人物模型应能放到玩具厕所、床和衣柜里面。也要包含有一些团体组合，如父母和孩子、配偶、家人、拥抱的恋人或婚礼中的夫妻。材料可以是玻璃、陶、瓷、金属、木材或塑胶。它们有的染有颜色，有的没有颜色；有些是透明的，有些是半透明的或不透明的。要有一些没有面目特征的、形状模糊和看不出性别的人物，来访者可以对这些物件赋予不同的含义。有趣的是，我们的那些没有面部特征的蓝色和红色木制小人经常被来访者用来代表他们生活中的人。忧郁的来访者刚开始时通常在沙盘中使用没有颜色或灰色的白蜡人物，逐渐地他们会倾向于有颜色的表达方式。收集处在人生不同发展阶段的人类，如婴儿期、儿童期、老年期和怀孕期的人物。也要包括有象征死亡、意外和疾病的物件。请注意，人物要能表现出各式各样的人类情绪，包括哭、皱眉、生气、微笑和大笑等表情。我们发觉大多数的人物很少有表情。

人物所用的物件，如衣服、工具和附属品，可以作为一个二级类别，放在所属人物旁边。举例来说，普通人的衣服和帽子可以被放在普通人那一群的旁边。

● 普通人

提供足够数量的普通人物代表来访者生活中的一些人、一个家庭或一个社区。包括有相同的人物来代表双胞胎、三胞胎、团体等。不同年龄、性别、种族和文化的人物非常重要，这样才能刻画出所有我们可以经历的人物的形象。这些人物或站着，或在走路，或在跑步，或者是坐着的。最好有些人物的手、脚和头是固定不动的，而有些人的手、脚和头是可以转动的。一定要有一些裸体的人物和衣着整齐的人物。如有可能，在普通人穿戴的衣服、帽子、鞋子、珠宝和化妆品等类别外，也应包括一些为裸体人物特别设计的衣服。

● 参加各种休闲活动的人物

包括在夏冬进行体育活动的和在进行个人娱乐的男人、女人和儿童。这些活动包括阅读、跳舞、演奏乐器、滑冰、滑雪、滑雪橇、打高尔夫球、钓鱼、骑自行车、打保龄球、跑步、徒步旅行、骑马、打棒球、打橄榄球、打网球以及打篮球等。你居住的区域内大家最经常玩的活动一定要收集进来，包括休闲活动时用到的用具，例如足球、滑冰鞋、网球拍、运动服（如打橄榄球用的头盔、网球鞋等）。这些项目可以独立分开存放，但是要作为休闲活动大类下的二级分类。此外，此类还包括会制造声响的物件，如铃铛和哨子；象征艺术的物件，如乐器、乐谱和画笔等。

● **从事各种不同职业的人物**

包括城镇和乡村的男人和女人，包括农民、工人、警察、消防员、牧师、救护人员、商人、医生、护士、老师、科学家、宇航员、演艺人员以及你能找到的任何职业的代表人物。别忘了此类还应包括坐在学校书桌前的儿童，因为上学是儿童的工作。在二级分类中应包括这些人物使用的工具、生产的产品，以及他们所穿的各种制服。

● **过去的和现在的特殊人物**

包括穿着不同时代衣着的男人、女人和儿童，如皇后、国王、王子、公主、皇帝、海盗、拓荒者、原始部落或石器时代的人物。还包括一些人物塑像，例如玛丽莲·梦露、猫王、黛安娜王妃等。在独立的二级分类中包括这些人使用的相关物品，例如皇冠、王座和珠宝等。

● **虚幻人物和传说人物**

包括半人半兽的生物、恐怖的类人生物、太空异形、科幻小说人物以及来自于卡通故事、神话故事、现代电影和小说中的人物。无论来访者的年纪大小，有一些人物如超人、蝙蝠侠、大力水手等都可以象征来访者内心的善与恶的战争。要熟悉目前在儿童和青少年中比较流行的人物，包括巨人、侏儒、巫师、女巫、仙女、迪士尼卡通人物、圣诞老人、恐怖人物等。著名人物塑像的复制品（如自由女神像、圣母像或思想者）也可以纳入这个类别。在二级分类中放一些专属这个类别的项目，如魔杖、马刀以及会闪烁的星星等。

● **格斗人物和战争人物**

在这个类别中应尽可能多地找到不同的兵种形象，如陆军、海军和空军。要包括来自不同国家（如美国和德国）的士兵，这样来访者就可以充分地演绎他们的内心冲突，这些冲突通常所描绘出的就是来访者认为的善与恶。士兵或跨立马上，或坐在坦克里，或步行。如果可能的话，它们能够跑动和射击就更好了。此外，最好还能包括躺在担架上的受伤士兵，被制服或囚禁的人物。如果有些人物找起来太困难（如被制服的人物），你可以用黏土来制作或雕刻他们。

此类人物还可包括身披铠甲的武士、骑兵，佩带武器的牛仔和印第安人，手执棍棒和长矛的原始人群，来自不同文化的战士（如日本武士）。在二级分类中应包括战争中涉及的各种装备，如枪、长矛、剑以及诸如手铐和铁链等物品。

● **象征死亡的人物**

包括死神、恶魔、死尸、骷髅、颅骨、穿着寿衣的人、墓碑和棺材。要知道，不同的文化有不同的死亡象征。

● **宗教和精神领袖人物**

该类要包括代表不同宗教和精神信仰的人物形象和相关物件，如基督教、佛教、印度教、犹太教、伊斯兰教等的人物形象。另外，要搜集一些与宗教相关的物件，例如十字架、念珠、非洲面具、犹太星形勋章和刻有希伯莱字母的陀螺、美国土著的克奇纳神像，埃及的T型十字章，以及其他不同宗教的特殊物件。请谨记，你所提供的人物和物件要跟来访者所在的群体密切相关。如果你无法得到你需要的物件，请来访者把他们想在沙盘中使用的那些特定的宗教物件自行带来。

● **与种族和文化相关的物件**

我们倾向于把与种族和文化相关的物件纳入上面所列出的类别中去，因为无论是什么种族和文化，都和人相关。是否要将这个类别单独列出，由你自己来决定吧。

● **身体部位**

包括手、眼睛、脚、腿等。保留一些破碎的或损坏的人物玩具（例如破碎的玩偶），把它们放在一起作为一类陈列物。这些物件可能与完整的物件有着同等的价值，因为它们是体现来访者感觉的有力象征。

动物模型和实物附属物

动物象征着与智力、意志和理智所不同的直觉生活和本能，而且动物经常被拟人化运用。来访者沙世界中的动物可以描绘出人类本质的不同侧面。举例来说，狮子代表着来访者强壮和攻击的一面，绵羊则代表着其脆弱的一面。然而，请谨记，犹太教与基督教传统以外的人们所体验到人跟动物的相互连结，是与犹太基督教传统不同的灵性觉察。

收集的动物物件应包括各种不同尺寸、颜色、性别、年龄、种类和群体的动物模型。其中包括动物妈妈抱着正在吃奶的宝宝；包括由各种不同材质做成的动物，例如柔软的、毛皮制动物或者坚硬光滑的动物；包括透明的、无色的和有色的小物件，定形的和不定形的小物件等。有些动物在吃草，有些在奔跑。有些肉食性动物应摆出攻击的姿态，有些摆出平和的姿态。应包括生活在世界不同地区的动物。在每一个动物类别中，根据动物生活的场所（如陆地、水中和空中），来制定一些次分类。

- **陆地动物**

将各种陆地动物放在一起。肉食性动物如老虎、狮子、熊、狼、土狼、蛇和蜥蜴；草食性动物如鹿、羚羊、骆驼、大象、猴子、猩猩、袋鼠、犀牛、河马、长颈鹿、斑马、水牛、麋鹿等；啮齿类动物如松鼠、老鼠、田鼠和兔子。此外，该类还包括陆地上的蜘蛛、蝎子和昆虫。

- **水中动物**

包括鲸鱼、鲨鱼、鳄鱼、海豚、海狮、乌龟、章鱼、墨鱼、虾、螃蟹、龙虾和鱼。要有一些张大嘴巴、身体中空的动物，如鲨鱼、鳄鱼和鲸鱼这些物件会特别有用。来访者，尤其是儿童，通常都喜欢把东西塞到动物嘴里或肚里去。

● **空中动物**

食肉猛禽如鹰、雕和猫头鹰，也包括其他你可以找到的能飞的动物，如企鹅、知更鸟、天鹅、蜂鸟、蝙蝠、苍蝇、蜜蜂、蚊子和蝴蝶等。

● **家养动物**

这个类别由家庭、农场或牧场中的动物组成，包括狗、猫、天竺鼠、仓鼠、兔子、寄居蟹、金鱼和热带鱼等宠物；包括鹦鹉、鸽子、麻雀等鸟类。收集足够数量的动物来创造一个农场。要找到一些农场动物，如牛、绵羊、山羊、猪、鸡、驴、马、火鸡和鹅。

● **已绝迹的、神话的和幻想的动物**

包括史前动物，如剑齿虎、猛犸和恐龙。神话动物，如飞马、人身牛头怪、独角兽、龙、鸭嘴怪以及多头怪物。幻想性动物，如电影和卡通中的角色、怪兽和太空生物。如果你能找到来自不同文化的故事或传奇中的动物，它们也包括在此类别内。

● **动物栖息地**

包括笼子、巢、动物园和洞穴；也包括捕捉动物用的网。

● **动物的各部位**

包括动物的各个部位，如骨头、爪子、毛皮、羽毛、牙齿、蛋壳和其他保护性外壳。也包括贝壳、海星、珊瑚、沙币和化石。

植物

植物有时候也被拟人化运用。对许多人而言，植物象征着生命的循环、生命力、死亡和复苏。季节的更替提醒着我们物质世界的变化。植物植根于大地，与大地之母、土地之神和肥沃丰产有着紧密的联系。

当你收集植物时，应包括来自不同地方（如海洋、山脉、热带和沙漠）的各种不同植物形式的族群。植物物件应有不同的尺寸、颜色、质地和材料。物件应反映出生命周期的各个侧面，从种子到开花再到凋谢或死亡。要包括天然的和人造的植物。

- **天然植物**

包括嫩绿的细枝、造型有趣的浮木、光滑或有刺的枝桠。包括干燥的花朵、树叶、杂草、苔藓、长在石头和小树枝上的青苔、豆荚、谷草和谷粒、松塔和栗子。包括一些从空气中吸取养分和水分的微型植物。如果你方便得到新鲜植物，也可以给来访者使用。我们发现来访者都非常喜欢使用刚剪下来的鲜花和树枝，鲜花和常绿树枝的颜色和香味通常会激起来访者对某些特殊地方和事件的回忆。我们通常会剪一些雪松和云杉的新鲜小枝，来访者可以折成他们需要的尺寸使用。

- **人造植物**

包括处在生命周期各个阶段的灌木、矮树、树篱、室内植物、仙人掌、落叶植物、常青树和棕榈树；包括春、夏、秋、冬不同季节的植物；包括小树苗、正在开花的植物、正在结果的树、濒死的植物和已经死掉的植物；包括蔬菜和水果（你可以把它们放在植物类别中，也可以放进食物类别）；包括不同颜色和大小的绢花和塑胶花，以及可以用来创造神奇世界的银色、铜色和金色的花朵、树木和灌木丛；也包括圣诞树。

矿 物

矿物，如岩石、金属和宝石，象征着稳定、恒久、坚固和冷静。岩石代表着力量和安全地带。对某些来访者而言，被琢磨成珠宝样的石头意味着灵魂从粗糙不平的石头被塑造成了美丽的珠宝。

在你的陈列中应包括各种尺寸、颜色、形状、质地和材料的各种各样的岩石、金属和宝石，以便来访者可以复制出各种不同的风景和地形。包括普通的和奇异的岩石，含有小孔和化石的岩石，也包括水晶球、切割磨亮的岩石厚片、水晶（单个的和簇生的）、不太珍贵的石头如切割过或天然形式的紫水晶和虎眼，以及含有黄铜矿或其他金属的岩石。包括金属制品、玻璃珠、石弹子、人造珍珠和珠宝。

环境物件

人们的生活环境通常具有重大意义。例如，家可能被看作是安全和保护或是侵害和遗弃的象征。从更广阔的范围来看，家也可以是灵性自我和宇宙的中心。

当你在收集这个类别时，别忘了要包括不同材料制成的不同尺寸的物件。要包括来自过去、现在和将来的物件，来自不同文化、生活方式和宗教的小物件。看看是否能找到各种不同的住宅，如房屋、印第安人的圆锥形帐篷、圆顶小屋、城堡、要塞、洞穴以及太空站。包括谷仓、商店、教堂、寺庙、学校、监狱、医院、操场、灯塔以及金字塔。包括破损的和烧毁的住宅和建筑物。许多来访者历经过苦难、内心受到巨大创伤，他们需要以某种方式在沙盘中把这些苦难和情绪表达出来。

包括各种各样的家具，如桌子、椅子、床、摇篮、厕所、浴盆以及各种设备。包括工具和器具，如铲子、耙子、割草机、钳子、锯子和螺丝刀。如果工具已经包含在“从事各种不同职业的人物”这类中，就没有必要在这里重复准备。包括篱笆、门、桥、圆柱、拱门、交通信号灯、交通标志以及其他我们在生活环境中经常可以见到的项目。

运输工具

交通工具象征着移动和改变，代表着来访者生活中的控制、释放、逃离和力量。请记着收集各种不同尺寸、颜色和材料的交通工具模型和玩具，包括损坏的和完好的模型和工具。

● **陆上交通工具**

收集普通的交通工具模型或玩具，如汽车、卡车、公共汽车、出租汽车、农用运输工具、手推车、脚踏车、摩托车、雪撬以及四轮马车，以及特殊时期的交通工具，如有轨电车、四轮马车以及古代战车。将紧急状态下所用的交通工具放在本类，如消防车、警车以及救护车，也包括具有攻击性的交通工具，如坦克和其他装有武器的军事交通工具。

● **水上交通工具**

如民用和军用水上交通工具，包括帆船、小船、独木舟、筏子、潜水艇、航空母舰以及战舰。

● **空中交通工具**

包括民用和军用的空中交通工具，如螺旋桨飞机、喷气式飞机、直升机、大型客机、空中气球、航天飞机以及太空船，还包括作战用的运输工具，如轰炸机、战斗机和运送军人的运输飞机。

其他物件

此类包括那些不易分类或者因东西太少而无法自成类别的物件。

● **自然环境象征物**

该类物件有时代表着宇宙和自然界中所有基本力量的相互作用，如太阳、月亮、地球、其他行星、云、雪花以及彩虹。我们在本章前面讨论到的空中吊钩可以用来悬挂这些象征物。将空中吊钩放在来访者很容拿得到的地方。

● **反射性物件**

反射物件包括各种不同形状的镜子、金属薄片、玻璃球，以及球状体，如镜子可以象征真理、自我实现、智慧、灵魂和超凡的聪明才智。这些东西通常被当做圣诞树的装饰品。

●照明物件

光通常象征着心智（灵知，gnosis）的启发、灵性的显现，而且常被视为有力量可以驱逐邪恶和黑暗。光可以传送真理、荣耀、光辉和喜悦。要包括不同形状、颜色和尺寸的烛台和蜡烛，也要包括小油灯、手电筒以及其他装电池的灯。请确保要有能够用来点燃蜡烛的火柴。

●芳香物件

嗅觉，连同视觉、听觉和触觉，对于刻画来访者生活的全部体验都很重要。包括的项目有百花香、薰香、香条、旧的香水瓶、呈香精油的小瓶、香草嫩枝、鼠尾草、薄荷和薰衣草等。

●成瘾和医疗物件

许多来访者正在同自己或家庭成员的成瘾和医疗问题作斗争。成瘾和医疗物件通常是来访者沙盘上的核心元素。包括小酒瓶（你可以在坐飞机时得到）、空药罐、装有香烟的烟盒、注射筒、提醒服药的腕带等。如果来访者有特殊的医疗问题，他们可以带来适合他们自己情况的特殊物品。

●沟通物品

在我们生活的时代，沟通物品占据了我们的生活方式中心地位。包括袖珍图书、钢笔和铅笔、电话、电视、照相机、电脑、收音机和录音机。

●容器

容器提供的是一个存放秘密和财宝的特殊场所。它们是有界限空间，起约束和限定作用，同时它们承载了生命呈现的诸多事物。容器应包括不同尺寸、形状、颜色和材料。有些容器应该要能防水，以便能够盛放水和沙子。也要包括花瓶、瓶子、玻璃碗、盒子和篮子。

●食物

食物象征着养育和营养。食物是维持生命的必需品，但也可能象征一种强迫。此类物件应包括一些健康食品，如水果、蔬菜、奶酪、牛奶、肉和谷类，以及一些人们极渴望的食物，如甜食、咸食、快餐食品、比萨、糖果和酥皮糕点。你也可以准备一些硬糖果和其他不易变质的食物。你可以让来访者打开这些糖果来吃。味觉是另一种可以扩大沙盘体验的感觉。

● **多用途材料**

有时来访者无法找到可以真正代表他们想要表达内容的物件。如果你备有材料，来访者就可以自己制造自己的物件。如前所述，来访者自己做的物件通常比成品物件在更大程度上更能揭示来访者的无意识。材料包括各种颜色的建造用纸张、黏土、陶土、细绳、纺织品、地毯块、会发光的小东西、五彩纸、烟斗清洁器、铅笔、剪刀和胶水。当来访者创造他们自己的物件时，你就会逐渐熟悉他们的需求，也会了解到需要额外补充哪些材料。

● **其他物件**

准备一个厨房用的滤网或筛子，需要时可以用来过滤沙子。在清理沙盘之后通常会有一些天然物件的小碎片（如树枝或树皮）留在沙中，必须在下一个来访者使用沙盘之前清理干净。有时来访者会用滤网轻轻地将沙子筛入他们所创造的沙世界中。同时你也要准备一些空盘子，当来访者在“创造沙盘世界”阶段采集材料时，这些盘子可以用来存放物件(请参考第3章)。在你所用的书中应包含一本符号辞典，以备来访者在想要弄清物件的意义时使用。

我们所列出的收集清单非常广泛，涵盖了你陈列中每个类别的所有可能项目，这只是一个建议。只要每个类别中有几个物件，沙游治疗就会有效。物件的象征语言是你传达给来访者的礼物。你所收集的每一个物件都扩充了来访者表达自己的机会。当你收集物件的时候，用心去体验它们，用一些新收集来的物件创造你自己的沙盘世界。“沙游小物件的收集并不单单是重要象征物的堆积，它反映了治疗师和这些象征的关系。其他人看到了你收集的物件，就看到了你本人和你的灵魂。”（Hegeman，1992）请记住，“收集会随着你个人的成长和变化而不断地发展和变化。通过你的自我探索，你就会挖掘出你收集的深刻含义。用什么来建构你的收集与你收集到了什么同样重要。”（海格曼）

本章小结

沙游工作坊的必备设施

- 沙盘

  数目：一个、两个或更多；一个装干沙，一个装湿沙。

  尺寸：大约50厘米×80厘米×8厘米，给家庭和夫妻使用的沙盘可较大一些。

  形状：长方形、正方形、圆形或其他形状。

  类型：木制、金属制或塑胶制，底部和侧边漆成蓝色。

- 沙盘桌

  数目：一张或更多。

  尺寸：能够放下沙盘、水、卫生纸和物件。

  高度：各种不同的高度；如果只有一张桌子，桌子的高度到腰际。

- 沙子和水

  颗粒大小：20～90网眼。

  沙子颜色：白色、天然硅石色、黑色、红色等。

  水：可以把沙子弄湿和洗手的干净的水。

- 其他材料

小物件。

建构材料。

纸巾或卫生纸。

有柄水壶或装水的容器。

保护地板的防水布。

照相机：拍立得相机，35 毫米照相机。

工作空间的选择

- 独立的沙游治疗区或治疗室。
- 环境干净整齐。

沙游物件的陈列

- 物件的陈列方法

开放式架子、储存容器、抽屉或小橱柜。

- 物件的归置

按不同类别仔细地归类，分开放置。

- 物件的收集

每个类别都要有一些物件。

喜欢的物件和嫌恶的物件数量应相当。

收集各种不同尺寸、颜色、质地和材料的物件。

收集一些真实物件的复制品。

收集天然和人造的物件。

- 物件的制造

制造你无法找到的物件，或是建议来访者自己做。

- 多用途材料

建构材料，如捆绳、陶土、黏土、橡皮泥、纸张、颜料、纺织品、五彩碎纸、剪刀、胶水；空中吊钩、装水的容器、筛子、小盘子；符号辞典。

► 物件的来源

商品目录、跳蚤市场、折扣店、蛋糕装饰品、二手货、特制品、玩具商店、自己的和朋友的旧玩具和小塑像，来访者自己带来的物件。

沙游物件的归类

► 人物模型

普通人，如从事各种休闲活动中的人物，各种不同职业人物，过去和现代人物，幻想人物、神话人物和魔幻人物，格斗、战争和被奴役的人物，死亡人物，宗教与灵性人物和物件，不同的种族和文化的人物和物件；身体各部位。

► 动物模型和实物附属物

陆上、海里和空中的野生动物模型、家养动物模型、已绝迹的动物模型、神话动物模型和幻想动物模型；动物的栖息地模型；真实的骨头、壳和羽毛。

► 植物

天然的和人造的植物；处于植物生命周期各个阶段的植物。

► 矿物

岩石、天然的和人造的宝石、大理石和玻璃珠。

► 环境物件

不同地域的住所、篱笆和桥。

► 运输工具

陆上、水上和空中的运输工具，紧急状态的特殊交通工具和军事交通工具。

► 其他物件

自然环境象征物，反射性物件，照明物件，成瘾和医疗象征物，芳香物件，沟通物件，容器，食物，建构材料。

····· 第3章 ·····

用于成人个体治疗的自发性沙盘

对每位来访者而言，其沙游治疗过程都是独一无二的，因为每个人都是一个独特的个体。对某些来访者而言，其最初呈现的沙盘就能够反映他们所期望的生活面貌；对某些来访者而言，沙游揭示的是其目前迫切需要解决的问题；对某些来访者而言，沙游是一次以自我为中心的放松体验。就像来访者的情况彼此不同一样，治疗师的治疗风格也迥然相异。心理治疗没有单一的方法，没有固定不变的流程，每一位治疗师都尊崇自己的理论取向。然而，来访者如何沿着治疗进程前进以及沙游治疗以什么顺序开展却有一个相对固定的模式。我们在工作中发现，当来访者从沉默的、无意识的游戏转向更多语言的、有意识的游戏时，双方的沟通就会深入地展开。治疗初期，治疗师可以鼓励来访者自己进行游戏，然后治疗师再采取更为互动的方式。

路易斯·斯图尔特（Louis Stewart）详细阐述了埃特（P. Aite）的观点。他认为，在沙游治疗过程的早期，来访者的“自我”相对不活跃，意识呈现为相互隔裂的碎片。他写道：“虽然无意识的幻想意象和自我意识间有明显的合作，但是沙游过程仍然是由无意识意象所主导的。”阿曼对这种观点作了补充：“在沙游最初阶段，治疗师引导接受精神分析者（来访者）远离评价式的、理性的意识……代之被激活的是来访者的想像力和感官功能，即感觉，尤其是触觉。当激活了的情绪和情感形成了沙图的意象时，想像力与它跟现实的连结就合成一体了。”逐渐地，自我与游戏中出现的幻想合作，这个过程类似于荣格所描述的积极想像。当这种合作产生时，治疗的所有层面便开始结合，来访者开始出现新的态度和行为。在治疗过程中，这种改变通常不只出现一次，通常发生在关键性的沙世界创造之后。沙游使得来访者能够利用他们的无意识内容，在意识的层面上将其整合。治疗师的任务就是促进这个进程。

在工作中我们发现，治疗师可以通过提供一些指导来极大地促进这种合作。在整个过程中，跟随来访者非常重要，因为来访者的创作及其赋予创作的含义具有重大意义。至关重要的一点是，要尊崇来访者所提供的意象，将它们当做无意识的象征来了解。在荣格看来，意象和含义是同义词，因此，当意象成形时，含义就已经传达出来了，没有必要再进行解释。基于此，治疗师在沙游过程中必须跟随来访者，无需再多做解释，即使是当治疗师采取互动时亦是如此。

如同整个沙游治疗过程有一个一般性的程序一样，沙游治疗的一次会谈也有其模式。这个模式只适用于来访者创造的单一场景的静态沙世界，并不适用于动态沙世界，因为随着来访者行动的展开他就会改变场景。我们在本章所描述的内容是我们认为对来访者建造静态沙世界很有用的顺序。为了用最有效的方式促进游戏进程，我们直接改编了德·多美尼科沙游治疗会谈的五阶段、治疗师观察方法和游戏指导说明（然而，德·多美尼科从早期的治疗训练以来一直在不断改善着她所划分的阶段）。我们发现，她对会谈的描绘，对静态和动态沙盘的界定，以及她对自发性沙盘和指导性沙盘的区分等观点极具价值。虽然我们划分的阶段与她的划分阶段有些不同，但我们感谢她的那些开创性的工作。

正如德·多美尼科所指出的那样，在沙游治疗会谈中，来访者并不总是能够完成所有阶段。有时，他们只完成了第一个阶段。我们所描述的是推进一次完整会谈的指导方针。沙游的进程是连续性的，按适当的方式向前流动。沙游治疗的所有阶段并不是孤立的。治疗师在会谈中如何开展工作取决于治疗师的治疗取向以及来访者当时的需求。虽然一次完成会谈50分钟的时间足够，但我们仍建议安排一个半小时做沙游。延长会谈时间能够容许来访者经历沙游的所有阶段，使得来访者有足够的时间去安静创作，用更外显的、有意识的方式来完成治疗工作，以及对沙盘中出现的问题进行处理。

德·多美尼科把沙游分为5个阶段：（1）建造时期；（2）首次体验时期；（3）再次体验时期；（4）拍照时期；（5）拆除时期。随着我们对德·多美尼科20世纪90年代早期的沙游格式的实际运用，我们把治疗的阶段发展如下：

- 阶段一：创造沙盘世界
- 阶段二：体验和重建沙盘世界
- 阶段三：治疗
- 阶段四：记录沙盘世界
- 阶段五：连结沙游体验和现实世界
- 阶段六：拆除沙世界

“创造沙盘世界”阶段，与德·多美尼科的“建造时期”相对应，来访者被引进沙游过程，开始创造他们的沙世界。德·多美尼科在她的“建造时期”中这样描述：对来访者来说，这是一个他们可以用自己希望的方式去创造沙世界的过程，要容许“内在的心灵唤起”不断地推动他们自己。“做沙游本身可以诱发心灵、启动无意识，将自我轻推至合作的位置，激起内在心灵的不停流动和运作。”（Signell &

Bradway，1995）“体验和重建沙盘世界”阶段为来访者提供了扩充内在心灵的机会，帮助他走得更加深入。这个阶段从德·多美尼科的“首次体验时期”演化而来。在此阶段中，来访者被引导着在他们的沙世界中静静地体验和呼吸，在必要时可以重新配置沙世界。来访者可以自由地想像他的沙世界，同治疗师分享来访者被激起的每一种想法和感觉。治疗师通过“反射镜技术”（reflective mirroring）支持来访者。在沙游治疗的前两个阶段中，来访者通常在无意识中进行创造，并且在一个较深的水平上体验整个沙游过程，就像是在催眠中意识改变的状态。治疗阶段通常是在最初的介绍和解释之后悄悄地产生的。

虽然治疗师在前两个阶段一直都陪伴着来访者，但是只有到了第三个阶段，即“治疗”阶段，治疗师才可以和来访者有较多的互动。这个阶段对应于德·多美尼科的“再次体验时期”，治疗师可以从沙盘角度加入到与来访者的互动中。正如洛温菲尔德所言，来访者是他自己“世界”的专家。德·多美尼科建议，让来访者充当向导，带领治疗师游览他的沙世界。德·多美尼科强调，治疗师要让自己“通过建造者的心灵来体验和观察世界”。治疗师可以问一些问题来促进体验的加深，但是不能在来访者讲述他们的沙世界时突然插入自己对沙世界的感觉。也正是在此时，通过运用各种各样的治疗干预措施，来访者对问题进一步的探索就开始产生了。问题解决、对已呈现问题的修通和康复以及无意识和意识间的相互协作逐渐显现。在第四个阶段或“记录沙盘世界”阶段（对应德·多美尼科的“拍照时期”，治疗师询问来访者“他想要如何拍摄或记录他的沙世界”），给来访者机会为他们创造的沙世界拍照。在第五个阶段中，治疗师帮助来访者在他们创造的沙世界和他们的生活之间建立连结。他们共同探索来访者创造出来的沙世界对来访者的问题究竟会产生什么影响，以及来访者如何应用他们学到的东西。德·多美尼科把这个阶段包含在她的“再次体验阶段”。在第六或“拆除沙世界”阶段，治疗师在来访者离开治疗室之后马上开始拆解沙世界，同时反思来访者在沙游过程中流露出来的东西。德·多美尼科认为，也可能需要在来访者离开治疗室之前就拆除沙盘。她建议，治疗师可以通过让来访者拿掉第一个物件来“打破创造出来的完整沙世界的‘能量模式’”。

当我们描述每一个阶段时，我们会详细呈现整个沙游过程中可能逐步发展的东西。每一位治疗师都会运用自己的语言和风格。我们提供的范例只是对治疗师如何开展沙游的建议。

在来访者第一次沙游会谈之前，必须先做一些最初的基础工作。通常当来访者第一次进入沙游治疗时，可以和他讨论在治疗的过程中你可能运用的一些方法。如果沙盘和物件陈列得显而易见，那么你可以开门见山地说沙游是你运用的治疗模式之一。观察来访者在看到这些物件和玩具时的反应。你可以说：“这些东西大人小孩都可以用”或是“这些物件和玩具不仅适合儿童，许多大人、夫妻和家庭都已发现，运用这些沙盘和物件对问题的解决非常有帮助”或是“当我们无法找到适当的词汇或是不能真正了解我们正在体验的状况时，沙游提供了一种语言，它容许我们的内心讲话，你可能发现在某些时刻你会很想在沙中玩。”粗略解释沙游是如何进行的，包括一些助益和应用以及一些来访者是如何运用沙游的，这样做有助于沙游过程的正常开展。

当你简要地向来访者展示沙游材料时，注意他们的反应，这会使你对他们对沙游进程的开放程度有一个初步的洞察。注意他们是否触摸沙子或靠近它，是否很近地观看某些特别的物件，是否对沙游完全不感兴趣，或是很快地离开游戏区。

进行沙游治疗的最佳时机

一旦治疗开始进行，信任建立起来后，就可以运用沙游了。因为建立信任需要一些时间，因此，沙游可能不会用在最初几次会谈中。当然也有一些例外；有时候来访者被转介给你是专门为了沙游治疗的，我们相信来访者的无意识会引导他揭开他此时想要表述的东西。只要治疗师能够把握来访者正在体验的东西，提供一个安全的空间，来访者就会去做他需要做的事。

有些人认为治疗师应该等待成人来访者来启动沙游。格丁·思培尔（Gerddine Spare）警告说："运用沙盘的所有心理能量和动机……都必须来自于来访者。禁止治疗师建议来访者做沙游。如果治疗师建议来访者在沙盘中工作，由于感受到治疗师的权力，病人可能会觉得自己处在低一级的地位，他会感到生气和抗拒，但又想要讨好权威，这样他就会违背内心的感觉。"然而，她接着说，只有当治疗师有自信和能力正确评估来访者在某个关键时刻的需要，并且能够将外在评估与来访者自己内心想要做什么结合起来时，这条标准也许才可被突破。她将自信定义为治疗师发自内心地愿意为了来访者的利益开启治疗行动又没有破坏来访者的沙游旅程的结构。

在我们的经验中，我们发现，大部分成人并不主动要求做沙游。我们通常会根据直觉和与来访者的探讨，在双方认为做沙游将成为一段富有成效的经历时，提出做沙游的建议，因为我们已经建立了信任，来访者知道他可以选择是否在沙中创造一个沙世界，治疗师的权力成分得以减少。

通常，在一次会谈的早期，当来访者发出某些信号认为沙游很有帮助时，治疗师可以建议来访者做沙游。也可能是在讨论一个特殊的问题或在碰到某个特定的情境，治疗师可以建议来访者下一次会谈会很适合做沙游。如果来访者同意，就可以安排一次较长时间的会谈。有时我们发现，即使会谈时间过了一半，20～25分钟就足够让来访者创造一个沙盘，让无意识去揭示尚在隐藏的答案。有许多情境可以导致治疗师建议来访者创造一个沙世界，其中最常见的例子是：

- 当来访者在他的治疗过程中停滞不动时；
- 当来访者无法找到词汇来表达其感觉或想法时；
- 当来访者被阻塞在他的情感中时；
- 当来访者做了一个他无法了解的感受强烈的梦时；
- 当来访者感到困惑时；
- 当来访者为必须做的决定而痛苦挣扎时；
- 当来访者有一个困惑的问题要解决时；
- 当来访者要修通一个他已准备要面对的创伤时。

一旦奠定了初步的基础工作，并且确定来访者已经做好了在沙盘中游戏的准备，你就可以开始沙游进程了。我们将第一个阶段“创造沙盘世界”分成两个环节：向来访者介绍沙游和建构沙世界。

阶段一：创造沙盘世界

向来访者介绍沙游

当你建议来访者可以创造一个沙盘世界时，要反复说明沙游对他的特别益处，这通常对你很有帮助。你可能想要建立来访者对沙游的积极期待。例如，你可以说：“最近我正在治疗一个人，他正面临着与你同样的两难问题。当他创造了一个沙世界时，问题的答案就自然地浮现了出来。”或是“这可能是运用沙盘的理想时刻，让我们一起看一下什么情况会在你身上发生。”或是“你似乎觉得真的卡在这一点上。

我们通常自己就会有答案，它常常隐藏在我们的觉察后面。有时候沙游真的很有助于揭示问题的解决方法，你想要在今天试试吗？”

一旦来访者同意创造一个沙盘，你就可以更加详细地向他介绍沙盘、物件和游戏过程。让来访者感受一下不同颗粒的沙子（如果你有多种）。此时，你可以把双手放到沙盘里，移动沙子，向来访者示范如何使用沙盘。通过观察你自在地玩沙，来访者就会感到更少的约束而跟着开始玩沙。通过移动沙子、清出一块地方露出沙盘的蓝色底部，解释蓝色是怎样模拟水和天空的。向来访者展示各类的物件和其他材料，告知他可以不用物件、用一些物件或是用他挑选的大量的物件。让他知道物件是被分门别类放置的，这有助于来访者能够轻易地找到物件。向来访者展示水壶和纸巾的位置，提醒他可以选择用干沙，也可以用湿沙。向来访者解释他可以创造任何他想要的东西，并且可以在任何时候改变自己的创作。例如，你可以说：“你可以在沙中建造任何你想要的‘世界’、制造任何图画或场景，或是创作任何故事。你不必去思考它或理解它，想到什么就做什么。选取那些似乎在呼唤你的物件。有时未经太多思考快速选取的物件会让你领悟一些从未预料的东西。你可以选择那些对你有吸引力或积极作用的物件，也可以选择一些厌恶或消极作用的物件。不管你做了什么，做沙游的方式无所谓对错。”

让来访者知道他可以坐着、站着或是把沙盘放在地板上，告诉来访者他可以沉默、讲话或请求协助。你最好鼓励来访者保持沉默，因为这样可以让他更加投入地工作。例如，你可以说：“你可以在沙盘中游戏，从架子中挑选你希望使用的物件。有些人可以很快投入游戏，他们对正在做的事情如此专注，以至于在整个游戏过程中一声不吭。但是有些人会在游戏中说话。如果你找不到想要的东西，你可以问我，我可以告诉你在哪里可以找到，或者你也可以运用这里的这些材料（指着建构材料）去制造它。在你做沙游时，我会保持沉默，除非你需要我的帮助。”有些来访者很喜欢跟你讲话或互动，这时候你应该尽量做出深思的样子，避免提供任何可能会引导或影响来访者的解释、领悟、意见或疑问。

询问来访者希望你可以坐在哪里。如果你与来访者隔沙盘对面而坐，沟通就可以从来访者穿过沙盘传递给你，然后再经过沙盘返回到来访者。与来访者隔沙盘对面而坐向你提供了来访者沙世界的后视观（即从后面观察沙世界）。这促进你们两人之间能量的流动，增强了亲密感和交流的力量。治疗室的空间并不一定都能允许这样的座位安排，另一种方式是坐在沙盘的侧面，距离来访者大约1米到1.5米远。这个位置让大部分的来访者感到舒服自在。通常来访者会说你坐在哪里无所谓。然而，有时来访者会在创造沙世界时有一些尴尬或沉默，或是需要更大的空间和私人空间。他们可能要求你坐远一点。有些来访者甚至会要求你离开治疗室。有的治疗师认为这种要求必须得到尊重；有的则认为，如果来访者同意的话，治疗师可以留在治疗室中的一个看不到真实作品但仍能为来访者提供能量的位置，这样可以为来访者提供更大的安全感和援助。无论你选择哪种方式，记住不要侵入来访者的空间。如果你想记笔记，一定要在来访者开始游戏之前征得他的同意。也请来访者在沙世界完成时告知你。

有时候你会忘了告诉来访者某件事，你可以在不破坏沙游气氛的情况下补充说明。举例来说，如果你忘了请来访者在完成沙世界时告知你，而你在他选择物件或建造沙世界时想起了这件事，你可以插话说明。如果来访者好像进入到了一个较深的焦点状态，你最好不要在此时给予指示。当来访者完成了场景时，他们自然会让你知道。

建构沙世界

既然你已经向来访者介绍了沙游过程，此时他就可以去选择沙盘和物件了。当来访者思考他将如何进行下去的时候，治疗师要保持安静。“在沙游刚开始时，他们（来访者）有时候坐在那里，充满犹豫、困惑和踌躇，或只专注在自己身上，同时嘴上说他们不知道应该用这些沙子做什么。我们（治疗师）只是静静地等待。在运用沙游方法时，治疗师并不需要做任何事情；如果可能，我们试着关掉和排除想要有所行动的意愿和渴望。”（Ammann，1993）如果你意识到来访者感觉不舒服，你可以选择继续沉默，或者你也可以说：“慢慢来，做那些你感觉舒服的事情。别着急，你所做的每件事都很好。”或是“这对你来说是个新鲜事物，有时候人们会不知道做什么。但是只要过一会儿，他们就会有所行动，逐渐进入玩沙游戏。”如果仍然没有任何进展，你可以探索一下来访者正在体验什么。

一旦来访者的意识有所转换，他们就会全神贯注地聚焦到沙游上来，或者感到更放松，大多数来访者此时开始挑选物件。当他们挑选物件时，你要保证自己可以看到他们是如何挑选的。如果从你的位置可以观察到来访者，你可以保持不动；如果架子的放置方式妨碍你看到来访者的移动，你可以要求来访者同意你跟着他走动。比如，你可以说：“当你挑选物件时，我可以跟着你走动吗？如果你希望我帮你拿着什么东西或是你希望我帮你找某些物件，请尽管告诉我。这里有一些小托盘，如果你愿意，你可以用它来盛放你选出来的物件。”

在脑中记录物件选择的顺序以及它们被挑选和处理的方式。留意来访者对哪些物件感到特别吸引、排斥或感兴趣。有时，来访者会挑出一个物件，加以检视，然后又把它放回到架子上。那些来访者挑出来检视却又没用的物件与他选择运用的物件有着同等的重要性。有些来访者一次选择一个物件，把它放入沙盘内，然后再回到架子前选择另一个物件。有些来访者一次挑选几个物件，把它们放在沙盘内或放在沙盘旁边，然后创造他们的沙世界。有些来访者选择许多物件，有些则选择很少。在治疗的后期，你可能会去谈论你观察到的东西。

必须记住，对来访者来说，治疗师的角色是去见证、尊崇和以尊敬的态度去把握来访者的沙游体验。治疗师的责任是制造一个安全、受保护的空间，并且维持这种安全感。请记住，对来访者而言，在沙中创造一个“世界”可能是一个自我暴露的和奇异的体验。就像凯伦·思格奈尔（Karen Signell）和凯·布里德威（Kay Bradway）所说:“沙盘是来访者的治疗过程。制作沙盘的过程就是来访者康复和个体化的过程。我们这些目击了沙盘制作的人获得了看到这个过程特权，因为它在沙盘中以可见的形式呈现了出来……每一个步骤启动了下一个步骤。”除非来访者邀请你说话，否则保持沉默。当来访者建造他的沙世界时，你要始终陪伴着他，仔细注意他的一些非语言线索（如面部表情、身体的活力和叹息）。客观地观察沙游过程。如果你愿意，在得到来访者的许可后，你可以记录来访者在整个过程中的所作所为。请记住，不要让你的手碰到沙盘，不要以任何方式主动卷入游戏之中，除非来访者特别请求你的互动或帮助。你传递给来访者的，是你对他的心灵自我康复过程怀有信心，这主要依靠他自己的创造和表述，而不是通过你说了什么或做了什么（Weinrib，1983）。

当来访者在创造他们的沙世界时，其他几个特点和行为也应该引起你的注意，因为一旦你步入治疗阶段，这些观察将非常重要。你将有机会探索这些行动、语言或非语言线索的重要意义或本质。现在，你只需注意来访者是如何开始着手沙游的以及来访者选择物件和建造沙世界的方式。有些人做得很快，有些人做起来有条不紊、深思熟虑。有些人从容地到处移动沙子，做出某种地形，或者只是用手在感受沙子。这通常为沙游的下一步工作奠定了基础，并使来访者把注意力集中到沙盘上。在某些情况下，来访者可能觉得玩沙子比玩玩具更舒服自在。这些来访者仅仅选择去操作玩弄沙子，这本身就极具价值。有一个32岁的来访者，强烈感受到他已把自己的大部分埋葬了，他在没有运用任何物件的情况下度过了一次沙游会谈。他不停地移动沙子，直到清出一个区域。他说他已经挖掘出了自己的灵性部分。在他探索自身令他感到恐惧的“未知的黑色空间”的旅程中，这是一个转折点。

注意所挑选物件的属性。注意物件的颜色、质地、尺寸、形状以及所使用的材料。观察物件被放置和处理的顺序和方式。有时来访者果断有力地把物件放在沙盘上，有时放置物件时很犹豫。来访者可能会移动或再次移动已经放在沙盘世界某个位置的物件。例如，物件可能原本成对或成群地放着，来访者可能把它们分开，放在沙盘中不同的区域。当来访者移动或再次移动一个物件时，请注意他的态度举止。注意来访者在沙盘中对物件的编组，两个一组，三个一组，等等；注意将家庭成员和互相对立的双方编为一组的情况。观察物件的朝向，辨认它们是背离或是朝向其他物件，是背离或是朝向来访者或治疗师。注意物件被放在了沙盘中的什么地方：是高于还是低于沙子原来的平面？是埋起来了还是藏起来了？是否都聚集在一个区域内？沙盘的一部分是不是光秃秃的没放任何东西？注意物件和沙盘区域之间的分割。确认沙子或小物件是否以几何形式放置。对沙世界的全程观看将带给你完整的信息，以便你在后期与来访者共同探讨。

阿曼简明地描述了沙世界开始成形时治疗师通常会出现什么情况：“在创造形成时期，对我来说，变得更活跃的是更为本能的身体反应。这些依赖于治疗师敏感的感官知觉、身体感觉和直觉，也依赖于治疗师与接受精神分析者之间的相互影响的情绪关系。这不是无意识的，而是来自于有意识地转向接纳性的态度，这种接纳性的态度可以把握一个人。”请记住，来访者所做的每件事都有其意义。你在观察来访者时所收集到的信息将成为你治疗阶段的基础性工作。

为了回想来访者沙世界形成的过程，在来访者创造沙世界时做点笔记很有帮助。一些治疗师发现做笔记可以促进他们更容易回忆，训练他们把心灵聚焦于沙世界建构的顺序和改变上。它也提供了发生在整个建造过程中的感觉状态和非语言线索的纪录。德·多美尼科提倡做笔记，并且在她的训练科目中提供一些指导方针。有些治疗师发现做记录很麻烦并会让他们分心。无论治疗师喜不喜欢做记录，我们还是建议他们在最开始从事沙游治疗时一定要练习做几次笔记，目的是训练他们把握所有信息的能力，而这些信息可以帮助他们理清在创造沙世界的过程中发生的任何事情。有些治疗师的治疗室中装有摄像设备，记录起来既有效又省力。这对于事后回顾会谈非常有用，但是在该次会谈的治疗阶段却无法运用记录的资料。

作为治疗师，我们常常对来访者的行为或物件选择的意义有自己的看法。然而，暂缓做出任何解释或假设非常重要，但这一点并不总是容易做到。你可能会不由自主地进行臆测。假如真是这样的话，可以容许你自己进行臆测，然后把它们放在一边，直到治疗阶段中你确定了来访者的解释是否合乎你的想法为止。错误解释有三个来源。第一，它们可能是物件对你意义的投射。你赋予来访者物件的意义对你自己的揭示也许和对来访者的揭示一样多，或者更多。不管来访者对你而言是陌生人还是非常了解的人，这种情况都有可能发生。第二，当把一些原型的、文化的或心理的意义归因到特殊物件上时，这种情况就可能出现。你必须小心，不要轻易将一般普遍接受的意义认为是来访者的物件的属性。如果你接触来访者的时间还不太长或者你很精通荣格学派的原型理论时，这种情况就很可能发生。第三，如果你相当了解来访者，这种错误解释也可能发生。你可能会假设你知道物件的意义，因为你跟来访者有过交往经历，或者因为你了解他过去的历史。由于做出了这些未说出口的解释，你可能会冒下结论，并且走上了一条可能跟来访者问题没什么关系的逻辑路线。你也必须注意，不要向来访者传达一些非语言的信息。假如你只专注于自己的想法，并且停止了对来访者“倾听”，那么你在来访者沙游过程中就没有完全陪伴来访者，就不可能支撑起来访者的整个沙游经历。

这些情况经常出现在我们的沙游治疗工作坊中。治疗师扮演者常常说他们对赋予来访者（即工作坊训练的伙伴）放置在沙盘中的物件的意义跟后来“来访者”所揭示的意义完全不同。在工作坊中，一位来访者扮演者在沙盘中放了一个巨大的美国土著男人，“治疗师”后来坦露她有一种不祥的感觉，认为这个人物很危险，而且治疗师的面部表情也向来访者透露了这种感觉。这位治疗师，并没有保持完全陪伴来访者，而是在治疗阶段就根据她的直觉来行动，鼓励来访者去处理她的恐惧。来访者觉得没被理解，最后她坚持自己的权利，清楚地向治疗师同伴表示，土著美国人象征一个保护者和指挥者。跟引发害怕正好相反，这个人物带给来访者一种安全和舒适的感觉。

当来访者向你表示已经完成了沙世界时，就可以转到体验和重建沙盘世界阶段了。在创造沙世界期间，包括介绍沙游、选择物件和建造沙世界，不同来访者间有极大的变化。有些来访者建构沙世界非常迅速，有时在5分钟或10分钟就完成了。这可能是他们一贯的行事风格，或者它可能暗示逃避行为，对沙游过程感到不舒服，或者是在一种更有意识、有更多分析的层次上来操作的。如果创造沙世界阶段很短暂，你可以鼓励来访者在体验和重建沙盘世界阶段进行深入的体验。一般来访者会用15分钟～30分钟或更长的时间，有些来访者会用整整一次会谈的时间来完成建构沙世界这项工作。容许来访者使用他们需要的时间。因为会谈的时间有限，当会谈接近结束而他还没有完成时，你可以温和地提醒他时间已快到，建议他把沙世界保留在他当天想要的样子。你可以说："好像你还没有创造完你的沙世界，但是已经快到结束的时间了，你可以把沙世界停留在你今天喜欢的样子。记住，这只是它现在的样子，下次你可能会想要重新创造它，或是到时你可能想做一个不同的沙世界了。"留一点时间让来访者为他完成的沙世界拍照（制作证明材料阶段），并且在结束会谈之前留一点时间做一些简短的向下阶段过渡的工作。

阶段二：体验和重建沙盘世界

体验

这个阶段为来访者提供进一步深入体验其创作的机会。这是一段安静的反思时间。当来访者更为充分地消化吸收沙世界时，你只要静静地坐着就可以了。鼓励来访者将自己沉浸于沙世界之中。你可以说："这个'世界'是你的世界，花一些时间呆在其中吧，让它触及你的心灵。不仅用你的眼睛，用你的所有感官去体验它、探索它、了解它吧。你可以保持沉默，或者分享任何触动你的东西。"

来访者很可能会再次转移到更深的层次。安静的建造过程和随后的体验对他都特别有意义和价值。"它不是一种令人尴尬的沉默，而是一种有意识的静默。治疗师和来访者都将注意力指向来访者的内在世界，因而带来了对来访者内心更多的了解。"请记住，要用尊敬和尊崇的态度来对待每一个沙世界，先不要妄下评断。你可能并不了解沙世界。对你而言，它可能很平凡或很简单。丢掉这些评价吧。你的任务是尊重和无条件地接纳来访者和他的创作。

如果来访者选择在这个时候说话，你只能运用反射性的回应。如果来访者露出明显的带有情绪的非语言线索，你可以对他们的肢体语言以一种反射性的方式给予回应。例如，如果来访者在体验沙世界时用悲伤的表情叹气，你可以说："这好像深深地触动了你"，不要对你自认为的来访者正在感受到的情绪作出解释或建议。不要问问题或做出任何一种建议。此时此地，对话只在来访者和他的沙世界间进行，你的回应或回话仅仅意味着让他知道你听到了，并且一直在听他讲话。只有在感受到来访者需要确认你是否陪伴时，你才可以做出口头的回应。要**警惕**，**你的话语可能带有一定的侵犯性**。

像德·多美尼科所教导的那样，我们鼓励来访者绕着沙盘走一走，从不同的角度观察沙世界。通过这么做，来访者不仅可以从不同角度来观察场景，而且能够注意到物件的各个方面，这些单从沙盘前面是无法看到的。你可以说："通常，从不同的角度去看事物，看起来就会不一样。你可以绕着沙盘走走，可以从侧面、后面、沙盘上面或者同沙盘水平的角度看一看它。"给予这些指示的时机有两个，一是在体验阶段开头，当你刚开始建议来访者沉浸于沙世界时；一是在来访者已经从沙盘前面完全体验过他的沙世界之后。

当来访者正在体验他们的沙世界时，观察他们的非语言反应。例如，当来访者看着特殊的物件时，注意其感觉状态的变化。注意来访者的视线停留在哪里，哪些物件引发了某些情绪。观察他们快速扫描过去或者特意避开某些物件的地方。认清来访者是否有或在何处叹息、微笑或沉重地呼吸。当然你不可能注意到或记得每件事。我们提到上述情况只是为了提醒你来访者会不断地在给你一些信息，这些信息很可能有重大的治疗意义。在来访者沙游过程中，你陪伴得越投入，这些非语言线索就越铭刻或保留在你的觉察之中。

体验时期通常大约需用五分钟。有些来访者仅用了1分钟或更少的时间就说他们完成了，这时候你可以鼓励他们再次进入沙世界，多花一些时间去体验。一旦创造性活动结束，有时来访者会抗拒进入更深层的体验或者为在沙世界中的怠惰感到不舒服。你可以鼓励来访者说："如果你觉得可以的话，何不再用更长的时间呢？想像一下你就在那个"世界"里面，想像你正在绕着沙世界走动，看看你的"世界"的不同部分都是什么样子。"

重建

当来访者充分体验他们的沙世界时，他们可能会对沙世界的某些方面作出反应。这些反应通常会引发来访者内在的心灵活动，激发要去移动沙世界里面物件的需要。此时，来访者经常会选择改变物件的位置，或是移动或添加物件。让来访者知道，他们可以保留沙世界原有的样子不变，也可以照他们的愿望做任何改变。让他们知道可以保留沙世界原状不变这样的信息非常重要，如此一来，有些来访者，特别是那些有完美倾向的人或是对批评很敏感的人，才不会觉得受到评判，或是觉得保留沙世界的原状不变有什么错，或是认为应该改变些什么。你可以说："既然你已充分地体验了沙世界，你可能发现它正是你想要的样子，或者你可能发现你想在沙世界中改变些什么。你可以移动任何物件，添加或移除任何你觉得现在适合这个'世界'的东西。"如果来访者做了一些改变，在改变完成后鼓励他在改变之后重新体验沙世界。注意在沙世界转化过程中发生在来访者内部的任何转变。

阶段三：治疗

静静地建造沙世界和体验本身就有治疗和康复的价值，它使来访者有了一个将最内在的想法和感觉用可观察到的方式释放到沙盘之中的机会。"在创造性地建造一个沙建筑过程中，意象以一步接一步的方式显现出来，无须关心它最后'成熟水平'的外观是什么样子。

这使得许多防卫自动地降低了，无须关心如何去克服防卫。”（Ryce-Menuhin，1992）到目前为止，你一直用接纳的态度耐心地、静静地扶持和见证来访者的沙游过程。现在是你评估是否要将话语带入会谈的时候了。“治疗师永远不应该低估沙游者表达力的脆弱性。裸露的心灵首先需要被视察，而绝不是用无可挽回的方式去加以解释。”（Ryce-Menuhin，1992）如果你认为来访者可能处于一个非常脆弱的位置，并且讨论来访者的创作可能不明智，那么你可以温和地容许来访者跟他的沙世界在一起。结束沙游时让来访者知道，他可以选择告诉你一些关于沙世界的事情；或者，如果他不想这么做，还有其他的机会。如果你认为进一步的语言探索可能会有好处，你可以采取一种更为互动的方式。如果来访者选择这么做了，这就是他们用口头语言同你分享他们的沙世界的时候）虽然讲话时来访者可能会在某种程度上从他们“已改变的状态”中跳出来，但是，你们即将一起做的事情将会深化和扩展他们的体验，促进意识和无意识间的合作。

在治疗阶段中，来访者是你的向导，引导你领略他们的沙世界，向你介绍物件的意义和创作的精髓。同时你也是来访者的向导，促进他们进一步的探索，为他们架起无意识的内在知识与外在生活间沟通的桥梁。治疗工作的精髓，就在于来访者将在一个更具意识的、更有意图的水平上去探索自己。我们将这个阶段分成两个时期：游览沙世界和治疗性干预。

游览沙盘世界

开始时，询问来访者你是否可以加入他们，以便从他们的视角来观看沙世界。你可以说：“你是这个‘世界’的创造者，我对它的了解实在不多，你是否可以当我的向导，带我参观这个‘世界’，告诉我有关它的故事。也许你可以带我游览一番，详细描述一下这个‘世界’

是如何形成的，使我熟悉这个‘世界’中的人物和物件。”当你在沙盘的前面加入来访者时，要特别注意那些在建构时期从你的视角无法看到的物件，同时也要注意那些你可以看得到而来访者看不到的物件（比如，来访者放在一块大石头后面的一个物件）。鼓励来访者追忆场景的制造过程，来访者就会按他们在沙盘放置物件的顺序引导你游览“世界”。他们会描述沙盘上的所有物件，密切配合你的指令。当这种情况发生的时候，要静静地、专注地倾听，以便你能够看到跟来访者相同的沙世界。

如果来访者只带你匆匆地浏览了一下他所创造的沙世界，德·多美尼科建议应鼓励他重新回顾一下沙世界的形成，精确描述他看到了什么。你可以说：“我真的不知道这些人是谁或这些东西是什么，我们可以看看这些物件吗？也许你可以描述一下你到底看到了什么？我真的想要跟你一样体验这个‘世界’。”另一种方式是请来访者给你讲一个有关沙世界的故事，这通常对有创造力的来访者很有效，因为如果他们可以远离自己的问题的话，他们觉得受到较少的威胁。你甚至可以要求来访者想像你来自其他的国家或星球，对他的“世界”一无所知。另一个对付来访者不愿详细描述沙世界的可行策略是问一些特定的问题。你可以问：“你可以告诉我有关这个物件（指着一个物件）的一些事情吗？”或是“你可以告诉我这个物件（指着一个物件）更多的事情吗？”或是“这个物件引发了你什么体验或感觉？”或是“这个物件几岁了或什么性别？”这些问句各有不同，可以有针对性地应用在某一个项目上。

注意来访者的行为举止。如果你很清楚来访者存有抗拒心理，想要保持沉默，不想描述沙世界，就尊重他这种需要。你可以说：“关于这个‘世界’你有其他的事情想要告诉我吗？或者你只想陪着它呆一会儿而不想谈论它？”这让我们想起一个我们治疗过的来访者，她是一位50岁的女士，在她的治疗过程中曾经做过几次沙盘。我们曾多次计划让她在下次会谈中运用沙盘，但是每一次她都设法避免在沙中创造一个沙世界，这种情况发生几次之后，她报告说她已经认识到自己在不断地逃避沙盘。她意识到障碍并不是去创造“世界”，她抗拒的是沙盘之后的讨论。她觉得语言化会减损内在的体验，而且会进一步激发她去评断和解释沙世界。

有些来访者把沙盘上的人物等同于自己和他生活中的人物，他可能会将沙世界与特定的检验连结起来。不论来访者用什么样的方式展示沙世界，重要的是你要透过他的眼睛（和心灵）去看它。对来访者所描述的所有事情保持开放的态度，表现得就好像除了来访者赋予的意义外你对“世界”一无所知。如果你认为在来访者带你游览沙世界时对某些物件给予评论会有治疗价值的话，你也只能对来访者已经涉及过的状况给予回应。如果你在做进一步探索之前还是应该审慎地先游览完全部，那么你最好延缓评论或提问，直到进入治疗性干预时期。

请记住，这个“世界”是从来访者内心深处创造出来的，你不要用任何方式——身体上的或精神上的——去碰触或侵入任何物件。当来访者在描述沙世界时，你要全神贯注，了解意象的体验性语言。在提及物件时必须运用来访者的语言。记住不要对人物赋予性别，除非来访者曾经这么做过。如果你觉得有必要得到那方面的信息，你可以询问来访者。有时，我们会犯一种错误，就是在来访者命名一个物件之前我们就先给它命名了，结果我们所传达的物件的意义跟来访者本来试图表达的意义截然不同。例如，有一个来访者没有命名的物件，我们给它命名为小耗子。当我们第二次用小耗子来称呼这只动物时，来访者坚定地表达了不满，更正了我们。她清楚地说它是一只大老鼠而不是小耗子。它是一只大老鼠这件事对她来说是有重大意义的。重要的是，不仅要使用来访者的语言，而且也要使用来访者的声调或个人解释。例如，一条蛇，对来访者来说是一种意义，对你则可能是另一种意义。你必须注意，不要将你对蛇的感觉附加进去，即使是用非语言的方式也不能。

当来访者在描述他们的沙世界时，不仅要注意他们说的话，而且也要注意他们的身体语言和面部表情。注意来访者的身体正在体验的是什么。如果来访者在描述场景时身体似乎有强烈的反应，你可以问："你现在身体正在体验什么？"或是"你的身体哪个部位有感觉？"不要用引导性的方式来问问题，例如："你好像很悲伤、气愤、心烦，你的身体都哪个地方体验到了这种气愤？"接纳来访者反应的方式很重要。如果来访者还没有感觉，不要催促他给予解释或报告感觉。如果来访者真的给了一个解释，即使你认为还有来访者尚未发现的更深层意义，你也不要强推他做出另一个解释。一直要等到治疗性干预时期再说，容许来访者在没有中断前提下完成整个游览。然而，如果来访者在游览时期出现强烈情绪，那么你则应该处理这种情况。

当情绪出现时，鼓励来访者停留在情绪当中。来访者有时候会有要逃离这种艰难感觉的冲动。如果你对来访者艰难的或深层的情绪表现都感到不自在的话，那么你就可能会跟来访者一起共同妨碍了他们治疗的进展。另一方面，通过帮助来访者与他们正在体验的内容建立连结，而不是去做分析，你就为来访者的康复和问题的解决创造了更大的可能性。

如果来访者埋起来了一个物件，或是没有描述到一个物件，在游览时期结束之前询问他为什么会有这个遗漏。例如：如果来访者已经带你游览完了沙世界，但却没有提到一个物件，你可以说："我注意到它（说出该物件）在那里，你能告诉我有关它的一些事情吗？"必须小心，你可能会无意识地和来访者的无意识欲望串通好不要去处理某一个问题。在沙游治疗中，你与来访者连结得如此紧密，以至于与来访者串通的可能性比大部分谈话治疗要大得多。这让我想起了一个例子。一位婚姻不幸的35岁男人创造了一个沙世界，在“世界”中有一座桥，在桥下他埋了一个瓶子。当他这么做的时候，我们注意到他的表情暗示着这个瓶子可能对他有重大意义，而且可能是接下来要处理的事情。来访者在整个游览时期从未提起过这个瓶子，我们也忘了问他此事。会谈结束后，来访者离开了，我们忽然记起了这个被埋起来的瓶子。来访者已经离开了，也就不再需要串通了。在下一次会谈中，我们提到那个未与他谈论的埋在桥下的瓶子，建议来访者用这两样物件创造一个场景。场景透露出来的信息对来访者具有重大的意义。在我们建议之后，他创造了一个场景，认识到他对抛弃妻子充满极度的恐惧，因为她威胁说，如果他要抛弃她，她就会服药自杀。在无意识层面上，桥是他摆脱婚姻走向新生活的道路，而瓶子则代表着一瓶药片。如果他抛弃妻子，她可能真的会自杀，这种恐惧和罪恶感使得他无法跨过那座桥。他是如此地害怕，以至于他的无意识抗拒让他记起这个瓶子。我们也成了他恐惧和罪恶感的同谋者。

也要注意到不同的群组，鼓励来访者留意物件的基本群组，例如在沙世界中似乎配属在一起的东西。你可以说：“我注意到这里有三只动物，那个角落有三个贝壳，那里有三棵树。”或是“在这个角落好像有一群动物，它们跟‘世界’的其他部分是分离的。”提到你所注意到的群组通常可以催化来访者对自己的生活进行重要揭示。举例来说，来访者可能认识到他与别人是隔离开的。有时候，来访者自己注意到了群组，认识到了沙世界是如何反映他的生活的。此时，适当的做法是延缓对此做评论，直到会谈的治疗性干预部分时为止。

在游览时期，你们可能很少会做互动。来访者可能自己一味地引导你游览，给你介绍所有你需要了解的有关沙世界最基本的信息。只有当来访者出现强烈情绪或是他的描述过于肤浅时，你才能采取更为主动的方式，这是利用来访者的语言叙述来收集信息的时刻。游览沙世界通常花费5到10分钟，这需要依场景的复杂性和物件的数目而定，如果在游览的过程中出现了治疗活动，就会进入治疗性干预时期，也将会占用更长时间。

治疗性干预

通过创造沙盘世界阶段，“治疗师接收来访者的创作过程就像治疗师与来访者间进行沟通性对话，并且治疗师开始去了解来访者独特的意象语言。”（De Domenico，1986）通过游览沙盘世界时期，治疗师了解了来访者的口头语言。现在你和来访者成了来访者沙世界的共同探索者。“伴随着来访者的主动参与，有经验的治疗师开始将特殊的意象语言转译成传统语言，这会促进来访者通过与日常生活接触的那些人的沟通和行动进行自我揭示的能力。”（De Domenico，1986）

从问一些有关沙世界的问题入手，鼓励来访者更为广泛地去体验、实验和探索沙世界或沙世界的特定层面。与来访者生活或记忆相连结的东西可能会出现，但是不要去分析这种体验。当你对物件做评论或提问时，只对来访者已经提到的物件给予回应，把关注点聚焦在沙世界而不是来访者身上。例如，你可以说：“那个女人很讨厌那个男人”而不是“你很讨厌你的先生”，即使来访者已经确认过那个女人就是她自己，那个男人就是她的先生。你可以说：“当这个物件（说出这个物件的名字或指着这个物件）进入‘世界’或者在‘世界’中的位置改变了时，什么变化了？”而不是“当你移动这个物件时，会出现什么情况？”通过把焦点聚在沙盘上，你提供了中性态度，容许来访者与他所恐惧事物带来的威胁充分分离，实际上也的确降低了这种威胁。

从来访者描述沙世界的方式中发现线索，你将会对场景中都描绘了哪些问题有所认识。如果在建构或游览时期没有什么问题突显出来，你对来访者的了解和觉察将会给你指导，你可以从沙盘中你认为适当的地方开始。然而，如果问题显而易见，但你觉得来访者对那些主要的疑难问题的处理还无能为力的话，你可以从威胁性较低的问题开始。如果你经过评估认为来访者当时能够处理最迫切的问题，就可以把来访者的注意力聚焦在这个主题上面。从与问题有关的沙盘区域开始，而不从最有情绪的那个层面开始。刚开始时，必须小心不要把来访者放到一个对他太过于有威胁性的地方。

我们发现，延缓对来访者最痛苦区域的关注可以使来访者有机会为后面更剧烈的工作做好准备。我们想到一个来访者，一位40岁的女士，她因为生活中的一些问题来接受治疗：婚姻关系危机，工作上的压力，以及对是否要怀孕内心不断在斗争。她创造出来的沙盘融入了象征所有这些主题的意象。当她引导我们游览沙世界时，她的非语言线索显示，她对想有一个孩子这个未实现的愿望感到深深的痛苦。开始时，我们把目光聚焦在沙盘的一个区域，一个女人和一个男人，面对面而坐。我们从这里开始，是因为来访者在游览时期曾经指出这对夫妻处于压力之中，我们觉得这是一个很好的切入点。我们先在这个较少威胁性的区域开始讨论，然后逐渐移向一个婴儿躺在摇床中的那个区域。我们同来访者一起探讨，如一些物件的移动，同那个男人进行对话，再跟那个未出生婴儿对话，带入一只有智慧的猫头鹰来回答跟婴儿有关的问题，通过这些探讨，引导来访者表达出其深层的痛苦。如果一开始就强迫来访者将注意力放在沙盘的那个角落的话，我们猜测来访者可能还没准备好让自己去体验痛苦或是去检查不同的观点和可能的解决方法。

因为在沙盘中用象征的方式加以客观化的是来访者的心灵和自我的内容，因此面对来访者的应该是创作而不是治疗师。像洛温菲尔德一样，我们认为，在沙游治疗中移情现象大部分出现在创造的沙世界和来访者之间，而不是治疗师和来访者之间。这暗示着来访者本质上是在沙盘上面对他自己。如同荣格所述："我追求内在意象的那些年是我人生最重要的时刻……后来的几年只是在补充和澄清从无意识冒出来而且最初让我穷于应付的那些材料。这些基本材料是我毕生的工作。"

治疗性干预时期适合各种治疗模式，你可以使用你熟悉和拿手的技术和理论方法，选择在当时最恰当的治疗策略。我们觉得有用的技术包括（但不仅限于这些）完形方法、心理剧、心像法、回归法（regressive methods）、艺术治疗、认知重塑以及身体觉察。可能选择哪种方法受你知识和技巧的范围以及来访者的意愿所限制。对干预方法的选择依靠你自己。在本部分中，我们将描述一些我们认为有效的方法。

我们经常运用的一个技术类似于完形学派的双椅技术。在沙盘中，这个方法通过让沙盘中的人物角色或物件彼此对话来实施。如果在沙世界中的两个人或其他象征物之间有未解决的问题，让这些角色彼此互相沟通对治疗非常有帮助。例如，你可以说："鸟想要对猫说什么呢？"如果来访者表示让小物件彼此谈话是一件很可笑的事，有时侯你可以让来访者假装这些物件在对话，例如："假如鸟会说话，它会对猫说什么呢？"

我们曾经治疗过一位23岁的女孩，她跟一个男孩已经维持了两年的关系，她正在质疑这段关系会不会有将来。她创造了一个沙盘。沙盘中，一个身着白色衣服的可爱女孩坐在一个非常宁静的小岛上，周围环绕着鲜花和蝴蝶。在陆地上，一个男孩远远地看着她。当治疗向前进行的时侯，这个男孩来到小岛加入了她的生活，平静似乎就消失了。我们问来访者女孩想要对男孩说什么，来访者让女孩说："吉姆，你总是坚持按自己的方式行事，当我告诉你我的感受的时侯，你从来没有认真听过。我甚至不知道是不是还要跟你在一起。当你来到这个小岛时，一切都改变了，我自己独处时平静的感觉也跟着消失了。"

我们让来访者给那个男孩一个声音，男孩说："过去我并没有意识到自己这么粗心大意和有控制欲。"男孩和女孩在沙盘中持续着他们的对话，不断地在解决着问题，协商着彼此应该做些什么来改善两人间的关系。通过这种创造性想像游戏和把自己从问题中分离出来的机会，来访者得以全方位地面对自己恋爱关系中的问题。在确认沙盘可以提供安全感之前，她从来没有泄露对于孤独的恐惧。在沙游之后，她认识到了自己的恐惧，以及她需要在双方关系中被对方倾听和承认。下一次会谈时时，吉姆加入进来参加联合会谈，她便能够同他开放地表达这些问题。

随着来访者故事的展开，来访者会有一些新的发现，也许他发现沙盘中的一个物件摆的位置感觉不舒服。一旦你和来访者讨论了这种不舒服是什么，确认做些位置上的调整可能会有帮助，你就可以建议来访者重新放置这个物件。你可以说："如果这个孩子挪离开这个男人，会发生什么情况呢？你想要试试看吗？"记住，让来访者自己选择是否移动物件，也必须由来访者亲自去移动。如果来访者移动物件，他便可以探索沙世界如何改变的，以及两个角色的感觉是如何变化的。

有一位接受治疗的女士，41岁，小时候曾经遭受父亲身体上和精神上的虐待。她过去曾经设法离他远远的，以便让自己从虐待中解脱出来，但是目前他的健康状况每况愈下，她想在他去世前跟他和解。当她开始花更多时间陪伴他的时候，他们两人又回到了旧有的行为模式之中。事实上，她容许某些精神虐待继续下去，主要是为了两人能够保持和平和避免面对，但这让她觉得很不舒服。她告诉我们，她想要找到一个方法去化解对父亲的恐惧和气愤。

她在沙盘中创造了一个城市场景，她把一个小孩放在一个高大男人旁边。在沙盘中央有一些稀疏的建筑物，一片树林在沙盘的左侧将城市和城市近郊与一个牧羊区分隔开来。在那位女士描述完沙世界开始谈及女孩的恐惧时，我们问她这个女孩是否想要从男人身边移开。她移动着小女孩让她穿过树林，并且描述说这个女孩有一些害怕。当这个女孩到达开满鲜花的草地时，来访者似乎呼吸得更顺畅了。这位女士说女孩离男人越远时，她的忧虑就会逐渐减少。到达草地之后，她感受到了阳光的温暖。她发现她想摘一些鲜花送给父亲。我们问来访者小女孩是否想要这么做，这位女士就把一些鲜花放在女孩的手上，然后将她移动回来穿过树林。在连结沙游体验和现实世界阶段，来访者认识到，在她疏远父亲的过程中，她同时也撤回了缓解他生气和痛苦所需的爱。在沙盘中，当女孩给他鲜花时，她正在为他带来他所需要的爱，他的气愤消失了。这位女士把这些理解应用到了她的情况中。她知道自己不可能控制父亲的情绪，但是她可以和蔼地对待他。她可以在父亲发脾气自己感觉被虐待时转身离开，来到一个平静和安全的地方，即使她很担心他无法了解。

一个被放在来访者沙盘上的人物或物件通常会需要一些援助，对于低自尊、忧郁或高度焦虑、正处在危机中或曾遭受某种受害的来访者，这种援助就更常出现。通过沙盘中的象征性意象，这些来访者必须在他们自身之内或自身之外找到某些帮助。对于这样的来访者，通常最有效的方式是建议说，可能会有某个人或某件事可以帮助沙盘中的这个人物或这个物件。你可以说："在这个世界中有什么人或什么事可以帮助（说物件的名字）使他不再这么害怕吗？"或是"你想要带入可以帮助（物件名字）的某个人吗？"或是"什么可以帮助（物件名字）让他感到更少的困惑？"

有一位前来接受我们治疗的来访者，37岁，正处在他职业生涯的危机点上，并且正因婚姻问题而挣扎。在过去的会谈中他已经做过几次沙盘。在这次会谈中，他因自己的没耐性和急躁而感到困扰。他创造了一个沙盘，在沙盘中有几个孩子正在篱笆的一侧玩耍，另一侧是

“美女与野兽”中的野兽。来访者说，这个“世界”需要有篱笆来保护儿童免于受到野兽的攻击。在探索完这个场景之后，我们问他野兽需要什么，他静静地坐了一会儿，然后到架子上选了几个又小又软的泰迪熊，他把它们放在沙盘上围绕在野兽周围。来访者的身体放松了，依然静静地坐着，后来他叹气道：“唉，野兽需要柔软、温暖的抚慰来抚平它的痛苦和气愤。当我非常急躁时，我需要我妻子的温柔，需要她来安抚我。”这对他来说是一大发现。

有时侯来访者在描述沙世界中的人物或物件时会带有一种强烈的情绪。你会非常清楚地感受到来访者正在强烈地体验着那种情绪，因为他的呼吸改变了，不断叹气或泪眼汪汪，或是用手捂着身体的某个部分（例如心脏或胃部）。这时，将来访者的注意力暂时引出沙盘，关注到他的身体，这促进了身体的觉察以及身体、心理和情绪的整合。你可以问：“你身体的哪个部位感受到难受？”或是“我注意到你把手放在了胸口，你怎么了？”

我们引用一个案例来说明这项技术。桃乐茜，女，48岁。她用神秘人物物件中的男巫创造了一个沙世界。当桃乐茜靠近那个锡制的小人（即男巫）并且跟他对话时，我们清楚地看出她出现了强烈的情绪。起初，来访者把一只瓷制手带入到沙世界中，瓷制手握着一枝玫瑰花，来访者用它来安抚锡制小人的心。我们建议她用这个瓷制手来安抚自己的心，她的呼吸开始变得平顺，同时感受到瓷制手传来的安慰。接着她用自己的手来安抚自己的心。在身体体验过抚慰之后，她回到了沙盘。她注意到锡制小人实际上是把他的手放在他的心脏上。她的身体体验使她认识到锡制小人的确有一个心脏，在需要解除痛苦的任何时候，他都可以安抚自己。她同时也认识到，她也有力量去安抚自己。

将来访者关注的焦点从沙盘转移到他的身体，并且加深情绪的另一种方法是运用身体活动或心理剧。举一个让人痛心的例子，一位68

岁的女士，最近刚被告得了癌症晚期。她在沙盘中放了一块大石头，而且在治疗的过程中，她不断地将水倒在石头上面，制造出一道瀑布。她自己也不清楚这个动作的意义。我们问她是否愿意做些尝试，从而帮助她澄清瀑布的意义。她同意了。我们要求她假装自己就是流动的水，并且像瀑布一样去做动作。起初她不愿意这么做，我们和她一起将成为水的动作加以戏剧化并且和她一起做，她也在这个心理剧中一直和我们一起做。在成为水的过程中，她倒在地板上大哭。当哭泣渐停后，我们问她："你能谈一下刚才发生的事情吗？或是你想和它一起待一会儿？"她揭示出自己心中对无助害怕和对疾病缺乏控制的恐惧。很清楚，下落的水是她无力感的隐喻。在随后的几次会谈中，我们探索她是如何应对疾病给她造成的冲击的。重要的是，她后来自己也体会到，对她来说，水也象征着她持续前进的生命。

有时候使用视觉化或心像法非常有好处。你可以建议来访者想像在沙盘中有很难真正实现的事情。例如，一位35岁的来访者，正在为与同伴的关系而苦恼，他觉得同伴总想控制自己而自己无法应对。在他的沙盘中，他放了两个男人正在玩棋盘游戏的一个组合人物小物件。来访者为两个男人都取了名。受控制的男人叫乔治，爱控制别人的男人叫马歇尔。当来访者的沙世界故事展开后，乔治想要结束游戏，换成另一个活动，但是马歇尔想要继续玩这个游戏。然而，这两人显然无法彼此分开，因为两个人属于同一个物件。在来访者现实生活中，当来访者与同伴意见不一致时，他很难说出自己的观点。我们要求来访者是否能够想像一下，乔治离开了棋盘游戏，去做了他想要做的事。来访者想像到乔治来到湖边，游了一次泳，乔治感觉自己精神焕发、轻松、自由，因为他不再受到马歇尔的束缚了。几分钟之后，来访者找到了一个物件，用来象征乔治是一个分离的个体。

力量的不平衡也可以应用到视觉化的过程中，比如，当沙盘中有作恶者和受害者的人物象征出现时，这种力量的不平衡就可以使用。治疗师可以建议来访者想像作恶者缩小或是受害者变大。来访者可以将弱势的人物或物件视觉形象化，并且将它放在一个愈来愈有力量的位置。接着，来访者可以用任何形式把这种逐渐增强的力量演绎出来，例如，拿起这个被新赋予力量的物件，让它踏在那个原本比较有力量的人物上面。主动的想像伴随着沙游治疗和不断的康复的过程。

认知重建也可以在沙盘中演绎出来。事实上，我们描述的许多干预方法就是重新建构来访者想法和行为的范例。当来访者在沙游过程中卡住坚持某一个思路而不能灵活转变时，就可以运用认知重建技术。你可以帮助来访者探索不同的选择或感知情境的方式。例如，一位32岁的会计员，由于丢了工作无法找到新的工作而忧心忡忡。经过几次会谈之后，可以清楚看到，正是他的负面思考导致他陷入抑郁而不可自拔。我们对他做了理性情绪治疗（RET），但是他似乎无法应用RET的原则来改变他的自我对话以及对自己和世界的信念，于是我们建议运用沙游这种通常可以帮助卡住的人获得进展的方法。

他创造了一个没有多少色彩的“世界”，用的物件包括一个大岩石、一个男人、一道篱笆、几只动物以及几本书。在游览完沙世界和经过短暂讨论之后，我们问他，假如这个男人会说话，他会说什么。他让男人说：“我将永远找不到工作，我的人生就是一场灾难，没有人会雇用我，因为我是一个黑人。”我们回应：“在世界中没有什么人或什么事可以帮助这个男人吗？”他断然回答：“没有！”我们接着问：“你可以带入一个物件来帮助他吗？”他在陈列架上到处找了几分钟，然后带进了一个太阳。我们问他：“太阳要对男人说什么？”来访者想不出会讲什么。这时，我们问来访者我们是否可以扮演太阳，他默许了。我们让太阳说：“你想从我这里得到什么？”来访者看着我们，说：“我需要帮助，我的人生是一场灾难。”我们转而又问这个男人会说什么，将来访者重新引向沙盘。来访者让男人说:“我需要你的帮助，我的人生是一场灾难。我将无法支撑起我的家庭了。”太阳回应:“你真的觉得你的人生好像是一团糟，不过，让我们仔细地看看你到底发生什么事。你整个的人生都是一场灾难吗？”来访者让这个男人说:“哦，当然不是所有的事情，我的妻子和孩子都很爱我，我有一个舒适的家，但是我就要失去它了。”

我们问来访者是否愿意把男人的家人和房子带入沙盘中，他把他们放在男人的旁边。当男人的身体靠近家人时，我们注意到来访者的行为发生了一点变化。我们（扮演太阳）接着重申男人已认识到的观念——即并非所有事情都是一场灾难，鼓励男人去检查有关要失去他舒服的家的说法。男人说:“没有了工作，我就无法偿还贷款，没有人会雇用我。”太阳回应:“这么说，你可以看见未来啦？”“嗯，不是，但是我被解雇了，没有人想要用我了。”“这么说你是被解雇的哦！你以前曾经被雇用过吗？”“当然。”“你当时是黑人吗？”来访者微笑着说:“当然是。”我们（太阳）认同男人的说法:“我知道，从统计上来讲，年轻黑人有比较高的失业率，因此，我非常理解你的担心。不过，你对你做的事擅长吗？”“当然，我在班上名列前矛，而且在前面两个工作中都获得很好的评价。”“你认为你值得别人雇用吗？”“哦，是的。”

在帮助沙盘上的男人认识他的非理性思维过程中，例如，他的过度概括化、全或无的思维方式、事先假定负面结论和否认正面积极的东西，太阳促进了男人态度上的改变。当男人继续对太阳说话的时候，来访者突然笑着说:“这个男人真的是太不理性了。”通过讲述沙盘中男人的故事，来访者无意识地把自己同他所处的境况分离开。这样一来，包括通过把问题客观化，以及对现实情境的真实演绎，使得来访者能够以更积极和主动的方式来肯定自己。

有非常多的程式和方法可以有效地促进自我探索、深化体验、容许心灵自我揭示，激发康复的力量。只要治疗师尊重和接纳来访者，接纳其在沙世界中自己选择如何变化、遵从其选择如何行动的建议，无论你运用的方法为何，都可以带来进展。

治疗性干预时期通常需要至少15分钟，当然这也会因来访者及可用时间的不同而有所变化。当会谈接近完成时，询问来访者今天想要如何保留沙世界。你可以说："今天的时间快要到了，现在你可以按照你自己的意思保留这个'世界'，你可以保留原样，也可以做些改变。这就是'世界'现在的样子。"

阶段四：记录沙盘世界

当来访者对他们的沙世界进行过调整和修改并且把所有物件都摆在他们想要保留的位置之后，给他们一个拍照的机会来记录这个象征性意象。在来访者的同意下你自己也要拍一张。最好有两台照相机：一台是可以立刻显现照片的"拍立得"相机或其他相机，另一台是装有幻灯片或普通胶卷的35毫米相机。拍立得相机给来访者使用，他可以拍一张场景的图像带回家。35毫米相机使你能够看到更深层次更清晰的图像。如果你想拍幻灯片，而且有一台幻灯机，你就可以投射到一个大荧幕上供你和来访者观看。我们发现，照片非常适合将来回顾沙游过程时使用。

大部分沙游治疗师认为，为沙世界制作证明材料极具价值，但是对于该如何做却有不同看法。拍照可能是最常使用的方法。有些人，包括洛温菲尔德，喜欢用图示的方法。艾瑞克·艾瑞克森将拍照转变成使用示意式梗概图。将沙盘意象具体化可以用作治疗、诊断和研究。洛温菲尔德运用沙世界的图示来研究来访者的思维，她同时指出，这种图示方法可以有效运用在与督导或同事的会谈之中，因为这些草图代表的是尚未经过治疗师内心的处理原始材料。艾瑞克森对于研究来访者的建构以及把它与其他资料进行对比感兴趣。卡夫运用照片来回顾治疗的过程。有些人运用照片来检验不同性别、不同年龄、不同文化人群的临床预测是否准确。例如，治疗师可能想要知道下面问题的答案：在我们的社会中，女性探索攻击性的方式跟男性有什么不同？治疗师就可以做一个观察性研究来看看几种反应类别（例如，表达的模式和运用的物件），然后他可以比较一下男性和女性所创造的沙世界。通过测量被实验者做出事先定义的动作的频率，研究者便可以得出结论，认为在他研究族群中，人们表达攻击性方式是有区别的。

如果你选择照相做为制作证明材料的方式，请记住，照片记录的是来访者刚刚体验过程的最终结果。这个照片是"支撑着有象征性的、有力的解释的心灵材料的记录。"（Ryce-Menuhin，1992）即便在沙盘中的创作拆除之后，照片仍可用来分析或回顾治疗情况。我们对来访者沙游过程的投入，常常会驱使我们把关注点聚焦在沙游上，这样我们只透过来访者的眼睛来看沙世界，来访者的观点就变成了我们的观点。因此，照片就变成了我们获取不同观点的一种非常有效的手段。邓塔兹说："当沙画完成后，我给它拍照……日后，这些幻灯片可以帮助我看清我第一次看沙画时没有看出来的形状和形式。仅仅通过观看幻灯片，我便得到了不同视角和新方法，加深了我的理解。"同时，通过反省这些在治疗过程所拍下的照片系列，我们也可以单独或跟来访者一起回顾他的心路历程。"对治疗师和来访者来说，完成的沙盘是一个记录。它们使当时正在发生的事、已经发生的事以及即将发生的事（预示着未来）昭然显现。在回顾这些沙画系列的过程中，你就会确认你将要选择的道路。"（Signell & Bradway，1995）

照片也可以担当来访者的一种过渡性物件。他通常将照片带在身上，因此，除了在他的心灵或无意识之中拥有意象和体验之外，他还持有一个可以触及的图画。照片有助于使意象保持鲜活，即使在场景拆除之后亦然。邓塔兹说："当我这样做的时候（给沙图拍照），儿童会认识到他的创作将会活在照片中。"此外，照片也可以提醒来访者他从创造、探索和体验沙世界中学到了哪些东西。它以可见的形式，利用视觉感官，强化了体验，展示了整个沙游过程，

再者，因为来访者处在不断的发展变化之中，因此他们的沙世界也会持续改变。他们曾经喜欢的建构有时就想要去改变。过去场景的照片对于帮助来访者看见、记忆以及重建一个沙世界至关重要。亲眼目睹这些改变可以带来显著的治疗进展。沙游过程每一步骤的照片记录，再加上治疗师对来访者内在和外在生活的询问，可以导致来访者深远的领悟。

另一种比较昂贵的选择是对会谈进行摄像。虽然录像在治疗阶段看不到，对治疗师来说，完成会谈之后，它却是一个很有价值的工具。它让治疗师可以看到整个沙游过程，包括所有的变化、领悟以及语言和非语言的行为。在来访者的许可下，治疗师也可以将录像用在督导会谈中或用来教学。另外，它对连结沙游体验和现实世界阶段或者接下来会谈中让来访者研究自己的沙游过程非常有用。录像使来访者有机会观察自己，并且从一个新鲜的角度来看待事情。

我们重申阿曼强调的一个重点。虽然照片是一种有价值的工具，但是一定要记住，它是沙游过程的一个具体意象，而不只是一种体验的最后产物。阿曼坚持认为"接受精神分析者'制造'沙画的说法是不正确的，正确的说法应该是他构建了一幅图，或是它调解了从无意识流入他身上的一种冲动。他在那个特定时间、特定的地点在沙中展现了他心灵的变化。"

在沙游治疗会谈的这个阶段，来访者已经完成他的象征性工作，正准备带着他所学到的东西离开治疗室。询问来访者是否想要为场景拍照，你可以说："当人们完成他们的沙世界时，他们通常会为他们

的沙世界拍张照片。“你想为你的‘世界’拍照吗？”如果他们作了肯定回答，询问他们是想要自己来拍，还是你替他们拍。无论是来访者自己拍还是你来拍，让来访者自己选择拍照的角度。有时，有些来访者表示他们能够记得沙世界，不需要拍照。有些来访者说他们不想要照片。来访者这么说，可能是他们极度轻视沙盘和体验的重要性。有些来访者选择不去拍照，因为他们觉得拍照会损坏体验的感觉，会让体验的意义变小。无论来访者的选择是什么，你都要尊重他们的选择。

如果来访者选择拍照，在拍照之后，请求来访者允许你也拍一张照片。你可以说：“我也要拍一张照片，你觉得可以吗？这样的话我就可以拥有了你所创造‘世界’的记录，它不仅可以帮助我记住你所有做过的一切，而且日后我们也可以一起来看它。”询问来访者希望你从什么位置拍摄沙世界。通常来访者会容许你进行拍照，并且由你自己选择拍摄的角度。我们通常选择跟来访者相同的角度来拍照，或者从沙盘前面拍照。

如果来访者选择不拍照，你可以在来访者离开之后，在经过或未经过来访者的同意的情况下，自己拍照存档。如果你没有征得来访者拍照的许可，我们建议你在任何时候都不要向来访者展示你拍照的照片。向来访者展示他选择不拍的照片可能会让他觉得被背叛。如果我们要求拍照，但是来访者拒绝了，那么即使在他离开之后我们也要尊重他的意愿不再去拍照。

我们通常从沙盘前面拍下我们的照片。如果沙盘很复杂，并且有隐藏的材料或者有巨大能量的区域，我们有时会多拍几张。因为在迎接下一位来访者必须拆除沙盘前，治疗师通常没有足够时间来研究沙盘，但是照片可以让你能够，如同德·多美尼科所教的那样，重新创造场景来提高对来访者沙世界的澄清和理解。关于如何记录沙游过程更详细的信息，请参看第8章的描述。

阶段五：连结沙游体验和现实世界

既然象征性的、无意识的工作已经完成，请来访者同你一起回到谈话区。就像你在任何一次会谈中所做的那样，帮助来访者在离开治疗室之前过渡到现实世界中。继续引发来访者在一个更具意识的水平上整合他们的沙游体验，帮助来访者在他们所创造沙世界的象征意象和这些意象在他们生活中的所代表的意义之间架起一座桥梁。鼓励来访者认识到沙盘中所产生的状况和日常事件之间的联系。照片已经捕捉到沙游过程的最后产物。现在则要通过鼓励来访者弄清沙世界的意义和沙盘中的所包含的问题使来访者的内在过程进一步具体化。当来访者探索如何将他们在沙游体验中学到的东西应用到他们的目前生活情境时，你要支持他们。对你来说，这是把从无意识中刚唤醒的能量或刚发现的领悟及材料引向建设性用途的机会。

沙盘里所发生的事情来源于来访者无意识和有意识的经历。它反映了来访者内在和外在世界正在发生的状况，你的角色是帮助来访者理解和应用这个材料。如果来访者对重复物件或主题运用的重要性感到困惑，你可以鼓励来访者在下一次会谈中创造一个“扩大沙盘”来放置他的困惑（请参考第6章），或者你可以建议来访者从象征和神话字典中查阅物件的意义。让来访者知道他应该自己决定这些解释跟他的生活是否相关。如果感觉比较合适，你也可以告诉来访者一些人类的原型或超个人体验（例如圣经故事、神话、童话）。字典或故事中所提供的意义可能无法让来访者产生共鸣，来访者的观点永远放在第一位。

有许多方法帮助来访者运用他对沙游体验的理解。鼓励来访者把沙游世界同记忆中的或当前生活的问题联系起来。你的问句或评论将会反映出会谈中已经发生的情况（这主要依靠来访者出现的情况）。

例如，如果来访者的记忆被启动，沙盘中的焦点主要集中在过去的人际关系或事件，你可以说：“你刚刚创造和体验了一个‘世界’，我想知道沙盘中发生了什么事引发了你对往事的回忆？”如果沙世界更多地聚焦在当前的问题上，你可以说：“你刚刚创造和体验了一个‘世界’，沙盘中发生的事情与你现在的生活有什么类似的地方呢？”

鼓励来访者去体察，在他的日常生活中，他的体验与沙游世界中发生的情况是如何相类似的。例如，如果来访者认识到在沙盘世界中她把一个女士（代表她自己）放在危险物件的旁边，你可以建议她留意在日常生活中是否也在做同样的事。你可以说：“你可能会发现，当你的日常生活日复一日地进行下去时，沙盘中发生的事情将会在日常生活中浮现。例如，沙盘中的女士站在野兽的旁边，这对她是一个威胁。你注意一下你自己处在潜在的危险和有害情境之中的几率有多大。”

就像你在任何一次会谈中所做的那样，帮助来访者探索实用的方法去处理或容忍有威胁性的、危险的或令人不舒服的情境或是解决出现的问题。如果认为合适，你可以给来访者布置一些任务让他完成。例如，当前面段落中提到的来访者认识到自己是处于危险情境时，你可以问她如何改变她的行为。如果她回答说，在这种情境下她可能会离开或者寻求帮助，那么她的任务是照顾好她自己。如果她认识到有办法可以远离这些境况，她的那么任务就可能是事先找出潜在的危险，然后有意识地避免它。

在两次会谈之间，来访者可能会变得更加意识化了，并且会在一个更理性的水平上去行动。让来访者知道，梦、记忆和感觉可能会也可能不会因为沙游体验而浮现出来，它们通过沙游以及其他深入探究无意识的技术而滋生出来。如果这种情况没有自然地出现，那么对后续梦境等的评论在效果上可能类似于催眠后的建议，激发来访者在会谈之后去做持续的无意识的工作。

如果来访者的梦境和记忆发生了（这非常有可能），与来访者共同探讨如何将这些梦或记忆整合进来访者的意识之中。你可以说："当你做完一个沙盘时，你所展现出来的大部分都是无意识的，你可能无法立刻意识到它对你的意义，但是你的内心会用一种奇妙的方式告诉你从沙游会谈中你应该着重去理解什么。这可能会在你做完沙盘之后很快出现，也可能会在几天之后出现。它通常会呈现在梦中或是引发某些记忆或感觉，这些可能让你感到惊讶或者无法招架。"这时候就非常适合讨论当这些感觉、梦和记忆出现的时候应该做什么。你可以说："请你每天把这些材料记录下来，你可能就会发现一条贯穿这些材料和沙游脉络，并且发现它的意义。你可能会对一个困扰你多年的问题找到一个答案。当情况陷入僵局的时候，让我们一起通过体验探索一下，有没有什么其他你能做的事情可以帮助你。"如果会谈激起了来访者强烈的情绪，你要制订一个计划来帮助或支持他。

阶段六：拆除沙世界

在来访者离开之前，让他选择是拆除场景还是保留场景原样不动。对某些来访者来说，拆除已经创造的东西，可以强化他们的认识——即认为自己有力量废除已经做过的事（即补救他们的错误）。对某些人而言，只有把沙世界拆除了，才算完成了一个完整的行动，并且打开了新创作的通道。如果来访者选择拆除沙世界，可以让他在连结沙游体验和现实世界阶段之前就去做。大部分的来访者会选择将场景保留在他原来建构的样子。让沙世界保持原状可以使来访者在离开之后还带着那个意象。我们曾经治疗过一位来访者，他选择不给沙盘照相。当在离开会谈时，她认真地看了一下她创造的场景。当时她要赶往一个会议去提交一份论文报告。回来之后，她报告说，有好几次，沙盘的意象闪现在脑海中，带给她一种内在很有力量的感觉。

如果来访者没有拆卸场景，告知来访者在他离开之后你将会把它拆掉。当你在拆除沙盘时，花些时间去思考和记录当时的体验。有时候，等到来访者离开之后再拆除沙盘行不通。举例来说，如果你下一位来访者预约时间已经定好，两个治疗之间已没有时间拆卸上个治疗的沙世界，你和来访者就必须在他离开之前把场景拆除。在这种情况下，在你们两人把物件重新放到架子之前，请来访者先从沙盘中移掉一个物件。再说一下，要在连结沙游体验和现实世界阶段之前做这件事。让来访者移掉第一个物件的目的有两个。第一，对来访者而言，这是一个深层的创造性和表达性体验，让来访者来打破这个局面非常重要。第二，来访者移掉的第一个物件通常对他具有极大的重要性或力量，这可以为你提供值得探索的额外信息。当来访者移掉第一个物件后，询问来访者你是否可以帮助他把剩余的物件收起来。如果你清楚地认识到当着来访者的面拆除场景将破坏他的整个过程，你可以寻找其他的方式来处理这种情况。我们发现，有一个备用沙盘很有好处，我们可以将前一位来访者的沙盘原封不动地盖起来，放在一旁，不让下一位来访者看见，拿另一可用的沙盘给他使用就可以了。这种作法的惟一缺点就是如果下一位来访者也要选择要做沙游时，他就无法选用前一个来访者用过的物件。

认真仔细地拆除沙世界。这是你重新体验来访者的过程，也是了解更多有关沙世界意义的机会。当我们把目光聚焦在沙盘上，重新认识到那些在我们专注于沙游过程的其他层面时所忽略的特殊放置或移动，我们就会获得额外的领悟。在沙游过程中，沙世界通常会经历几次的变形。在拆除的过程中，你可以拿掉一些物件，把其余物件回复到沙世界完成之前当时的样子。这样做有时候会很有帮助，它常常可以揭示出发生在来访者身上的重大改变。

如果沙世界没有对你产生意义，重新建造和重新做出沙世界的样子来复制来访者的体验。如果你从容体味，重新创造来访者的沙世界会带给你新的启迪。如果你选择在日后去回顾沙盘的话，照片可以来帮助你。如果你对来访者场景中的某个层面或物件产生了强烈的情绪反应，你可以从那个物件开始，为自己建造一个沙世界，这是化解反移情问题的绝佳方法（见第10章）。

当你收拾材料时，将物件放回到它们正确的类别中，维持原有的组织次序，让其他来访者容易拿取并且感到整齐有序，这一点非常必要。当你把物件放置到架上的适当位置后，完成你的笔记，反思沙游经历。我们通常在拆除场景之后随即完成笔记，在仔细整理物件中获得额外的领悟。当然，你也可以选择在拆除场景之前完成笔记。

我们前面已经说过，这六个阶段通常不一定全部完成，也没有明确的划分。我们鼓励你在来访者离开之前，在会谈即将结束时空出一些时间来拍照和做些回顾，就算来访者只完成了创造沙盘世界阶段。如果来访者不愿回想或讨论沙游过程，至少他可以有机会表达他的沉默，获得更大的觉察。

本章小结

沙游治疗的6个阶段

阶段一：创造沙盘世界

- 向来访者介绍沙游：创造一个安全的、受保护的和自由的空间，并形成一种积极的期待；向来访者介绍沙盘、物件和沙游过程，自己要处在一个令来访者觉得舒适的位置，让来访者知道做沙游的方式无所谓对错，最后请他在完成后要通知你。

- 建构沙世界：来访者在沙中创造一个场景，你主要是来见证和尊重来访者的体验而不作干涉或解释；来访者可以用也可以不用物件及水来建造沙世界；你要保持沉默，全神贯注。

阶段二：体验和重建沙盘世界

- 体验：鼓励来访者充分地体验沙世界。当来访者反思场景时，你只需静静地坐着，这是加深体验的时刻。
- 重建：告知来访者可以将沙世界保留原状或是做些改变；留出时间给来访者去体验改变后的沙世界。

阶段三：治疗

- 游览沙盘世界：向来访者请求游览他的沙世界；注意来访者的语言和非语言线索；不要碰触到沙盘；鼓励来访者停留在被激发的情绪中。
- 治疗性干预：询问来访者关于沙世界的一些问题，只反映来访者涉及的事情；把焦点放在沙盘中的物件上；选择使用治疗性干预方法，例如完形技术、心理剧、心像法、回归法、认知重塑、艺术治疗和身体觉察，沙世界中更多的改变常常就会出现。

阶段四：记录沙盘世界

- 来访者的照片：为来访者提供一个从他选择的角度来为他的沙世界拍照的机会，最好是用拍立得相机，来访者可以把这张照片带回家。
- 治疗师的照片：在来访者的同意之下为他的沙世界拍照，以备将来参考。

阶段五：连结沙游体验和现实世界

- 意义形成：帮助来访者理解和应用那些通过沙游而变为意

识层面的领悟。

- 将沙游体验同来访者的现实世界连结起来：询问来访者沙盘中的事件如何反映了他的生活；帮助来访者了解沙世界的意义；鼓励来访者留意沙盘中的问题是如何在他的日常生活中呈现的。

阶段六：拆除沙世界

- 理解沙世界：在来访者离开治疗室之后仔细地拆除沙世界；回想来访者的沙游过程。
- 清理沙世界：留意出现的改变；把物件放回到架子上的适当位置；完成你的笔记。

注意事项

- 创造一个安全的、受保护的和自由的空间。
- 向来访者介绍沙盘、物件和沙游过程。
- 让自己处在一个可以观察到来访者行为的位置，并且这个位置也让来访者觉得自在，没有压力。
- 要求来访者完成沙游后通知你。
- 对来访者进行全程陪伴。
- 除非来访者请你说话或者你觉得回应来访者的身体语言很重要，否则保持沉默。
- 留意非语言线索，例如面部表情、叹气、肢体动作等。
- 注意场景创造的顺序和方式。
- 除非来访者要求，否则不要主动介入来访者的活动。
- 不要碰触沙盘。
- 客观地观察（和记录）来访者所做的事，而不是去解释。

治疗时应该观察的事项

- 沙子、水和物件的利用情况；来访者是靠近还是远离了某个物件。
- 选择和放置物件的顺序和方式；哪些物件被选择，哪些物件虽被触及却又没被采用；吸引来访者的或者被来访者排斥的物件。
- 来访者创造沙世界的方式：速度、强度、物件的数量。
- 物件的属性：质地、颜色、尺寸等。
- 空间的运用：物件的摆放位置，如是聚集在一起，还是被放在空旷区域里。
- 物件面对的方向。
- 非语言线索：面部表情、肢体语言、叹气。
- 在沙盘中所做的改变：物件和沙子的增加、移除、移动和分离。
- 来访者在命名物件时所运用的语言。
- 被丢弃的和被隐藏的物件。

第4章

用于夫妻治疗的自发性沙盘

我们在上一章详细描述了沙游如何应用于成人个体治疗，同时详细讲述了沙游会谈的各个阶段。本章我们讨论一些关于两人关系的问题（例如恋爱关系、家庭关系、友情关系和同事关系）。因为大部分前来接受治疗的来访者之间的关系都比较亲密，因此我们将焦点集中在夫妻关系上面。在本章中，我们将会描述夫妻及其沟通的特征，讨论沙游所显示出来的两人关系的动力层面，说明具体的沙游方法，讲述夫妻沙游治疗的各个阶段。

如果你正计划为一对夫妻提供沙游治疗，你必须具有关系发展和沟通方面的基本理论知识，同时拥有对夫妻来访者进行治疗的经验。在此，我们只提供一些关于夫妻问题的基本观点，这些观点是我们多年来从其他理论家、治疗师和我们自身的经历中积累而来的。当然，这些理论并不一定就是解释夫妻关系的最好理论。

第一，当两个人一起参加沙游治疗时，他们各自都带来了来自于其原生家庭的痕迹。莫瑞·布温（Murray Bowen）认为，"个体在家庭关系中的情绪依赖品质"这一点极大地影响着个体对自己和别人的知觉。一个人在信念、价值、观点等方面所受的影响跟他当前的生存状态和亲密关系的状况息息相关。我们把夫妻中的每一个人看成是他（或她）原生家庭以及两人所形成的新系统的一部分，因此，需要认真考虑每个人把什么东西带入了夫妻关系之中。这样，分化的程度（即整合和个体化，或融合和纠结）就会影响一个人在亲密关系中是如何从情绪上切断和疏离或者是如何纠结和依恋另一个人的，而这些会直接显露在亲近和疏远、追求和退缩等行为上。对原生家庭问题的理解和治疗工作可以帮助个体对自身以及彼此双方有更多的认识，同时提高客观行为的能力。当伴侣们在一个更具象征性的层面上分享沙世界时，特别是当他们把目光聚焦在原生家庭上时，他们更为开放地看到他们所做的努力已经把问题带入到治疗之中。这也可以帮助治疗师了解到更多有关夫妻关系的事情，评估他们正在将什么东西带入到夫妻关系之中以及问题可能产生在哪里。

我们想到了一位特殊的来访者。当我们对弗兰妮进行来访者治疗时，显而易见，无力感和不平等是她忧郁的关键因素。她和丈夫马利安都很愿意参加治疗。当这对夫妻创造他们的沙世界时，他们关系的动力变得越来越明显。马利安比较武断地引导着沙世界的创造，而弗兰妮看起来越来越害怕参与。当他们从自己的视角描述沙世界时，每个人对对方的内心世界以及每个人对自己从原生家庭带来的包袱都有了新的认识和领悟。马利安从来都不知道弗兰妮在青春期时由于肥胖而被父亲批评的经历，这也导致她的自卑以及害怕被人了解。对这些事情的了解，使马利安对待弗兰妮的疏离和过度敏感变得更有耐性，也帮助了弗兰妮了解了她在关系中处于自卑地位的原因，使她释放自己，更为果断地表达自己的观点，分享自己的感觉。

第二，许多理论家已经研究并撰文论述了个人的人格特质和心理类型，以及这些人格特质和心理类型是如何影响关系的。当伴侣们可以理解和接纳彼此在“世界”中的存在方式时，他们就能够互相合作。

但是当他们彼此不同的风格、人格特质、信念或价值互相抵触时，冲突就会产生。荣格把人的心理确认为心理类型，他的类型学曾经被研究，而且在理解夫妻中得以应用。帮助伴侣们确认和了解他们自己的和对方的人格、思考方式以及与世界联系的方式可以带来个人的成长和关系的发展。每个伴侣都贡献了不同的力量，当然也有缺点。“如果一个人一开始就知道自己的类型是什么，他可能就会认识到自己的力量在哪里，在哪里可以找到某些自己缺失的成分。不管一个人是什么类型，如果他能够认识到他与伴侣都存在着哪些类型差异，就会帮助或激发他与朋友或配偶融洽相处。”

我们治疗过的一对夫妻说，当他们被自己的“力量”吸引时，就无法看到对方所做的贡献，这时困境就产生了。先生有一个高度发展的精神本我，在许多方面寻求的是精神导引。他的太太则把许多能量耗费在户外身体活动上，拥有一个高度发展的物质本我。先生对于物质上的追求没多大兴趣，认为把那么多的精力花费在这方面没有什么价值，同时他相信追寻精神的道路才有较高的价值。太太认为自己的生活方式才是更可取的，也感觉更踏实，她认为对物质领域的忽视是不健康和不负责任的做法。在这个案例中，夫妻不仅不能分享核心价值，而且否定彼此对夫妻关系的贡献。沙游帮助夫妻认识和理解到：这些互不相同的行为是个人的一部分，它们可以补足夫妻关系使其完整。我们发现，在沙游中伴侣们常常开始去欣赏彼此互为对立的贡献，开始互相尊重彼此的差异。

第三，人们通常带着对关系的不同期待而迈入了恋爱或婚姻，这些期待通常没有表达出来，双方常在互不知情的情况下朝着不同的目标努力着。当我们在对夫妻进行治疗时，我们常常看到，每个当事人都坚信自己对关系的稳定做出了贡献。但是，因为他们的信念和希望都没有表达出来，他们的实际行为可能和对方的期待背道而驰。例如，非常司空见惯的情况是，夫妻中的一方会把自己喜欢的东西给其伴侣，而当他的伴侣没有欣赏他的时候，他就会觉得被对方轻视了。治疗师可以帮助伴侣们揭露他们的期待，使他们的希望和动机呈现出来。当夫妻创造了沙盘，尤其是他们在沙盘中描绘出了对彼此关系的希望和看法时，夫妻双方（还有治疗师）都可以看到在他们期望中的差异和相似之处，然后，他们就可以根据这种新的了解去实施行动，而不是根据各人头脑中预先的假设去行动。如果他们的目标比较类似或互为补充，这种了解可以提升他们的关系。如果他们的目标截然不同，他们可能决定要不要结束这段关系。

举例来说，有一对情侣，南希和泰德，来找我们做婚前咨询。一开始，我们用了15分钟时间与他们讨论他们之间的关系，两人对即将到来的婚姻怀有满腔热情，没有显露出任何会立即面临的问题。在意识层面上，他们觉得沙游可能是一个有趣且有探索性的体验。当他们创造了他们的沙世界时，他们就发现了双方关系中存在着一些以前没有觉察到的问题。在我们的建议之下，他们各自创造了一个沙盘，并且带领对方游览了自己的沙世界。在那个时候，我们清楚地发现，他们每个人对于他们共同生活中所要涵盖的事情有着截然不同的看法。

接下来，我们指导他们创造了一个“联合世界”，他们可以把个人沙盘上的物件以及其他他们选择的物件带入这个“联合世界”。一个明显的问题跟是否生养孩子有关。南希把她个人沙盘中的摇椅带入“联合世界”。当她描述这张摇椅时，她说想要在结婚之后很快生个孩子。泰德听到之后显得很惊讶。虽然他们曾经讨论过可能会生个孩子，但这只是在假想层面进行的讨论，他们还没有交流或沟通过彼此内心深层的愿望。当他们进一步对沙世界进行探索时，他们发现这可能是一个难以调和的分歧。泰德并不确定将来是否要生孩子，但是他很明确，对马上要孩子没有兴趣。沙游为他们提供了一个在结婚之前探索这个问题的机会。就南希和泰德而言，这次沙游经历导致了两人关系的破裂。当然，沙游也可以提供一种化解分歧和达成妥协的方式。

第四，伴侣双方的不同侧面都在相互作用、相互影响。艾瑞克·伯纳（Eric Berne）认为，在每个个体内部都存在着儿童自我、父母自我和成人自我三种状态，这个理论范式是理解伴侣在关系中所扮演角色的一个切实可行的途径。个体常常会扮演他们学到的早期脚本。沙游提供的是一个绝佳媒介，通过它双方可以领悟和修通彼此关系中正在冲突的角色。除了在两人关系中扮演不同的角色之外，每位伴侣在作为伴侣之外还必须担任许多身份。有时，这些外在的角色对两人关系有补充作用；有时，一方就可能体验到自己或伴侣的角色是在妨碍关系的完整。这让我们想起一对正在进行治疗的夫妻，他们的婚姻在太太外出工作之后有了重大的改变。当太太把注意力和精力放在工作上时，先生觉得自己被抛弃了。

第五，在对夫妻治疗的过程中可能会出现潜在的三角关系。虽然许多人认为治疗师可以置身三角关系之外，但在某种程度来说，治疗师的全心陪伴就创造了一个三角关系。布温（Bowen）认为："在两人关系或两人系统中，当出现足够大的压力时，感到最不舒服的一方必然会将第三人拉入两人的关系中。"正因为如此，你必须时刻警惕反移情的存在，警惕自己被拉入关系的动力之中。减少这种可能性发生的一个方法就是将夫妻（而不是每个个体）看成是一个来访者。如果治疗师对伴侣们个别地进行治疗，就可能会出现是否需要保密的问题。治疗师必须清楚直接地告知夫妻，当伴侣不在场时个别会谈是如何被处理的。

在夫妻治疗中，帮助来访者意识到哪些模式对他们的关系有益的，哪些模式对他们关系起破坏作用，是协助他们进行建设性改变的关键。

沙游提供了一个媒介，通过这个媒介，每位伴侣可以“揭示相关的经历、理想自我、目标、自我中被隐藏的部分、社会自我和角色，正是这些与当前情况有关的因素才促使夫妻前来寻求治疗”。我们非常赞成以上德·多美尼科的观点，认为沙游为夫妻提供了一种可触及的方式，见证和探索了每位伴侣是否对关系做出了贡献，它提升了个体对自我和别人的理解，同时帮助夫妻发现那些导致他们问题的行为、模式和知觉，这些问题正是他们当前正在着力解决的。

夫妻关系沙游治疗的7个阶段

把沙游应用于夫妻关系治疗有几种不同的方法，这取决于夫妻的动力和问题，因此我们在这里描述的是在沙游中通常经历的阶段。我们对夫妻联合沙盘或夫妻同时分别进行的个体沙盘的了解来自于德·多美尼科。在夫妻沟通沙盘和个体沙盘中，我们直接采用了她的十个时期、术语、观察方法和指导语。当我们体验到来访者的需要时，我们的方法也发生了演变。这些阶段沿用了跟个体沙游类似的模式，即促使来访者从较深层的非语言、无意识的状态转向语言化的、意识化的状态。在本章中我们将详细阐述自发性沙盘的阶段，这些阶段既适用于想通过沙游促进夫妻间的沟通的配偶，也适用于想通过沙游实现个体化的伴侣。在自发性沙盘中，治疗师并不建议建造过程的内容或结构，只是给予一般性的指示。在第6章中，我们会描述一些指导性沙盘（即结构性比较高，而且指导比较详细），我们的建议会随着这些指导方针的不同而变化。当我们处理沟通问题时，我们让夫妻在一个联合沙盘中工作。有些夫妻在沙盘的不同位置创造了彼此独立的沙世界；有些夫妻创造了一个互动的、共享的沙世界；有些人不容许别人干扰他们的物件；有些人则在未经对方同意就移动、调整或移除对方的物件。当我们处理个人问题时，我们从他们各自的沙盘开始。

德·多美尼科最初把治疗分为如下时期：（1）介绍时期；（2）选择沙盘；（3）建造时期（她描述了运用一个或多个沙盘的各种可能程序）；（4）体验和修正时期；（5）与伴侣分享时期；（6）反思沙游过程时期；（7）与治疗师分享时期；（8）理解时期；（9）拍照记录时期；（10）回顾时期。

当我们把沙游运用到夫妻身上，无论双方是共同建造一个联合沙盘还是分别建造各自的个体沙盘，我们都认为整个过程包括如下阶段：

- 阶段一：创造沙盘世界
- 阶段二：体验和重建沙盘世界
- 阶段三：与伴侣沟通
- 阶段四：治疗
- 阶段五：记录沙盘世界
- 阶段六：连结沙游体验和现实世界
- 阶段七：拆除沙世界

这些阶段只是建议，并不是所有的阶段在每次沙游中都会体验到，也不是所有的阶段都可以截然地分隔开。在一次会谈中你对来访者做的事情取决于你的治疗取向以及这对夫妻对治疗方法的适应性。从上面我们设计的阶段中你可以推断出，这些阶段与个别来访者治疗过程中所分的阶段非常类似，但也存在着一些区别。在创造沙盘世界阶段，伴侣们被引入沙游过程，建造了他们各自独立的沙世界或者是一个“联合世界”。这相当于德·多美尼科的“介绍时期”和“选择沙盘时期”。在“介绍时期”，她让来访者熟悉沙游室、沙盘、将要使用的材料以及注意事项。在“选择沙盘时期”，她指导夫妻共同决定他们希望使用的沙盘。通常，每位伴侣在以前都有过使用沙盘的经历，如果是这种情况，只做简短的再介绍就足够了。在体验和重建沙盘世界阶段，每位建造者都静静地去体验他自己的个人沙盘或他们的“联合世界”。

任何他们希望去做的变化都会受到治疗师的欢迎。他们重新体验了他们的沙世界。如果每位伴侣用各自的独立沙盘的话，就让他们去体验对方的沙世界。与伴侣沟通阶段是与个体沙游过程所不同的阶段，它相当于德·多美尼科的“体验和修正时期”。这个阶段结合了德·多美尼科的“与伴侣分享时期”和“反思沙游过程时期”。在这个阶段，每位建造者把他的伴侣带入已完成的沙世界中，然后伴侣们一起反思创造和分享对他们而言意味着什么。在大部分的时间里，治疗师应持续地保持安静，不要主动参与。治疗师通过协助伴侣们彼此分享，通过聆听和描述他们的观点，促进夫妻间的沟通。

在治疗阶段中，治疗师转变为一个比较积极主动的角色。通过治疗师提出的问题、来访者反映性的回应以及其他治疗性干预，治疗师提升了沙盘中所描绘出的凝聚着各种动力的体验、理解和解决方法。在德·多美尼科的“与治疗师分享时期”，每位伴侣带着治疗师游览他的或他们的沙世界，并且帮助治疗师理解它。如同沙游用于个人时为沙世界制作证明材料一样，也如同上面德·多美尼科的拍照记录时期，在记录阶段中，治疗师建议每位伴侣，他可以从他自己的角度来替沙世界拍照。在连结沙游体验和现实世界阶段，当来访者离开沙盘的时候，治疗师鼓励夫妻搞清楚这个“世界”的意义、在沙盘中包含了哪些要讨论的问题、这次会谈跟目前面临的问题有什么样的关联。同时也要帮助来访者如何把沙盘中的情景过渡到治疗室外面的世界。在德·多美尼科的“理解时期”，她同夫妻一起探索沙盘是如何与他们的目前问题关联的，探讨他们从沙盘搜集到的信息。这个时期在她的“记录时期”之前，并且是在沙盘上完成，这跟我们的有点不一样。在拆除沙盘世界阶段，治疗师在夫妻离开之后拆除场景。有时，因为各种原因，沙盘必须要在来访者离开之前拆除的话，治疗师请伴侣每人先从沙盘中移除一项物件来打破能量模式，然后由治疗师和夫妻拿掉其余的物件。夫妻离开之后，治疗师花些时间来回想和记录整个体验过程。在德·多美尼科的最后一个时期“回顾时期”中，她在本次会谈或下一次会谈中跟夫妻一起回顾所拍的照片或录像带。虽然对夫妻做个体化沙盘治疗的阶段（即夫妻每人同时建造他们自己的沙世界，然后，如果适合的话，把他们的沙世界一起带进来）与对夫妻做沟通性的沙盘治疗的阶段（即建造一个联合沙世界）有大量的重叠，但是为了便于澄清，我们分开讨论这两种模式。

进行沙游治疗的最佳时机和最佳方式

在治疗过程中，什么时候把沙游引入治疗是变化多样的，这取决于夫妻当初进入治疗的原因。在治疗中，是否选择沙游作为早期干预方法有一些指标。因为沙游是一种有效的评估工具，因此，在你对夫妻关系初期评估期间，在第一次引导性会谈之后，你便可以运用它。有些夫妻是自愿前来或别人特意转介于你来做沙游治疗的，在这些情况下，你可能会在第一次或第二次会谈中就会运用沙游。有些夫妻可能是为了某个单一的问题来做短期治疗的。例如，有一对夫妻，在他们的关系中大部分方面都比较协调，但是有一个问题他们一直争论不休。在与他们会谈过一次后，你认为沙游可以打破他们的语言模式，正是这种语言模式使他们陷入了僵局。因此，你可能会建议他们下次会谈时做沙游。有些情侣特意前来是为了做简短的婚前咨询的。沙游促使来访者找到了希望进一步探索的领域，它是一种有效促进工具。在这些案例中，你可以在做沙游治疗之前运用一段时间去建立彼此间的治疗信任。然而，我们也发现，除非夫妻是特意被转介给我们做沙游或评估的，否则，利用一段简短时间建立彼此间的信任，可以使来访者对沙游过程中所揭示出来的问题感到更为自在。当你安排一对夫妻进行沙游会谈时，你需要留出一个半小时到两小时的时间。

一旦你断定来访者的情况适合做沙游，有两种开始做沙游的方式：(1)你来决定夫妻在一个或是在两个沙盘中工作；(2)由夫妻来做决定。如果从夫妻的互动中你确定应该由你来选择，那么你就来决定夫妻应该在一个或两个沙盘中工作。如果伴侣间彼此较为疏远，或者是相互联系或沟通有困难，那么在同一个沙盘上创造一个沙世界可以帮助他们学习有效地互动以及化解他们关系中的问题。我们把这称作"沟通沙盘"。夫妻在同一个沙盘中工作，也提供了有关夫妻沟通技巧和模式的信息，向夫妻双方和你揭示出相互关系中的动力。

当夫妻关系纠结在一起或过于共生时，最好选用独立沙盘。彼此分开的沙盘可以促进来访者逐步迈向个体化，因为这样他们不但可以自主地建造自己的沙世界，而且见证了彼此的创作和解释。我们把这称作"个体化沙盘"。这项工作帮助每位伴侣认识到，除了两人的联合体之外，对方还可保有自己的独特性。当一位或两位伴侣由于害怕批评、控制或某些其他负面后果而不能自由表达自己时，让他们同时建构个别的自发性沙盘就很关键。"当夫妻同时建造沙世界时，他们学会了去创造或忍受一个环境，在这个环境中，他们作为一个独立的个体在进行工作或发挥作用。"(De Domenico，1991)直到伴侣们发展出了足够的自我力量来保持他们的个体身份时再运用联合沙盘，到那时他们就能够用建设性的方式去一起进行合作性工作了。

如果没有显著的疏离或纠结模式出现，夫妻可以自行选择运用一个或两个沙盘。而且，在初期评估的过程中，你可以把在一个沙盘中共同创造或各自独立地建造沙世界的决定权留给伴侣们，因为他们的选择会向你传达出他们对自身身份(是"我"还是"我们")看法的信息。

在治疗师的指导显得多余的地方，我们的解释就没有像上一章那样详细，在这种情况下你可以参考第3章的内容。当特别提到夫妻工作的事情时，我们就会较为完整地进行说明。为了强调详细而精确指导的重要性，我们重申，在个体沙游治疗中，你必须保持全程陪伴，关注他们对物件的选择、放置和放置顺序，关注他们建构沙世界的速度、风格和审慎程度，关注他们的语言的和非语言表达，关注其他你能观察到的许多东西。现在，你也必须注意夫妻互动的动力。虽然我们在本章中没有描述与家庭成员共同治疗的情况，以下所特意提出的考虑也可以应用在对家庭的治疗上面。面向家庭治疗的自发性沙盘将在第5章讨论。

夫妻沟通沙盘

阶段一：创造沙盘世界

向夫妻介绍沙游

夫妻沟通沙盘反射出了夫妻共同创造的真实情况。在第一次与夫妻会谈中，你可以向他们介绍说，沙游是你有时候用于个人或夫妻的治疗模式之一。同时你也需要向夫妻简要地介绍一下治疗室，包括沙盘、小物件和可用的材料。既然你和夫妻已经决定要做沙游，你可以这样来介绍沙游："刚才，我们讨论了一些带给你们两人产生困难的事情，我们并不确切知道为什么会是这个样子，也不知道那些潜在的问题和解决方法是什么。因为这些通常是被隐藏起来的，即使我们不知道。许多夫妻发现沙游是一种非常有用的方式，它可以揭示出隐藏的问题，获得对自己和彼此的领悟。它是一种用不同方式来彼此沟通的方法。不知是什么缘故，在做沙盘的时候，夫妻自身智慧的内在因素就会知道发生了什么，并且能够向他们展示出如何解决问题的方法。我在想，你们是否愿意试试看呢？"

观察每位伴侣是怎么思考的，以及他们是如何回应你的建议的。观察他们是如何达成要参与沙游的决定的。留意是谁在起主导作用，是否出现强迫、屈从或使人不舒服的情况。如果你觉察到夫妻均沉默不语，就检视一下为什么会这样。来访者通常会觉得这是小孩子玩的游戏。你可以向他们保证说："有时候夫妻会这么觉得，但是一旦开始做起来，他们就会体验到这种表达方式最自然的流露。"

夫妻中的一位或两位可能在个别治疗中已经体验过沙游了。在这种情况下，简要地再介绍一下沙盘和材料就足够了。如果你备有为夫妻游戏用的较大沙盘，向他们介绍这个沙盘，展示它的蓝色底部，提醒他们可以用沙子、小物件和水来创造任何东西。夫妻可能选用这个沙盘或其他沙盘。如果两人以前都没有做过沙游，非常有必要向他们做个较完整的解释，并且带领他们把架子上的东西认真看一遍（详细情况请看第3章的创造沙盘世界阶段）。告诉夫妻，虽然他们在沙游过程中需要达成某些共识，但是，建构一个"联合世界"的方法无所谓对错。例如他们需要决定：(1)要用的沙盘；(2)是否要用小物件；(3)是否要用水。他们可以商议用任何他们选择的方式来进行。让夫妻知道，他们可以说话，也可以保持沉默。他们可以在任何时候做出任何他们想要的改变。记得要让他们知道，你会保持沉默，除非他们跟你讲话。同时，在征询过来访者意见之后，决定一下你自己的位置，当他们建造沙世界时你可以观察他们。当他们建造沙世界时，你如果想记笔记、拍照或录像，询问他们你是否可以这样做，向他们解释你这么做的目的是为了帮助你和他们记住在沙游过程中所发生的事情。

建构"联合世界"

当夫妻在建造沙世界时，他们的一些行为和态度非常重要，必须要牢记。对你来说把夫妻的心理动力看作一个整体至为重要。这与面向个体的沙游治疗稍有不同，因为在个体沙游里，你必须容纳一个人正在体验的所有状况。你必须接纳（不带任何评断地接纳）夫妻所有的问题行为和正常行为。在我们的文化里，人们倾向于把焦点聚焦在个人身上而非夫妻身上。这也许是两个人第一次处在一个不受个别评断但被视为一个共同运作整体的情境中。当他们被视为一个整体时，伴侣们就能够表达他们是谁，而不用害怕会被责怪或与对方作比较。请记住，在会谈过程中，你无论是身体上还是情绪上都要让自己停留在沙盘之外。如有可能，请尽量保持沉默。然而，经过你的初期评估，如果一位或两位伴侣不断地在沙盘上表现出不尊重的行为，或是一直控制着物件的选择或放置，这时你就可以出面干预一下，指出这个不尊重的行为或建议使用更尊重的行为。在后来的连结沙游体验和现实世界阶段中，你可以跟他们讨论这件事。

有许多你必须注意的行为。下面列出了一些你要做的观察内容，这些内容来源于我们在接受德·多美尼科训练时的她给出的建议，以及我们对伴侣们治疗时所做的观察。留意夫妻的语言沟通。他们会谈论接下来要做什么并且两人一起做决定吗？当沙盘选定后，他们是各自独立地选择物件并把物件放入沙盘之中的呢，还是他们共同讨论要把什么东西放入沙盘以及沙盘应如何被分割和共享？他们做出的决定是一致的呢，还是对要把什么东西放入沙世界存有争论？他们会在口头上评价或批评对方的行为吗？选择或放置物件时，他们会依据一个基本的原则或解释吗？当在对方物件附近放置一个物件有可能会干扰到对方时，他们有彼此请求许可吗？在游戏过程中，他们有大量的交谈还是保持沉默？

留意伴侣们是如何进行非语言沟通的。留意他们沟通的风格、速度、立即解决问题的需求等方面的不同，以及他们在关系中的疏远和追随模式。他们的身体语言传达出了什么信息？是疏远还是亲密？一位伴侣观看和效仿另一位伴侣吗？有没有一些非语言的评价通过面部表情、叹气或身体动作等形式表现出来？他们是跟随了还是忽略了彼此的主题？他们改变彼此对沙世界所做的贡献吗？如果是，对方如何反应？他们撤除了还是接纳彼此所放的物件？他们是怎样才能够互相通融的？他们在整个旅程互相支持吗？他们愿意暴露什么情绪又保留了什么情绪？他们互相分享了多少欢乐、愉快和幽默？情绪怎么发泄？留意夫妻的能量在何时把他们凝聚在了一起，何时阻碍了互动，或是何时产生了共有的创造力。留意他们情感强度的差异，它们是补充了还是干扰了创造过程？在建造沙盘世界的过程中，他们的方法变化了吗？在沙世界建造的过程中，他们之间的关系是彼此卷入得更深了呢还是互相更为疏远了？这些问句只提到一部分要观察的行为。当他们建构他们的沙世界时，夫妻动力的总和就是他们关系相互作用的小宇宙。你的观察，再加上他们两人在与伴侣沟通阶段的解释，构成了治疗阶段中进一步探索的基础。

虽然每对夫妻在此阶段所花的时间不一样，但是你可以为构建阶段空出大约30分钟。如果你想记录，你可以在夫妻同意之下录像、做笔记，或者在治疗的过程中拍几张照片或幻灯片（请参考第8章）。保持陪伴，持续不断地观察夫妻以及他们的语言和非语言的互动。

阶段二：体验和重建沙盘世界

体验

这个阶段是夫妻对其共同创造的沙世界进行静静反思和深入体验的时刻。跟个别沙游相反，你不要对任一伴侣的情绪表达作语言上或行为上的回应，因为这会干扰另一位伴侣对沙世界的注意力。鼓励他们去体验整个沙世界，而不只是体验他们自己的物件。让他们知道，物件引发的所有意义对他们每人而言都是有充分根据的，包括他们对沙世界的不同感觉和解释。告知夫妻要保持沉默，建议他们绕着沙盘走一走，从不同的角度去观察沙世界。你可以说："既然你们已经共同建成了这个'世界'，希望你们每个人独自地去体验一下它，给你自己几分钟时间安静地体会这个'世界'的所有角落。请记住，这整个'世界'属于你们每一个人。想像一下，你自己就在那里，你看到了什么，你又感受到了什么。你甚至可以想像，你们二人就共同生活在'世界'里面。几分钟之后，你可能还想要再围着沙盘走走，从各个角度去仔细观察一下'世界'。"

观察夫妻对已完成的沙世界的反应。注意他们是否对沙盘中的特别物件或特殊区域有所反应。注意他们是否能够彼此独立地体验创作或他们是否观察到了彼此的非语言行为。这个时期要留出至少5分钟时间。注意每一位成员。当其中一人似乎完成的时候，你要保持与他同步协调，用非语言的信号示意他你已经知道他做好了，然后你们两人可以等着另一人完成。你也可以静静地建议，让他再花一些时间重新进入沙世界。

重建

与个体沙游时一样，当夫妻的心灵被深刻体验着的沙世界所激发后，你要给他们提供去做些改变的机会。因为是两个人在作反应，有可能会引发不同的感觉，鼓励他们做不同的改变。欢迎任何的改变、移除或增添。同时也要让夫妻知道，他们可以保持沙世界的原状。你可以说："既然你们二人已经在这个'世界'中花了一些时间，它可能正是你们想要的样子，或者你们可能发现，你们当中的一人或两人都想要再做些改变。在体验场景时我要求你们不要说话，但是现在，如果你们想要交谈，可以彼此互相讨论。然而，我还是会保持沉默。当你们完成的时候，示意我一下。”留意他们是如何修正的。伴侣们移动了或只移动他们自己的物件呢，还是也移动了对方的物件？他们请求对方同意了吗？当改变发生的时候，观察夫妻的反应。如果你一直在记录沙游过程，你可以在沙世界第一次完成时拍一张照片，在沙世界改变之后再拍一张。

阶段三：与伴侣沟通

引领伴侣游历沙世界

在这段时期，要求夫妻中的某一方引导着他/她的伴侣共同游历这个“世界”，就像他/她自己体验这个“世界”一样。而这时你所做的，就是静静地观察。你可以说：“你们两人共同建构了一个精彩的‘世界’，每人都把自己的物件带入了这个‘世界’。这个‘世界’对你而言感觉象什么以及是什么，你肯定有些想法，你甚至也会想到这个‘世界’对你的伴侣而言会是什么。如果你们愿意，我希望你们带领伴侣去游览整个‘世界’，就像你们自己去看‘世界’一样。你们可以只是自然地谈谈在场景之内你们都体验到了什么，或者详细地谈论一下所用的物件和地形，甚至可以选择去创作一个故事。当你描述场景时，要把所有的物件想像成是这个‘世界’的居住者，并且用第三人称来做说明。你的伴侣放置在沙盘中的物件对你和他而言可能有类似或是不同的意义。这没有关系。就像在真实生活中，我们每个人都有自己的观点，都在用不同的方式来看待事物。当一方引导伴侣游历场景时，另一方要安静地倾听，要以尊重的态度容许对方把整个独特的故事说完。你无需说出你的任何想法，请关注你的伴侣正在说的事情。然后，你可以有机会来叙说你的故事。”一旦给了这些指令，你就可以让伴侣们决定谁最先开始，或者指定其中一人开始。如果两人间有权力不平衡的情况，一位伴侣在语言上比另一个人坚定，或是一位伴侣通常遵从另一人的主导，就请那个比较被动的伴侣先开始。

帮助夫妻促进或加深彼此间的联系。你可以通过示范全然的陪伴、共情式的倾听，以及请求澄清等途径来实现。给每位伴侣相同的时间。如果两人中的一位比另一位有更多的语言表达，你可以向较安静的一方询问更多的问题。你可以在开始游历之前建议每人所用的时间，这样你就可以避免话多的伴侣对场景做过于冗长的解释。例如，你可以说："你们每个人为什么不用5到10分钟的时间来向你的伴侣来描述一下'世界'呢？"当沟通出现的时候，你必须留意几件事情。观察听的一方注意力的关注程度如何：他因正在想自己的事情而注意力不集中吗？他是不是很难不去打断别人？他真的对对方的引导感兴趣吗？留意那位正在叙说的伴侣是否在期待对方的认可或观看对方的反应。叙说者是不是在对着你说而不是对着他的伴侣在说？他愿意坦露的内容有多少呢？第二位描述沙盘的伴侣受到第一位伴侣的描述多大的影响呢？留意说话者所运用的语言、沙盘中负载着情绪的区域或物件以及在第三章中游览沙世界时期所描述的其他特点。如果你注意到来访者有未被提及的物件，记住在治疗阶段去讨论它们。

反思沙游过程

当夫妻双方详细地描述了他们的沙世界之后，鼓励他们互相讨论一下这次沙游经历对他们来说体验到了什么。此时此刻，你正在把他们带出沙盘，进入一个比引导时期更为意识化和分析性的心智状态之中。你可以说："正如你们所看到的一样，你们每个人对所创造的'世界'都有自己的看法。你们可以告诉对方当你们一起游戏和建构联合场景时感觉怎么样吗？在建造'世界'的不同阶段中，这些感觉可能会发生变化。例如：当你们在选择物件时你是这种感觉，把物件放在沙盘中的时候可能会有不同的感觉。并且，一旦场景逐渐成形时，你们可能就会有另一种感觉。”

同样地，鼓励较被动的伴侣首先开始。如果夫妻不知道从何开始，你可以问一些特定的问题。如:“你在选择物件时觉察到了什么？”“当你的伴侣（说出此人的名字）开始把东西放在你的物件附近时你有什么反应？”“对于你们是如何将物件添加到同一个沙盘上的，你们都注意到了什么？”询问他们关于沙游场景和过程的看法，比较它们的不同点和相似性。持续不断地去观察存在于伴侣之间的动力。

如果一方在描述沙世界或叙述沙游过程中的感觉和自己的观察时只对着你讲，你要指导他要对着他的伴侣讲。你可以说:“也许你可以把你看到的‘世界’向（说出伴侣的名字）描述，或是与他讨论你刚才在做沙游的过程中你的感觉。当你这么做的时候，你正在利用机会用一种新的方式练习彼此交谈。”对沙游过程的讨论可以让伴侣们澄清他们一直存在的成见或猜忌，提供了一个开放的用语言表达感受的途径，帮助他们加深了对彼此的了解。留出几分钟的时间让他们分享彼此的反思。

阶段四：治疗

通过他们与伴侣彼此分享游览和叙述，你已经了解了来访者关于沙世界的语言和解释。到目前为止，他们一直在彼此沟通。而你，除了给了些指导语外，一直在保持沉默。现在，你要扮演一个较为互动性的角色。在他们的许可下，从他们的沙盘那一侧加入到他们中来。请记住，要停留在夫妻的沙世界之外，运用来访者的语言，面对着伴侣两人说话，注意非语言行为，关注伴侣们的需求。你可以说:“你们已经彼此描述了场景，讨论了这次沙游经历带给你们的感觉。我想知道，此刻我是否可以同你们进一步探索这个‘世界’。”如同沙游应用于个人一样，询问一些有关沙世界的可以深入体验、提供领悟、有助于伴侣们彼此更好理解的问题。如果沙游过程中有些物件被掩埋了，或者在他们的叙述中进行了掩饰，询问他们这些事情。鼓励夫妻用第三人称（而不是第一人称或第二人称）来探索沙世界，运用物件时就当它们是沙世界的居民一样。你可以运用治疗干预的方法（如完形、心理剧、沟通技巧、心像法或其他任何你熟悉的技术）来促进问题的理解和解决。许多方法与你对个体治疗时所用的方法类似。比较详细的解释请看第三章的治疗性干预时期。

当你完成治疗工作，或是时间接近会谈结束时，让夫妻整理一下沙世界，把它整理成今天自己愿意保留的样子。你可以说：“时间快要到了，你们两人将‘世界’整理成你们今天希望保留的样子好吗？你们可以保持现在的样子，也可以移动物件，把一个物件拿走，或是添加一个必需的物件。我希望你们共同决定最后场景的样子。”此时，让他们共同来做一个最后决定。无论他们在其关系有多少冲突，这是一次达成合作共识的机会。

阶段五：记录沙盘世界

让每位伴侣从自己选择的角度为最终的沙世界拍一张照片。你可以说：“这是一个你们共同创造并且游戏其中的‘世界’。本次会谈你们的沙游旅程就要结束了，每次人们在沙盘中创造了某些东西，我都会给他们一个机会为他们最终的场景照张相。如果你们想要拍下这个‘世界’，你们每个人可以从你们选择的角度拍一张照片。你们可以从相同或不同的视角来拍摄你们的照片。”就像个体沙游一样，你可以请求夫妻允许你自己也拍一张照片。关于拍照的方法、目的和价值，请看第3章的相关内容。

阶段六：连结沙游体验和现实世界

在他们为沙世界拍照之后，请夫妻跟你一起离开沙盘区来到咨询区。到目前为止，焦点一直放在沙盘中的那些象征性的代表物上。虽然伴侣们在语言层面上一直存在互动，但是他们还没有以第一人称直接将他们的沙游体验应用到他们的关系当中。在这个阶段中，要从沙世界过渡到真实的世界，要从沙世界中的人物过渡到夫妻间的人际关系。

有时候，夫妻一方或双方对他们为什么会在创造的沙世界中重复选择相同的物件感到迷惑不解。他们可能很想知道物件的私人意义和原型意义是什么。就像个体沙游一样，夫妻可以在象征或神话字典中查阅物件的意义。然而，重要的是让他们知道，他们必须自己决定解释是否跟他们的生活和关系相关。

鼓励夫妻把他们在创造、体验和探索沙世界时所受到的激发与他们当前的关系相联结。让他们详细阐述那些呈现或"玩"出来的问题，就是这些问题反映了他们生活中的动力和事件。探索沙盘中物件、物件聚集的小群体以及人物对话的隐含意义，也正是这些隐含意义带给夫妻以领悟，教给他们关于自身、双方关系以及成长的潜能等方面的东西。你可以说："有时候，我们在自己创造的沙世界中可以看到我们自己或有关自己的事情。在沙盘中有人物代表你们中的某个人吗？如果有，是哪一个？"仔细研究沙盘中所揭示的两难情境的解决方法，你可以说："在你们探索'世界'的过程中有些事情已经改变了。沙盘中人物之间的对话以及他们达成的解决方案给你们了一些启发吗？你们今天离开这里之后可能会做些什么呢？"

如果合适，你可以对你看到的情况发表意见。你可能想要探究一下伴侣们彼此互动的某些方式。举例来说：

- 他们显得是亲近还是疏远？
- 有一种攻击或顺从的模式吗？
- 伴侣一方或双方显得开放、坦率还是隐藏、掩饰？
- 他们秩序的模式是什么？他们在整齐程度或混乱程度上有区别吗？
- 他们在主动性和被动性水平上有所不同吗？

提出这些问题有助于夫妻看清楚他们的关系模式。如果问题很复杂，治疗师可能用不只一次会谈来处理一个沙盘。如果没有获得解决，同样的问题会在新的沙盘中再度出现。

幻灯片、录像、照片或重建沙世界都对后续处理沙盘非常有用。在会谈当天如果有时间的话，你可以同夫妻一起回顾你拍摄的照片或录影带，这种情况很罕见。如果没有时间的话，可以留待下次会谈再说。在两次会谈之间，你可以自己回顾这些照片或录像，确定出哪些照片或录像片段是你想要展示给夫妻看的行为、问题和模式。照片和录像也可以用来在日后回顾他们的困境、治疗的旅程和他们的进步。

你可以布置一项任务来强化夫妻从这次沙游体验中得到的领悟，改变他们关系中的消极力量。你也可以建议他们完成治疗室以外的活动，以便促进他们正面的变化。以下是一些治疗以外的后续措施：

- 为了探索沙世界的相关状况，要求每位伴侣以创造出来的沙世界为基础写一篇故事。
- 互相谈论他们为什么会选择那些特定的物件，这些物件都象征了他们自己或他们的伴侣些什么。
- 让他们思考这个“世界”是如何描绘他们、他们的伴侣以及他们的关系的。
- 让他们思考一下，是否有一些物件、主题、场景或构造——

因为伴侣反对或预见到会反对——本来想要包含进来但却没包含进来。

- 让他们练习在治疗室讨论过的模式。
- 任何在治疗阶段没有涵盖的问题或直觉都可以提出来当做可能的话题，以供他们共同思考、书写或探索。

在两次会谈之间，夫妻拥有了一个根据他们在意识和无意识层面上获得的领悟来行动的机会。鼓励伴侣分享梦境、想法、书写的资料，只要感觉这样做是安全的就可以。帮助夫妻计划一下他们如何应用从会谈中得到的结果和意见。

阶段七：拆除沙世界

就像对个体进行沙游治疗一样，一旦夫妻离开治疗室就把场景拆卸掉，除非他们暗示他们想要自己来拆，或者由于你的时间安排限制，否则，物件必须在夫妻离开之前归位。通常夫妻不会选择在离开之前从沙盘移除物件。然而，如果他们真的这么做了，指导每个伴侣从场景中移除一个物件，将它放回到物架上。留意一下每个人移除了哪一个物件，接下来询问他们，你是否可以协助他们把物件拿开。这样做的原因在第3章的“拆除沙世界”阶段有详细描述。

理解沙世界

如果是在夫妻离开之后才拆除沙世界，你可以把这段时间当作重新体验会谈中所有发生状况的机会。回忆每位伴侣把哪个物件带入到了沙世界当中，这些物件对他而言意味着什么。回想一下另一位伴侣是如何回应的。回忆夫妻之间的动力以及发生的动力转换。因为现在你与沙世界在单独相处，你的注意力不会被拉到沙游过程的其他方面。

现在你把全部注意力聚焦到沙盘上，就可能会得到一些其他领悟。把你所观察到的东西应用到你对夫妻的了解上，看看沙世界都反映了他们什么状况以及这对夫妻正在前进的方向。

清理沙世界

这是一段把物件放回架子、继续反思夫妻沙游的时间。完成你的笔记。如果有些事让你感到困惑不解，你可以稍后重新创造那个沙世界，在其中扮演每一位伴侣的角色。就像沙游用于个体时一样，时间或环境可能不容许完成所有的阶段，然而，共同建造沙世界必需在伴侣间呈现一种新的互动，打开了沟通的通道。通过共同建造沙世界，他们创造出一个整体的产品，他们之间的动力有了更多的了解。通过分享彼此的观点，他们也更多地了解到，在夫妻这个单元内部，还存在着他们的个体性。像夫妻一样来包容和尊重，也传达了一种新夫妻观。

夫妻沟通沙盘范例

我们在此想要讲一个将沙游应用于夫妻的例子，这对夫妻主要是沟通困难。在来这儿寻求治疗治疗之前，他们已经共同生活了将近两年。虽然他们仍然彼此相爱，也想要继续在一起，但是纷扰的夫妻关系让他们变得越来越难以忍受。他们每个人都在沙盘中做过个体治疗，但是没有一起做过。当他们建构和重新配置沙世界时，他们的坚强意志力和对彼此空间的忽视非常明显。当选择物件时，他们经常彼此观察，偶而会对对方的选择做出判断性的评价。在建构沙世界的过程中，杰西卡把一只三头龙放在了马休正在工作的那边的一块岩石上面，马休立刻就将一只看起来很凶猛的怪物放在了杰西卡那边的沙盘上。接下来，当他们默默地体验场景时，一些非语言线索告诉我们，他们双方都不能接受伴侣的某些物件。在重新配置时，他们说出了不同意的地方，并且将对方的怪物从自己的空间移了出去。在与伴侣沟通阶段，他们清楚地赋予物件不同的意义，并且发现很难接受彼此的差异，特别是彼此怪物的出现。

在治疗阶段，我们建议让这两只很显然是彼此对抗的怪物进行对话。这两只怪兽向对方前进，开始嘶叫和打斗。打斗一直持续下去，直到很明显找不到解决办法时才停下来。为了回应观察到的身体紧张状况，我们对双方的行为做了干预，建议伴侣们停下来留意一下此时他们身体体验到了什么。两人描述许多他们的手臂肌肉紧张状况。杰西卡觉得她的胸口、喉咙和下巴发紧，马休感觉他的胃在痉挛，臂部和腿部的肌肉都很紧张。意识到此次会谈即将结束，我们简短地让他们体验了一下身体感受，接下来建议他们做一些深呼吸，轻松地吸入空气，呼出紧张。当我们看到他们的身体放松时，我们建议他们返回沙盘，把自己的物件放在彼此现在都感到安全的地方。

当夫妻将沙世界配置成他们当天想要保留的样子并拍照之后，我们就进入了连结沙游体验和现实世界阶段。我们探索沙盘中的每个人物与他们有怎样的关系，鼓励他们互相讨论这次体验对他们来说感受到了什么，包括他们的想法、情绪和身体感觉。在结束会谈之前，询问他们如何去应用所学到的东西。在我们的辅导下，他们决定，每当争论出现时，他们将让自己脱离开那个情境；体会自己的感觉，注留意自己的想法；就像在会谈中一样去做深呼吸，想像那些怪兽放松下来的样子。

我们利用下一次会谈来讲授沟通技巧，并且让他们回家练习。再一周我们又重新回到沙盘上，建议他们每人选择一个物件来代表类似于上个沙盘中怪物的那部分自己。让他们知道，他们可以选择相同的物件（怪物），也可以选择不同的物件。因为已经体验过了第一个沙盘，并且练习过深呼吸和沟通技巧，他们选择了不太凶猛的物件。我们让夫妻运用新的沟通技巧来为物件赋予一个声音。然后，请夫妻离开沙盘。我们建议他们互相去推对方的身体，一定要想办法使对方移动。他们似乎势均力敌，最后都保持在原来位置。接下来，我们要求他们一起跳舞，轮流主导舞步。他们轻松地在房间内舞动着。在这些练习之后，我们讨论在不同的活动中他们的身体感受有何不同，在互推和合作之间有什么迥异的结果。在结束沙游之前，我们让他们返回沙盘，看一下盘中的物件是否还适当。他们选择了更不具攻击性的物件，把它们并排地放在了一起。在这一阶段中，他们讨论了自己的反应和受到的启发。

夫妻个体化沙盘

阶段一：创造沙盘世界

夫妻沟通联合沙盘与个体化独立沙盘的动作阶段有许多共同的地方。为了避免不必要的重复，我们只描述两种会谈的不同之处。就像我们前面讨论的那样，当一对夫妻的关系过于依赖或纠结时，当一方或双方难以自由地向对方表达自己时，或是由于某些原因他们无法在夫妻的联合体中保持个体身份时，我们就会运用独立的沙盘。这种沙游方法为每个人提供了一个机会，使其迈向个体化，并且学习尊重和珍视对方与自己的独特性。同时，在独立沙盘上建造沙世界，也提供一个场景，夫妻可以在这个场景中体验他们自己和伴侣有能力在对方存在的情况下作为一个独立个体发挥作用。虽然在会谈中运用独立沙盘为夫妻做沙游治疗的方法有很多种，但是我们把焦点聚集在强化个体性以及提高对每个人作为独特实体的尊重上。在这个部分的治疗阶段，我们也会提到一些指导会谈的其他替代方法。

向夫妻介绍沙游

如果伴侣一方或双方以前没有体验过沙游，你要对沙游经历和材料做一个完整介绍（请看第3章向来访者介绍沙游时期）。如果来访者已经做过沙游，你可以说："这个一个非常适当的时机，你们每个人可以在沙盘中创造一个自己的场景。正如你们了解的那样，在夫妻关系中，有时某些事情会让人难受，你们很难表达自己当时的感受，或者很难理解对方的感受。在沙中创造"世界"是一种有趣且奇特的方法，它可以帮助你们更多地揭示自身和对方，找到如何去澄清妨碍问题理解和解决的方法。你们自己选择想要使用的沙盘，自己决定是否要把沙子弄湿，然后每个人建造一个自己的"世界"。"如果这不是一次评估沙盘，你可以补充说："请你们专注于自己正在做的事情，而不要去管你的伴侣在做什么。如果你们愿意，过一会儿你们会有机会分享彼此所做的东西。"如果你认为分享的期望心理会阻碍伴侣的一方或双方，你也可以省略分享环节。

如果他们选择的沙盘太过于靠近，能让他们在建造时会彼此观看，你可以把其中一个沙盘移到房间的另一个角落。为了给来访者留下更大的自由创造和独立建构沙世界的空间，我们发现，沙盘最好不要并排摆放。给他们留出20～40分钟的时间来建构沙世界。你可以说："你们会有大约半小时的时间来完成场景创作。有时候一方会比另一方提前完成。如果你们中的一位提前完成了，建议你留在自己的空间内，这样才不会干扰到你的伴侣。你可能想要投入到你的创作中，那就尽管做吧。当你花些时间投入其中时，你可能就会发现，你想要去添加、移动或去掉一个或多个物件，或者你会发现那正是你最想要保留的样子。当今天建构阶段的时间快结束时，我会通知你和你的伴侣的。"

建构各自的沙世界

因为伴侣独立地工作，因此，与夫妻创造“联合世界”时相比，他们有较少的机会被对方主导。鼓励夫妻在游戏过程中双方不要有语言沟通，也不要干扰对方正在做的事。如果他们需要你的协助，你要随时帮助他们找到物件所在的位置。在建构沙世界的过程中，当两人都在建造沙世界或是其中一人已经完成的时候，告诉他们不要讨论或观看彼此的沙盘。当伴侣在创造场景的时候，有许多事情需要观察。因为伴侣们尚未建立他们的独立性，常常受对方的影响，因此观察双方间的依赖、干扰、破坏和影响等信号非常重要。

你所处的位置必须让两位建造者都感到舒适自在，并且可以观察到两个人的沙盘。留意每位伴侣对物件的选择和放置，留意建构的速度、方式和目的，留意那个逐渐成为一个整体的沙世界。关注每个人的非语言表达、动作和情绪等等。这需要很多的聚焦点，因为你必须同时注意两人各自分开的操作。如果你愿意，可以把这些并发事件记下来，帮助你记住所有发生的事情。详细内容请看第8章有关夫妻沙游会谈的记录。显而易见，你无法同时完全地关注两件事。不过，只要你全身心的投入，你一定能够了解到每位伴侣沙游过程的重要方面。当一位伴侣完成时，观察他对还在建造的那个人表现出来的耐心和尊重程度，并且注意还在建造的那个人是否感受到了要快一点完成的压力。结束的时间到了，告知夫妻，此刻他们可以把场景整理成他们乐意完成的样子。

阶段二：体验和重建沙盘世界

体验

让夫妻沉浸在自己的沙世界中。指导每个人默默地反思他刚刚创造的沙世界，全心投入自己“世界”的所有方面。你可以说：“请你们花几分钟充分地体验一下自己‘世界’的所有部分。体验完场景之后，你可以绕着沙盘走走，从不同的角度来观察‘世界’。你会发现，从沙盘的不同角度去看，事物会变得很不一样。”即便是其中一位在预定时间结束之前完成了体验，你仍要留出足够的时间让双方完全地体验他们的沙世界。虽然你无法观察到他们每个人正在做的每件事，但是一定要记住保持陪伴和敏锐的观察。在这段时期中你要保持沉默。

重建

让夫妻知道，他们可以在自己的沙世界中做些改变。你可以说：“通常当人们沉浸在沙世界中的时候，会看到他们想要改变的事物。可能会想要移动一个物件、去掉另一个物件，或者增添一些觉得缺少的东西，或者就希望它要保持原样。你们每个人可以对自己的‘世界’做任何想做的事。”

体验伴侣的沙盘

这是一个进一步练习对彼此差异的互相尊重和接纳的机会，也是认识他们可能对伴侣所做的前提假设的机会。你可以说：“如果你们两个都认为可以，让你的伴侣看一下你的‘世界’好吗？”如果双方都给予了肯定回答，你可以继续说：“现在，花几分钟全身心地投入你伴侣的‘世界’中。请你们不要作任何评论或者触摸沙盘上的任何东西。请以尊重的态度去行动，要知道它是属于你的伴侣的。”当你继续保持沉默时，观察每个人对伴侣的沙世界的反应。留意那些关切的、困惑的表情，以及那些想要改变某些事情的显著动机。

阶段三：与伴侣沟通

与“联合世界”不同，伴侣们建构了两个截然不同的沙世界来分享。虽然每位伴侣对彼此的“世界”有不同的解释，创造者赋予场景的意义必须得到尊崇和尊重。

引领伴侣游历沙世界

指导每位来访者带领伴侣游览自己的沙世界，提醒观察者要保持沉默，要专心倾听，不要有语言或非语言回应，也不要作任何自己的解释。告诉来访者这是其伴侣的沙世界，充满了伴侣所赋予的意义。

反思沙游过程

当每位伴侣详细地描述了自己的沙世界之后，鼓励夫妻互相讨论对他们来说分享自己的沙世界和体验对方的世界是一种什么样的感受。你可以说：“正如你们所看到的，你们两个得到了相同的指令，而你们创造出自己的独特‘世界’。你们能告诉对方同他一起在治疗室中建构自己的场景有什么感觉吗？你们能告诉对方当你向伴侣描述你的‘世界’时有什么感受吗？你们能告诉对方当你观看和倾听伴侣对他创作的解释时是什么感受吗？”同样地，鼓励比较被动的伴侣先开始。如果夫妻开始讨论有些困难，你可以问一些特定的问题，例如：“你们每个人在自己的沙盘中创作时感觉怎么样？”“你对你的伴侣正在做的事情感到好奇吗？还是你完全把注意力集中在自己所做的事情上了？”当经历过整个反思过程之后，观察他们之间的动力。如果他们对着你说话，提醒他们对着对方交谈。留出几分钟的时间让他们分享彼此的反思。

阶段四：治疗

当目睹了每位成员带领伴侣游览自己的沙世界以及探究了沙游过程对每个人意味着什么之后，现在你可以变得更有互动性。根据夫妻和当时的情境选择不同的方法。在个体化沙盘中，我们更喜欢在每位伴侣自己的沙盘中做治疗工作，另一个伴侣在旁观察，但是一定要保持沉默。通过问一些在彼此沟通中激发的出来的问题以及做一些治疗性干预来深化每个人对自己的沙世界的探索和理解。

举例来说，我们治疗过的一对夫妇创造出了两个截然不同的沙世界。太太做了一个非常宁静的沙世界，沙盘上稀疏地放了几个大自然物件和一些充满幻想的与天体有关的项目。先生的沙盘比较丰富活跃，充满了交通工具、人和大自然物件。当我们对太太治疗时，我们问她是否愿意让她认为有魔力的那颗星星绕着‘世界’移动。当她这样做的时候，她的伴侣就清楚地看到，星星为它触及的沙盘上的每一个人物和区域都带来了一种舒适和平静的感受。在充满尊重和非评判性地观察完之后，他认识到大自然的宁静对他太太心理安宁是多么重要，而这是他以前从没体验到的。他理解了，她之所以抗拒强加于她的狂热生活，不是因为她很顽固，也不是因为她拒绝与他互动。

随着每位伴侣自我力量的不断增长、伴侣们更加个体化的时候，还可以有几种其他方式来运用独立沙盘。在每个人带领对方游览了自己的沙世界并讨论在其中的感受之后，你可以询问他们是否愿意让对方以共同居住者和共同探索者的角色，而不是观察者的角色进入他们的沙世界并且更多地体验它。探索一下他们是如何分享彼此的沙世界以及他们的体验的。沙世界的创造者保持对自己“世界”的主要权力，但是另一方可以表达感受、问问题以及互动。让伴侣双方首先对一个沙世界做充分的探索。看看两个人一起居住在那个“世界”对他们来说意味着什么，他们又体验到了什么。做完了这些之后，他们可以移到另一个沙世界。只有当伴侣们有足够的个体化来维持他们的身份和安全感时，这种互动才会发生。

另一种方式是让伴侣们将他们的沙盘并排排列，让他们用语言来探索两个沙世界是怎样相互关联的。作为一个治疗师，你应能够自由地问一些问题，以探查两个沙盘中所反映出来的问题之间的相似性和差异性，确认出每个人是如何在自己的沙世界中处理这些问题的。探索这两个沙世界想要向每位成员传达的主题和信息。第三种方式是建议他们每个人从自己的独立沙世界中拿一些东西，把它们摆在一起形成一个“联合世界”，使治疗主题从个体化移向沟通工作。我们把这些决定留给你自己。一定要确保你是在夫妻需要的基础上来从事会谈的。

阶段五：记录沙盘世界

除了每位伴侣都有机会为自己的沙世界拍照，以及在他们的同意之下，你得为每个沙世界拍照之外（见第3章的记录阶段），记录阶段与沙游运用于个体或夫妻建造“联合世界”相对应的阶段类似。

阶段六：连结沙游体验和现实世界

帮助夫妻弄清沙世界的意义，将沙游与他们治疗以外的生活联系起来。促进他们探索与看待彼此沙世界的相同点和不同点，找到他们从伴侣那儿学到了什么。让他们检查他们之间存在的误解，检查他们如何才能强化个体身份。你可以运用沟通沙盘部分的关于这一阶段的一些建议，鼓励夫妻应用从今天的体验中所学习到的东西。

阶段七：拆除沙世界

夫妻离开之后，你可以像前面拆除沙世界阶段中所描述的那样去拆除沙世界。当你认真地拆除他们的沙盘时，你可能会对他们每个人产生额外的理解。伴随着这种高度觉察，有些事情可能会使你突然悟到夫妻之间产生纠纷的起因，或者揭示了促进夫妻关系的钥匙。当你反思夫妻的沙盘时，你可以设计一套固定的方式去思考那些在沙盘中激发出来的东西。

正如你所看到的，根据夫妻不同的需要，你可以选择不同的方法来为夫妻治疗。在第6章中，我们会用更具指导性的方式，提供沙游用于个人或夫妻的更多的选择。

本章小结

夫妻沟通沙盘

当伴侣们彼此疏远或难以沟通时，可使用沟通沙盘。

阶段一：创造沙盘世界

- 向夫妻介绍沙游：简洁地再介绍一下沙游，让来访者知道，他们可以打破旧有模式，学习新的沟通方式，并且有所领悟。
- 建构"联合世界"：指导夫妻在同一个沙盘中创造一个沙世界；给夫妻关系内在的动力以心理上的支持；对每位个

体和双方关系都保持关注。

阶段二：体验和重建沙盘世界

- 体验：当夫妻静静地反思他们一起创造的沙世界时，你要保持沉默；指导他们观看整个沙世界，而不只是他们自己的物件。
- 重建：告知夫妻他们可以将沙世界保持原状或者改变它。在此活动中他们可以彼此商讨。

阶段三：与伴侣沟通

- 引领伴侣游历沙世界：当夫妻两个分别按照自己认可的顺序引领对方游历自己的沙世界时，你要静静地观察。提醒他们，虽然每个人对于物件代表的意义有不同的看法，但是每个人的观点对他自己而言都是有充分根据的。
- 反思沙游过程：鼓励夫妻讨论共同创造一个沙世界的经历，以及他们从个人视角所注意到的东西。

阶段四：治疗

- 本阶段是沙游过程中较具互动性的环节，你要和夫妻一起探索沙世界，利用各种治疗干预方法，尽可能地把关注点聚焦在沙盘上。

阶段五：记录沙盘世界

- 分别给夫妻两人一个机会从自己的角度对创建的沙盘世界进行拍照；在他们的同意下，你自己也应拍些照片。

阶段六：连结沙游体验和现实世界

- 意义形成：帮助夫妻认识到，他们所诠释的最后“世界”对其个人而言是独一无二的。
- 将沙游体验与夫妻的现实世界联系起来：鼓励夫妻把他们在沙盘中所受到的激发与他们当前的关系联系起来；对沙

游中所揭示出来的模式、问题和解决方法进行调查研究；如果在沙游过程中拍有照片，一起回顾它们；建议开展一些后续性活动。

阶段七：拆除沙世界

- 理解沙世界：在夫妻离开之后拆除沙世界，回忆两人选择的物件、反应，以及在沙盘内外的动力。
- 清理沙世界：当你把物件放回时，继续反思来访者的沙游过程；记录笔记。

夫妻个体化沙盘

当夫妻之间的关系需要个体化时，或者当他们对向对方表达自己有所保留时，可以运用独立的沙盘。

阶段一：创造沙盘世界

- 向夫妻介绍沙游：简洁地把沙游介绍一下，让来访者知道，沙游可以帮助他们互相了解。
- 建构各自的沙世界：指导夫妻互不侵犯地在各自的沙盘中同时创造自己的沙世界；给每位个体的沙游过程和夫妻关系内在的动力以心理上的支持；对每位个体和两人关系均保持关注。

阶段二：体验和重建沙盘世界

- 体验：当夫妻静静地反思他们自己的创作时，你要保持沉默；鼓励他们从不同的角度来观看自己的沙世界。
- 重建：告知每位个体，他（或她）可以将世界保持成原状，也可以改变它。
- 体验伴侣的沙盘：如果对方同意，指导来访者去观看并且投入地体验伴侣的沙世界，但是不要评论和冒犯对方。

阶段三：与伴侣沟通

- 引领伴侣游历沙世界：当夫妻两人分别按自己认可的顺序引导对方游历自己的沙世界时，你要安静地观察他们。指导每个人以尊重和沉默的态度专心地游览，容许作个人的解释。
- 反思沙游过程：鼓励夫妻讨论在与伴侣同处一室的情况下创造自己的沙世界的感受；询问他们，当分享彼此的沙世界和体验对方的沙世界时有什么感受。

阶段四：治疗

- 本阶段是沙游过程中较具互动的部分；与每位伴侣一起探索他（或她）的沙世界，此时另一方只静静地观察；利用各种不同的治疗干预方法，尽可能把关注点聚焦在沙盘内。

阶段五：记录沙盘世界

- 给每位伴侣一个机会为自己的世界拍照。在他们的同意下，你自己也拍些照片。

阶段六：连结沙游体验和现实世界

- 意义形成／将沙游体验与夫妻的现实生活联系起来：鼓励夫妻把他们在沙盘中所受到的激发与他们当前的关系联系起来；建议开展一些可能的后续活动来实施那些模式变化；让他们自己探索物件的意义。

阶段七：拆除沙世界

- 在夫妻离开之后拆除沙世界，回忆每个人的沙游方式、各自的反应，以及沙盘内外的动力；当你放回物件时，反思来访者的沙游过程；记录笔记。

注意事项

进行夫妻关系治疗时要特别注意以下问题：

- 避免三角化。
- 把夫妻看作一个单位。
- 让伴侣们互相讨论，而不是对着你讲。
- 鼓励夫妻尊重彼此不同的观点。
- 回顾第3章中对“注意事项”的总结。

治疗时应该观察的事项

- 夫妻的问题行为和正常行为。
- 夫妻的语言沟通和非语言沟通。
- 双方物件间的互动。
- 暴露的行为和保留的行为。
- 权力的平衡和不平衡。
- 每位伴侣对沙世界创造过程的贡献。
- 每个人所担任角色的变化。
- 夫妻在速度、风格和强度等方面的差异。
- 夫妻对彼此的反应和观察。
- 夫妻专注倾听和容忍不同意见的能力。
- 夫妻中的一方被另一方影响的程度。
- 回顾第3章中对“治疗时应该观察的事项”的总结。

第5章

用于儿童及家庭治疗的自发性沙盘

如何将沙游用于儿童治疗

到目前为止，我们的焦点一直放在了沙游用于治疗成人的各个方面。但是，许多治疗师面对的治疗对象是儿童（十一二岁以下）和青少年（十二三岁到十八岁），他们希望增加游戏的种类。其他一些治疗师也希望将他们的治疗对象涵盖儿童和青少年。然而，我们发现许多心理治疗师非常担心的问题是：关于如何对儿童进行治疗，他们几乎没有学过任何课程或受到过任何指导。

父母、学校和家庭服务机构经常把问题儿童和青少年转介给心理治疗师。毫无疑问，这样被转介过来的儿童会不断增多，因为儿童和青少年在情绪上越来越被忽视，权利在遭到剥夺，他们变得充满暴力。游戏，尤其是沙游，是治疗问题儿童和青少年的一种理想途径。它容许儿童和青少年触及自己内心最深层的思想感情，并在无意识的状态中解决问题。

正如洛温菲尔德首先认识到的，与沙、水和物件游戏是儿童把他对世界的认识客观化的一种理想方法。通过这个方法，他可以定义、限制从而最终控制这些认识。与成人相比，儿童和青少年更倾向于借助具体有形的物体来表达自己。与用于治疗成人的沙游一样，用于治疗儿童的沙游也至少具有两层意义，即表层意义和象征意义。沙游是一个强大有力的媒介，它使儿童能够表达出他们无法理清的有意识的及无意识的内容。温里布认为："沙游治疗过程实质上是一个无意识的或者在某些阶段是一个半意识的过程。它对儿童有着神奇的吸引力，非常有效。"

在治疗9岁的玛丽亚时，我们亲眼目睹了沙游神奇的吸引力。据她的父母讲，起初她不愿接受治疗。玛丽亚是在犹豫中走进治疗室的。当她看到墙上一排排的物件时惊奇地瞪大了眼睛。然后她发现了沙盘。她立即走到装有精细珊瑚沙的沙盘前，用手指抚弄沙子。当我们说周围的物件都可以在沙盘中使用时，她的眼睛睁得更大了，脸上也露出了微笑。这个摆放各种象征物的沙盘消融了玛丽亚的疑虑。儿童天生喜欢游戏和沙子，这使沙游成为理想的治疗方法。

虽然用沙游治疗儿童过程与第3章中讲述的治疗成人的过程相类似，但还是有些区别。儿童的语言和抽象思维能力有限，这与成人的情况不同。只有到了青少年期，抽象思维能力才逐渐产生。但是，儿童在沙游中，不通过语言表达就能展现他们最深层的有意识的和无意识的想法和观念。与通常治疗成人时的情况相反，即使在游戏过后，儿童往往还没意识到他们自身都发生了什么变化，也不知道沙游的意义何在。儿童常常选择不去谈论他们的游戏，希望只是体验它。然而，某些转化确实已经发生。无意识的心智通过游戏赋予问题以物质形式，问题通常会很快地解决。结果，儿童在行为上也自发地发生了变化。

与成人相比，儿童的沙游可采取更为多样的形式。这些形式变化往往受儿童的想像力、创造力及你的指导所制约。对儿童的沙游治疗会谈与对成人的沙游治疗会谈很相似，基于也要经过第3章中所讲述的各个阶段。由于儿童独自创造出一个动态的沙盘，或者由于他邀请治疗师成为沙世界中的一个玩家，沙盘中的活动水平就变得更高。虽然成人也可能会使用多个沙盘，但是儿童会更自发地使用多个沙盘。儿童经常发起一些游戏让治疗师参与，比如捉迷藏。在游戏过程中，他们常常会制定各种规则。

因为我们在治疗中接触的儿童处于不同的自我发展阶段，许多儿童的自我力量可能很纤弱，并且他们的防御体系还没有发展完善，记住这一点非常重要。自我力量和自我意识发展比较缓慢的情况在童年期和青少年期会不断增强。因此，与治疗成人相比，治疗儿童时要少些面质，这一点很重要。当受到挑战时，儿童常常会变得非常焦虑并拒绝合作。任何养有孩子或治疗过孩子的人都经历过这样的事。为了减少阻抗和忧虑，我们经常用第三人称与儿童交谈引发焦虑的话题。例如，我们会说："很多孩子不愿谈论发生在他们身上的事情。"而不说："你好像不愿谈论你身上发生的事情。"或者我们只通过游戏疗法处理令人苦恼的主题。

在对儿童进行沙游治疗时，我们在沙盘上游戏并且始终用第三人称。这常常与成人的案例不同，成人经常将物件与他们自身或他们生活中的其他人联系起来。与成年人相比，青少年较少进行这样的联系。儿童也很少这样做。例如，成人经常把物件看成他们自己或他们生活中的人，而儿童往往不会这样做。请记住：让儿童发现这种联系并不重要。无意识心智会完成这项工作。除非儿童自己谈起这个话题，我们不可强行对沙盘进行语言的理解。与成年人相比，儿童会经常只完成建造阶段就不愿再谈他们的沙世界。与年幼的儿童相比，青少年更可能去探究这个"世界"和它的意义。

我们工作坊的一位参与者告诉我们一个故事，说明了无意识转变是怎样按自己的方式和时间发生在儿童身上的。杰夫是一个年轻的学校咨询员，他应用游戏技巧治疗来访者的经验还很有限，他常把会谈的大部分时间花在与来访者交谈上。亚当是一个五年级的学生，他因上课时有严重的破坏性行为而被指导老师转介给杰夫。由于杰夫感到无力把握对亚当的治疗，他越来越体验到挫折感。每当杰夫质疑或面质亚当的行为时，他就退缩不前了。当杰夫讲话时，亚当会利用会谈的大部分时间静静地坐在那儿摆弄手指。他在课堂上的行为也没有丝毫改变。在与一位参加过我们工作坊的同行交谈之后，杰夫当即决定对他的一些来访者实施沙游治疗。虽然他对沙游所知甚少，但是他阅读了我们工作坊的材料，买了一个沙盘，并收集了一些物件。第二周，当亚当走进治疗室时，他立刻走向了沙盘。在接下来的几周里，亚当都在沙中玩耍，创造了许多战争场景。杰夫则静静地坐在旁边仔细观察。杰夫没有进行任何语言的干预，亚当的行为却开始发生了变化。教师和家长都很高兴，因为亚当不再那么烦人，并且变得高兴了。在这个事例中，治疗的过程很显然是无需语言和面质的。杰夫对取得的结果印象深刻，决定参加沙游工作坊，以便加深对沙游中发生的事情和如何有效地促进沙游过程有更好的理解。

毫无疑问，沙游的许多方面都影响了亚当。其中益处之一，很可能是沙盘对他来说起到过渡性客体①的作用。正如温尼科特所述，当自我即将出现时，沙盘使儿童能够开始区分自我发展过程中的“我”与“非我”。这种区分一般发生在童年时期的早期，这使得治疗儿童和治疗成人有所不同。我们注意到，在某些案例中，如温里布所提出的沙盘替代了治疗师充当了过渡性客体，因为“这种过渡至少部分地从治疗师本人转到了沙盘，沙盘也变成了一种独立的物件。”我们同

① 一个外在世界的物体，代表着一种可以依附的或安全的形象，可以用来促进与所依附人物的分离和个体的独立。

意温里布的观点，沙盘培育了来访者的独立性，同时它提供了一种安全的方法。即使在后期，当自我已经发展、个体更为清楚地意识到自己是一个独立的实体时，沙盘也可能在面对尚未解决的儿童时期的问题时充当过渡性客体。

我们发现，治疗儿童可以带给治疗师满足感和挑战性。对不熟悉儿童治疗的治疗师来说，儿童制造的混乱可能令人烦扰且耗费时间。儿童在沙游中经常用许多物件、数个沙盘和过多的水。另外，儿童领悟能力的缺乏和有限的用语言表达内心的能力，可能让治疗师感到难以应对。如果没有语言表达和迅速的行为改变，治疗师可能怀疑是否取得了进步。除此之外，儿童经常在多次会谈中都重复相同的行为。这时，自我怀疑也会溜进治疗师的头脑，质疑其对来访者的治疗效果。对儿童设立并执行一些规则很有必要，尤其是对于那些发展不成熟、做事冲动或特别调皮的儿童。有时这项要求会让人感到它与治疗师角色相矛盾，因为他们是无条件接受的助人者。此外，游戏治疗要求治疗师愿意在儿童的水平上游戏。当你决定对儿童进行治疗时，你必须考虑这些因素。

如果你的治疗对象是儿童，下面的信息将帮助你做好准备，包括在不同发展层次的沙游中你可能会看到什么、可能会遇到的沙游模式，以及可能要用到的治疗干预方法。

儿童的发展阶段与沙游治疗

有一个框架来评估儿童在沙游中的发展阶段是非常有帮助的。从发展的角度来理解治疗师应该期待什么和儿童的游戏可能意味着什么，可以帮助治疗师评估儿童的功能发展水平，推动和引导沙游过程。“有了这种分析……它就可能为你提供应采用何种治疗措施”，

（Stewart，1990）也为加快治疗过程提供了信息，这在管理控制性医疗体制和短程心理治疗的时代是非常有益的。

我们简要谈一下与发展有关的话题，因为深入细致地论述发展理论会超出本章的范围。我们认为，如果你正在治疗儿童，你应该知道那些颇受好评的发展理论，比如艾瑞克森和皮亚杰提出的理论。在这个领域工作的人也应当了解一些有关性别差异和文化多样性等方面近期的研究。

虽然治疗师留意个体在自己沙游中的进展比发现他在发展范式中的位置更为有益，但是熟悉那些被普遍接受的发展阶段也很有价值。我们决定引用杜拉·卡夫和查尔斯·T·斯图尔特的著作中的相关信息，因为二人都是有经验的沙游治疗师，并且已经同我们分享了他们关于儿童在不同阶段表现出的沙游模式方面的发现。我们的目标是提高你对沙游治疗中可能出现的一些行为的理解，这些行为揭示了儿童所处的发展阶段和进展情况。儿童的成熟水平和发展滞后常常会从游戏的种类、所选择的物件及沙盘的主题中透露出来。

关于自我的发展阶段，卡夫的观点与埃里奇·诺埃曼的理论相同。卡夫认为："在第一阶段（大约6～7岁之前），自我主要是以图像形式传达自己的，其中以动植物居多。在下一个阶段（大约11～12岁之前）开始有了争斗，并且一再出现，尤其是在青春期。至此，儿童已经发展得足够强大，能够毅然与外部影响进行争斗并掌控它们。最终，他作为一个人被环境承认，成为集体的一员。"许多沙游治疗师（如布里德威、麦克德、德纳斯、斯图尔特）认为这是一个合理的模型。虽然我们确实看到过一些这样的模式出现在我们来访者的沙盘中，但是我们也赞同许多沙游治疗师的看法，这种先是动物、而后是争斗最后是群体的主题并不总是出现。尽管如此，我们发现，我们看到的游戏节奏和模式可以帮助我们理解来访者的沙游过程。在儿童逐渐走向成熟并有了更多的认同感时场景常从无序发展为有序。

查尔斯·T·斯图尔特发明了一种评估沙游的方法，这种方法综合了诺埃曼、艾瑞克森和皮亚杰的发展阶段理论。虽然他承认其方法尚有些缺欠，但是我们在此将它提出，目的是鼓励你在对儿童进行沙游治疗的过程中去探究它。虽然我们同意他的发现，但在我们的经历中，我们看到儿童的游戏种类有时与这个时间顺序模式并不符合。另外，我们的经验不够广泛，还不能确定这个模型是否可跨文化应用。

在斯图尔特的范式中，发现与消失的游戏，例如藏猫猫和捉迷藏，发生在第一阶段，即婴儿Ⅱ期，年龄为七八个月到2岁。鉴于儿童发展上的限制，我们一般不让2岁半以下的儿童做沙游。但是，也有大点的儿童心理发展停留在这个阶段，这是由于儿童时期受到的创伤或忽视引起的，他们脱离了母亲并对自己及外部世界的信任的发展停滞了。我们不但要注意儿童的生理年龄，还要注意游戏是如何揭示出儿童功能发展的成熟水平的（详细情况请看第9章）。功能发展水平处于婴儿Ⅱ期的儿童常把身边的物件都放进沙盘。他们的焦点集中在让事情发生上，比如移动、筛撒、注视和倾听沙盘中沙子带来的结果。除此之外，他们可能将物件推或扔进沙盘中看它们搭配得如何，也可能将物件埋入沙中或者挖出来。

斯图尔特理论的第二阶段即儿童早期Ⅰ（Early Childhood I，EC I），包括一二岁至三四岁。年龄与婴儿Ⅱ期有所重叠，这是由于不同儿童在发展上的差异。在这个阶段，会出现有序和无序的游戏。儿童不停努力获取自主权。这就引发了内在的冲突，因为他们是与一直养育并将继续养育他们的父母进行抗争。在反抗父母控制的同时，他们也经历着依赖与独立间的心理挣扎。沙盘会提供一个安全、有限的空间，在其中儿童开始发展他们的自主权。这时，你会观察到他们处理关于保留与消除的问题（也就是，继续与放弃，对立面之间的对抗，建设与破坏)。我们的经验支持了斯图尔特的观察结论，这里既有大量的混沌无序也有创造与毁灭。例如，一个4岁的来访者，在几个连续的会谈中创造了数个沙盘，他使用大量的物件不断地建造和破除杂乱的场景。随着时间流逝，他对选择物件的识别力增强了，并且开始将它们在沙盘上组织好。他花费了几次会谈的时间反复做这个活动。尽管物件还不能构成一致的形式，但在沙盘中和治疗室之外他开始使自己的世界变得更加有序了。

斯图尔特理论的第三阶段，儿童早期Ⅱ（EC Ⅱ），包括三四岁至六七岁。在这个时期，儿童自身是他游戏的核心。沙盘中经常显示的是被攻击和被迫逃离的行动。根据斯图尔特的说法，此时的重点不是充当攻击者而是逃离危险。与年龄稍大时的战斗相比，这时儿童的攻击或争斗很少具有组织性。冲突出现了，但是沙盘中明显地塑有一个中心形象（例如，一个受到攻击的房子或人，中心形象常存在于一片篱笆圈起的区域、一个海岛或一池水中）。这是一个过渡期，当儿童摆脱父母接近同龄人时，他们对正在尝试的独立而感到焦虑不安。在这个阶段，儿童也在用行为试探某些限制，比如把沙子弄到地板上和拒绝在适当时间结束会谈。

我们发现，当儿童从儿童早期Ⅱ过渡到斯图尔特提出的儿童中期（Middle Childhood，MC）时，包括六七岁至十一二岁，他们便进入到对抗阶段，沙盘中的双方彼此相对或远离。在这个好战的阶段，我们常作为敌人被邀请加入战斗，这印证了布莱德威和麦克德的经历。根据斯图尔特的说法，MC阶段的游戏中出现了性别的区分。与前几个阶段相比，虽然男孩女孩都有了较大程度的自我整合，但是，不同性别的沙盘开始出现显著的区别。尽管男女两性都会出现战斗或危险情景，但是男孩更可能描绘的是牛仔与印第安人或军人之间的战争情景，而女孩更可能描绘的是两股相反力量个体间的争斗，她们经常使用危险的动物而不是武装部队。女孩的沙盘通常都比较安详平静。

在这个对抗阶段，陆块可能彼此分离开（比如用墙、篱笆、沟渠、河流等）。设立界限和处理内外冲突的能力不断获得，例如，利用篱笆来提供保护和边界。逐渐将障碍撤掉或者放入由各种材料做成的桥使得沙盘中的不同区域联系起来。这说明来访者正在将自身内各个对立的部分连结起来。在这个过渡期，随着自我中对立的各个方面不断地整合和相互接纳，沙盘中的物件趋向于平衡和集中。它们可能彼此更加接近、互相接触或在中心形成一个圆周。这个圆周可能是心灵为修复或整合自己所作的无意识尝试。根据布莱德威和麦克德的说法："在过渡的各个时期，经常会出现能量的源泉，包括水井、食物或石油管道。"在他们的沙盘中出现能量源泉的同时，儿童也会开始放入养育性的活动，这并不罕见。在一个9岁来访者的沙盘中，我们从作为敌人在沙盘中争斗转变成到我们开了一个茶话会，她为我们准备了各种食物。当这种情况出现时，很明显，转变正在发生。这种转变前前后后发生数次，沙子不时意外撒落。

斯图尔特的范式截止到12岁的儿童。而根据卡夫的模型，正是在此时儿童刚开始对集体适应。当青少年的自我发展到能获得足够的力量去成为"集体"的一员时，他们对自己在社会中位置的看法就开始转变。尽管十几岁的青少年经常爱保守秘密且对相信成人心存疑虑，但是他们正开始去理解自己在成人世界中的位置。这是一个掌握不断出现的新任务，抵抗熟悉所带来的舒适的诱惑的时期。十几岁的青少年不但要对付从儿童到成人转变的困境，而且还要接受父母关于他们角色的混杂信息。他们常常觉得必须向世界（和成人治疗师）显示自己已经长大。由于认为沙游很孩子气，青少年常常对在沙子中玩要迟疑不决。但是，如果活动设计得有吸引力，沙游就会被看作是一个展示他们在抗争分离问题时的主导与控制好机会。即使他们的个性自我已获得自主权，并且在与成人治疗师关系中扮演领导角色，沙游容许他们自身童稚的一面活跃起来。这个时期可从沙盘中的一些场景中判断出来，这些场景描绘真实生活的处境和一种社会感受。性别差异依然明显。男孩很可能建造户外场景，而女孩倾向于建造户内场景。

12岁的朱莉被转介给我们，因为父母感觉到她难以适应父母离异父亲再婚的情况。她父亲最近与一位带有两个女儿的妇女结婚了。朱莉跟随父母各过一段时间。在治疗中，朱莉几周来一直在沙盘中建造一座房子的内部。里面有一对父母和三个儿童的形象。每周沙盘中房子内发生的活动都会有所变化，从儿童之间和父母间的冲突到家庭内的和睦。看来一开始，朱莉在与她生身父母间的不和抗争的同时，也正在适应与继母的女儿一同生活的情况。她一直在沙盘持续重新建造出她的情景，直到她开始认同了父亲与继母间的平静生活，也开始适应有姐妹的事实。沙盘内的家庭反映了她在治疗室之外所发生的变化。

儿童在沙游中的行为

在儿童的沙游中经常出现一些特有的模式。由于多数儿童不能像成人那样滤除那些不想要的刺激物并设立自己的内在限制，因此你需要设立明确的限制来避免大量的物件过于刺激他们。当你在布置沙游治疗室时，你的目的是为儿童的无意识及有意识思维提供宽泛的语言方式供其采用，而不是建造成玩具店那样。请记住，对于那些过于容易受过分刺激或注意力分散的儿童，你应该盖住架子或限制露出物件的数量。

儿童会把过多的物件倾倒进沙盘，或者建造非常杂乱的场景，这是常有的事。这大多发生在生理上或心理发展上很年幼的儿童身上。另外，一些儿童几乎不能控制冲动，或者充满了需要释放的情绪，他们也会不加区分地将架子上的物件统统倒进沙盘中。你可以让这种无节制的行为持续几个会谈（如果你能忍受），从而确定这种行为的目的并观察是否会随时间自然发生变化。儿童常常一再重复一种模式直到这种模式不再能满足他们的目的。到那时转变就会出现，他们的行为也会发生变化。如果你决定需要为儿童设立外在的限制，你可以限制他从架子上取得的物件的数量（请看第7章“限制物件的数量”）。相反的情况也可能发生，儿童有时建造过于有序和空闲的沙世界。重要的是通过重新审视儿童的心理历程和现状（例如剥夺/需要，生活的混乱无序，完美主义倾向）、发展阶段和冲动控制来评估儿童行为的意义。

正如有些儿童使用过多的物件一样，另一些儿童使用多个沙盘。这种情况也经常发生。如果你经常治疗儿童，建议你至少有三个沙盘可用。儿童好像常常会把自己的不同方面划分开。有这样一个例子，一个8岁的儿童建造了三个沙世界。在治疗会谈的连结沙游体验和现实世界阶段，她说，这三个沙世界就像生活中她所喜欢的不同事物。有时，儿童的想像力激励着他不断扩展自己的沙世界，所以他需要额外的沙盘来建造这个“世界”的其他部分。我们曾治疗过一个6岁的儿童，他需要一个沙盘来制造宠物店，用另一个沙盘来建造祖母的房屋。

儿童和青少年通常会在沙盘中展现移情问题，尤其是当他们认为治疗师是来救治他们或者控制他们和他们身上发生的事情的时候。我们治疗过一个11岁儿童，当她与老师发生了口角后来进行会谈。她建造了一个沙世界，反映了权力与控制的问题。当会谈接近尾声时，她疯狂地将许多物件放进她创造的三个沙盘中。这样做时，她说：“这下你们可有的收拾了。”说到底，她建造了一个情景，通过增加我们的整理时间来惩罚我们而不是她的老师。这种投射和自我授权的复杂反应并不是有意识的。

不像大部分成人只是将沙盘中的沙子弄湿，有些儿童将沙盘注满水。如果儿童将沙盘注满水，你必须做出决定是否能够容忍这样的事情一再发生。如果你不能容忍，而儿童却要一再建造出一汪水来漂浮、沉浸或淹没物件，你可以给他一个空沙盘满足他。儿童就可以自由地用水灌满空沙盘，或在沙盘底放少量的沙做成地基但不会吸收掉所有水。这样，儿童就能够沉降物品、淹没人群或其他小物件、用水掩埋物件及让物件在水中穿行。如果你能够容忍儿童一再地把沙盘灌满水，就可以让这种行为持续下去。如果情况确实如此，你可以更换某个沙盘以适合这种注水行为（请看第2章"沙盘"部分）。你也可以提供一些碗或其他容器，它们能够嵌于盛满沙的沙盘中。这些容器应足够大，可以盛装物件，以便儿童可以在陆地包围的水中漂浮或移动物件。

一些儿童反复将容器填满沙子然后倒掉，这似乎给予他们一种权利和控制的感觉。儿童甚至可能会将沙盘中沙倒净然后再填满。这是要有一个空沙盘可用的另一个原因。倒掉和重新填满的行为可能类似重复建造和破坏，这是儿童另一种常见的活动。他们经常在一次会谈中，往往是在同一个沙盘中，一遍遍地建造和破坏。虽然儿童和成人在沙盘中所做的变化都是建造、更改和破坏一种形式，但与成人相比，儿童更常见的是简单地用沙和物件建构之后再将它们摧毁和破坏。这种模式一般反映了愤怒的释放和对权力获得的需求。这也使儿童明白了他有能力建造、破坏然后再建造。此外，有些儿童会在会谈结尾将物件收起。这进一步显示出儿童对自己的沙世界有控制的需要，也使他认识到自己有能力建造、然后毁掉并重建或修复这个沙世界。

儿童也会在沙盘中掩埋或掩藏物件。对年幼儿童而言，这可能显示他们在试验客观恒常性。对稍大一些的儿童而言，这里面通常有一些他们没有觉察到或是选择不想去探索的问题。这些被藏匿的物件往往代表着他们不愿接纳的关于自己的方面。挖出物件常表明他们更愿意审视或致力解决尚未解决的问题。

有些模式是儿童所特有的。儿童选取物件的种类和使用方式常与成人不同。与成人相比，儿童更经常使用童话形象和电影形象、史前动物、牛仔和印第安人和军人形象。他们经常在沙盘中建造逼真的场景。一些特定的主题经常出现在儿童的沙盘中，比如战争、权力争斗及与权威人物形象的冲突。儿童通常会在沙盘中放入一个代表有权力或权威形象的物件和一个代表无权力的物件。这种行为很容易理解，因为，从发展角度来看，当儿童迈向个体化和自我授权时，他们在生活中对权力和控制既有内部的争斗也有外部的争斗。另外，青少年在沙游中倾向于展示出关于个人身份与个体化的主题。

有些行为应避免使用沙盘，而选用其他治疗形式。当儿童到处投撒沙子或试图爬进沙盘时，你应要选择其他的活动。这些行为表明他们不能遵循沙游所需要的限制。如果你断定儿童从发展方面或从情绪方面来看尚不具备沙游的能力（请看第9章），你就需要，至少是暂时的，选择其他治疗形式。

因本章篇幅所限，我们简要讨论了所有的行为模式及其应用的重要性。如果儿童表现出重复的模式，并且他的语言或非语言的交流、行为和历史无法给你足够的线索让你弄清正在发生的事情时，你就需要咨询儿童治疗师或在儿童发展方面的专家，或者阅读一些关于沙游的书籍或符号辞典。

沙游的不同模式

自发性静态沙盘

与成人相似，当儿童建造自发性静态沙盘时，他们建造出的是没有正在进行中的动作的场景或沙世界。沙游的阶段和你给的指导语类似于第3章所描述的情况。如前所述，这份资料是从德·多美尼科的著作改编来的。尽管如此，在你用沙游治疗儿童之前，还需要提及一下所作的改动。我们发现，当儿童进入治疗室时，会立刻被物件（或者说玩具）和沙盘吸引住，他们经常立刻在沙中开始游戏，有时甚至是在第一次来访时也会这样。如果合适，每当儿童要求沙游或对沙游表现出兴趣时，我们都允许他们去玩弄沙子和物件。因为游戏在儿童生活中是个自然的过程，因为儿童通常不明白象征意义，因为你不再去面质儿童，就不必像治疗成人那样在沙游前先建立起信任关系。相反，当你支持并尊重儿童的这些创造时，信任通常就逐渐发展起来了。稍大些的儿童和青少年的会谈一般要限制在一小时之内，除非你发现一个小时的时间不能够完成沙游过程。如果情况真是这样，你可安排90分钟的会谈。年幼儿童可能无法长时间保持精神集中，变得焦躁不安和注意力不集中。如果你发现你正在观察的儿童注意时间不够长，你可以将会谈减至30或40分钟。

在向来访者介绍沙游时期，对于为什么使用沙游，对儿童尤其是年幼儿童只需稍做解释。对于不愿在沙中游戏的儿童，我们可以说："有时，儿童很难将想法和感受用语言表达出来。人们常常用图画思考。因此，他们往往发现，与交谈相比，把自己的所想和所感用图画表达出来反倒更容易些。在沙盘中，你可以用沙子、水或架子上的任何物件来制作图景。这将帮助我们找出你正在想什么，正是这些造成了我们刚谈论的问题。然后，我们就能找出改善的方法。”不愿沙游的儿童通常害羞、追求完美或害怕做错事。因而，你要多花点时间让他们熟悉环境并且不断地赞同他们，这一点十分重要。如果他们仍旧对此感到犹豫不决和不舒服，你要让他们知道，你还可以找到其他方式进行沟通。告诉他们，只要愿意，他们在任何时候都可以使用沙游。通常这些儿童会在以后的会谈中回到沙盘旁。

在儿童开始沙游之前，让他明白，他可以在沙中制作任何想做的东西，游戏的方法没有正确与错误之分。向他展示沙子、水和物件。然后，还有必要解释在治疗室游戏的规则。你们每人都可以设立自己的规则。我们倾向于只制定富有成效的游戏所必需的规则。我们对所有游戏的首要规则是，儿童不能以任何方式伤害自己和我们。我们要求儿童不要将沙子和水弄到沙盘外，但也要让他知道想要使用多少物件和水都可以。我们允许架子上的物件都可以被放进沙盘中。在多动或有破坏性的儿童到来之前，我们应收起那些可能会被打碎的物件。除非是在特殊的案例中，不必对青少年或成人制定类似的规定。

向青少年介绍沙游阶段，与向成人介绍相似。我们注意到，青少年倾向于轻视游戏，因为他们相信沙游只适用于“小孩”而非“成年人”。让青少年知道是否使用沙盘是他自己的选择。尽管如此，也需要着重指出这些材料并不是只为儿童准备的。告诉青少年，你的许多成年来访者经常使用沙盘并且觉得它们对于解决生活中出现的问题很有帮助。告知青少年，你自己也使用沙盘来帮助理解和解决问题。与成人相比，对青少年更为重要的是，你要将手伸到沙盘里示范一下。筛撒或移动沙子，以此来向青少年显示作为成人和治疗师的你都喜欢沙子并乐意使用它。当在你们两个人交谈时，你可以建议青少年来访者随意在沙中乱画或写字。这项活动营造出了对沙子的熟悉和舒适感，有助于形成平和的心智转变状态，使青少年分散注意力，以便能够在会谈中更自如地交谈。

如同治疗成人一样，当我们认为沙游对青少年的问题有好处时，常建议对他们使用沙游。但是，让青少年受到沙盘的吸引要比儿童和成人多花些时间。我们不能强迫青少年沙游，但是，随着信任的增长，他们经常会接受沙游的建议，甚至会或者自动转到沙盘旁把他们的问题展现出来。

当儿童或青少年建造完沙世界时，如同对成人治疗一样，进入到体验和重建沙盘世界阶段。你可以说："这个图画就如同一个世界。它是个特别的地方。暂且假设你就生活在这里。如果乐意的话，你可以站起来围沙盘转转，从不同的侧面来观察这个'世界'。"年幼儿童在此过程中只用很短的时间，因为他们静坐下来细想的能力很有限。年龄大的儿童和青少年花较长的时间想像假设生活在这个"世界"中。此时，一些儿童会自发地谈论起生活在这个"世界"会是什么样子。如果情况确实如此，不要制止他们，而要让谈话自然过渡到治疗阶段。

年龄小的儿童和一些年龄大的儿童和青少年可能拒绝谈论他们的沙世界。如果是这样的话，不要迫使来访者谈论，而要在体验和重建沙盘世界阶段后结束游戏。让他们知道，如果他们愿意，他们可以在其他任何时间同你交谈发生的情况或他们所创造的其他沙世界。当他们对沙游过程变得熟悉和自在时，年龄大的儿童和青少年常常会开始谈论他们的沙游。

如果儿童和青少年愿意谈论，进入到游览沙世界时期。询问儿童是否愿意做你的向导或老师并且告诉你关于沙世界的所有事情和哪儿正发生着什么。让青少年扮演向导或老师有特别的价值，因为这使他们处于拥有权力和知识的地位。在儿童个体化时期，这尤其重要。在来访者引导你参观沙世界之前，询问他在他说话时你是否可以问问题。

如果你治疗的是年幼儿童，你可使用洛温菲尔德的技术来获取更广泛的回答。她让儿童假设，她是来自另一个国家的游客，对儿童生活方式一无所知。然后让他们说说他们的“世界”的一切事情，以便她能理解所有事情的意义和在那儿生活的情景。由于所处的时代的原因，我们发现，当我们提议我们是来自其他星球的友好的外星人时，儿童往往会详细地进行解释。我们要保证，我们在进入游戏之后，要装作一无所知并且不理解这个陌生的星球。因而，尤其是对年幼的儿童来说，游戏较少具有威胁性。我们有时会使用一个叫做波威尔的特制外星木偶。它聪明而善良。通常儿童会直接回答波威尔的所有问题。大多数儿童感到很自在并且喜欢这种假扮。

如果儿童对描述他们的沙世界犹豫不决或者不知道从何开始，你可以让他们发挥想像力，告诉你他们想编造的关于这个“世界”的任何故事。我们治疗过一个8岁的男孩，他曾遭继父的虐待。当让他谈谈他的沙世界时，他变得很焦虑。但是，他很爱讲故事，经常给我们讲冗长的鲍勃的故事。它是一个天真的小兔子，受到恶狼的欺打、践踏，最后被杀掉吃了。每周他都会创造出鲍勃生命中新的沙游情节。这些故事似乎很像他自己的生活及所面临的恐惧。

在治疗干预时期，像治疗成人一样，你可以要求儿童或青少年使物件相互对话。年长儿童和青少年通常有能力做深度的对话。你也可以有效地利用心理剧疗法。让儿童向你演示都发生了些什么。例如，你可以说“演示一下小兔子是如何跑掉的”或“演示一下恶狼是怎样打鲍勃的”，然后将活动从沙盘引到治疗室内。你可以说：“假如你就是那头狼，而这个玩具熊就是鲍勃。演示一下狼是怎样打鲍勃的。”这项练习可用来释放愤怒。想像或使用想像力是另一个有效的技术，因为幻想是儿童平日游戏中普通的一部分。你可以说：“假如我来拜访你所说的那个生活在城堡中的驼背人，请你问一下他，他愿意带我参观一下这个城堡吗？”如果儿童回答说驼背人愿意，你就可以请儿童让驼背人告诉你所有房子到底是什么样的，房子内正在发生着什么。对儿童来说，这些方法使得他与游戏以及同你的沟通是没有协迫性的，是愉悦的。同时，你可以获取有用信息并帮助他解决无意识的问题。

大多数儿童想要他们的沙世界的照片。在记录阶段，询问年幼的儿童他希望你从什么角度拍照。对能够自己拍照的儿童，自己用拍立得相机拍照常常是一次探险和学习的经历。确信你教会了儿童如何拍照的方法，然后让他选择从自己喜欢的角度拍照。儿童往往珍视他们的照片，并且，在不进行会谈时，可以把它们用作过渡性客体将自己与治疗和治疗师联系起来。我们发现，一些儿童也乐意拍沙盘照片供我们做档案用。如果你不介意，觉得儿童有能力拍摄适合作档案用的照片，就可以让他拍照。

对年长儿童和青少年，如同对成人治疗一样，接下来可以进入连结沙游体验和现实世界阶段，但在程度上可以浅显一点。如果儿童或青少年已经探索了他的沙世界，你可以问：“建造这个‘世界’，感觉怎样？”或“沙盘有时在哪个方面像你的生活吗？”或“你想记住沙盘中的哪些东西？”如果在沙盘中已经有了一些解决方法，你可以问：“你如何在现实生活中使这些方法发生？”一些儿童或青少年愿意探究这些问题；而另一些则不愿意。让儿童引领你不断前进。再提醒一次，请记住：沙游中，儿童是否有意识地理解了沙盘意味着什么，或他自身正在发生着什么并不重要。你要信任儿童的无意识思维。

下面是一个8岁女孩的案例。她通过创造自发性沙盘解决了许多内在的冲突。莫莉被校长转介给我们，是由于她经常发脾气、绊倒或推搡其他儿童使他们受伤。据她父母讲，家中没有发生什么事情可以解释她的行为。他们觉得问题是在学校产生的。当莫莉来到我们的治疗室时，立即被沙盘吸引住了，开始在沙子中玩耍。她疯狂地建造了好一会儿，完成后她自发地给我们讲了一个栩栩如生的故事。在整个治疗过程中，这个故事她重述了许多次。她创造了许多沙世界，身处其中的形象（有时是动物有时是人）被一个男性形象逼迫不得不做各种他们不愿做的行为。如果拒绝谈论，就会遭到笞打或侮辱。当被问及沙世界时，她拒绝谈论，反而改换了话题。在同父母会谈了几次后，母亲承认，父亲是一个控制欲很强的人，当莫莉不服从时，他有时会很粗暴。校长也说莫莉的老师也偏向于权威式的。在扮演受到控制一段时间后，莫莉突然转变，开始扮演处于控制地位的人。有时，莫莉会把这个主题带出沙盘，扮演起能够指点我们应该做什么的角色。通常，她会玩家庭或学校游戏。我们接受她的命令。我们惟一的原则是她不可伤害自己，也不能伤害我们。在游戏中的转变出现后不久，她在学校的行为也变化了。在她父母和老师的持续合作下，莫莉又变成了一个快乐的小女孩，就像先前一样。

自发性动态沙盘

根据德·多美尼科的理论，儿童经常自发建造的沙世界有两种。我们刚讨论过的自发性静态沙盘通常是由年龄较大的儿童和青少年建造；而自发性动态沙盘多是由年幼儿童和需要释放多余能量的儿童建造的。在动态世界，沙盘成为一个舞台，儿童可在上面演出自创的剧目。剧内常常融入了很多能量并持续变化。通常，随着故事的发展，需要有几轮创造过程，破坏旧的和建造新的。有时，儿童会邀你加入游戏。德·多美尼科说，动态沙世界的游戏者实际上是建造了许多静态沙世界，一个接一个，然后再探索这些沙世界间的关系。构建者最感兴趣的是沙世界间的转变。焦点是转变过程而不是结果。

我们的经验是，男孩比女孩更为经常建造动态沙世界。克里斯，我们治疗的一个6岁男孩，建造了许多动态沙世界。他是由其家庭医生转介给我们的。当克里斯第一次来时，他的父母十分为他担忧。自从在一次车祸中他妈妈严重受伤时起，这个原本活泼的男孩，不再与其他儿童玩耍，也不想上学。当不得不离开妈妈时，他总是乱踢乱叫。克里斯利用第一段的会谈很辛勤地建造道路，驾着汽车和卡车到处走动。他的汽车经常陷入潮湿的沙子当中，不得不要卡车援助。这其中伴随着大量嘈杂的声音和活动。后来有一天，他开始让汽车互相撞击。在这次会谈后不久，他将一架直升飞机带进了场景中。直升飞机救起了车中的人并将他们送到医院，在那里医生为他们缝伤包扎。克里斯在几次会谈中一再重造这个场景，直到有一天游戏末尾时，每个人都痊愈地返回了家，他才结束了游戏。下次会谈时，克里斯说他不想在沙中玩游戏了，他说沙游很无聊。取而代之，他决定跟我们做游戏。此时，他妈妈报告说，他又开始与其他儿童一块玩耍了，并且不那么总呆在她身边了。

当你将沙游介绍给儿童之后，如果他开始创造一个动态沙世界，你想将沙游的整个过程记录下来是不可能的，除非你有一架录像机。你也不能够再按照我们前面讨论的步骤进行。儿童会做一些改变来解决内在的问题，通过这些改变他就会自动进步。多数儿童给他们的戏剧进行配音。随着情节的发展，一些儿童会创造连贯的对话或剧情。这时，你最好不要打断游戏问问题，因为这常使过程中断。尽管如此，你可试一下德·多美尼科使用的一个技术来帮助儿童推进他们的动态沙世界。当你看到在游戏过程中出现明显的发展或重要的声音和话语时，你可以对它们做些评论或口头上重复一下，这样就可以提醒他们注意。这将有助于儿童观察并发觉他自己的过程。如果一个儿童创造出了类似于他现实生活中所经历过的车祸，就像克里斯所做的那样，你可用语言表达出你在其游戏中的所见所闻。例如，你可以说：

“当车撞在一起时，那个孩子尖叫起来。”或者你可在语言中附带上情绪内容重复儿童所说的话（例如，“哦，不要！哦，不要！我们要相撞了！”）。你要一直跟随沙盘中所发生的事情前进。不要将你自己的观点或解释投射到儿童的游戏中。当戏剧完成时，你可以审视一下这个最终的沙世界，探索一下儿童建造出的最后物件的位置及儿童创造沙世界的模式。这也许会对来访者有益，但是，由于持续的创造过程已反映出了大部分的信息和工作，最终的画面并不太重要。

为了帮助儿童反思戏剧，你可以问他一些问题。例如，你可以让儿童回忆一下沙盘中的人物在车祸中是什么样的。你甚至可以让他在沙盘之外再次展现一下车祸的情况，容许他有更多的表述、更大的肌肉活动和较少的限制。如果你估计让儿童更充分地应对车祸的时机成熟，你可让儿童将车祸中的人物带回沙盘并使他们彼此对话。你可以说：“记得车祸是什么时候发生的吗？请你将汽车放回沙盘，让人们讲一下他们都想了些什么、感觉怎样和想要说些什么好吗？”另一种替代方法是，让儿童把人物放进一个新沙盘，将人物间的谈话放到更重要的焦点位置，避免分散注意力。

当你完成对这个沙世界探索之后，询问儿童是否要给最终的沙世界拍照。虽然你和来访者可以拍摄下这个最终的沙世界，但要记住：这个沙世界的重要意义不在这张图像中而在游戏过程中。在儿童离开后，记录下发展过程中和他的动态沙世界结束时你所看到的重要事件和模式。除非你对会谈录像，否则精确地记录和重建沙游中所发生的事情是不可能的。

互动性沙盘

正如在其他游戏治疗形式中一样，儿童来访者在沙游治疗中邀请治疗师扮演角色的情况并不鲜见。在我们的经历中，许多儿童，尤其是8岁以下的儿童，常要求我们参与。有时，青少年也会这样做。记住，是儿童在控制他的沙世界，所以，答应他对你参与的要求是明智的。

在我们早期对儿童的治疗中，我们学到了重要的一课，这与沙游以及其他需要治疗师扮演角色的游戏方法都有关连。我们想要帮助儿童改变的愿望以及认为最有助于儿童适应他所生活的社会的想法，经常会诱使我们示范一些我们想要儿童学会的行为。结果证明，准确地遵循当时儿童内心和外部世界的态度是更有疗效的。我们做过的几个儿童案例警示我们，我们所做的并不正确，我们"被认定为坏家伙并且做了坏事"。我们学到重要一课。尽管有适当的时机来示范你希望有的行为，但是与儿童在其发展过程中的那个特定时刻有关的特点协调好是非常重要的。注意不要将你的价值观强加到游戏中（例如，使坏人变好）。你的反应必须有助于儿童的个人成长。除非采用教导或示范是在某个特别时刻中对来访者最好的做法，否则不要进行道德或对错的教育。你要为儿童提供机会让他去体会哪些是自己需要的，然后逐渐迈向痊愈。避免这个缺陷的一个方法是询问儿童他想要人物形象如何行动或应该说什么。我们发现，多数儿童乐意指导我们。然而，有些儿童会拒绝，这让我们懂得了，创造人物的角色是我们的工作，而不是他们的事情。

我们记得治疗过的一个7岁的男孩西蒙。他当时正挣扎于父母的分居并且反抗所有权威人物。西蒙被沙子吸引，在治疗过程初期就开始塑造战争场面。起先，他既充当外族入侵者又充当好人。最终，他让我们加入到沙盘中的外族侵略中。我们总是被分到外族入侵者一方，而这一方在会谈末尾经常被击跨。随着时间一周一周地过去，他为好人选择的物件开始发生变化。西蒙选取了外表更加强壮、更加魁梧的人物。他赋予这些人物以力量，同时也使自己更有力量。他的母亲和老师报告说他在学校的行为不再那么具有破坏性了，在家也不那么反抗了。

虽然我们一般不建议你主动要求卷入到沙游中，但也有例外。如果儿童需要指导并且当他建造自发性动态沙盘时游戏没有活力，你可以问儿童是否可以帮忙或扮演沙盘中的一个人物。如果儿童生活中正在进行的争斗需要同另外一个人一起展现出来，你可询问是否可以扮演沙盘中的那个人。如果儿童已经创造了一个清楚地描绘了这种矛盾的场景，你可以问："我是否可以同你在沙盘中游戏？也许我可以是那个女人（作为儿童敌人的形象）。"你也可选择要求扮演代表儿童的那个形象。如果你想示范行为促使儿童的沙世界中的模式改变，你可以询问是否可以移动或扮演沙盘中代表儿童的物件。在进入来访者的沙世界之前，获得他的许可是至关重要的。

如何将沙游用于家庭治疗

因为儿童在家庭中与成年权威人物生活在一起，在发展、情绪和生理方面还不能全面地照顾自己，与成人相比他们对自己的生活缺乏控制。事实上，年幼儿童的成长取决于他环境中的成人。许多儿童与青少年的障碍很可能跟家庭或社区中未解决的问题有关。因此，与治疗成人相比，将父母或家庭环境中的其他成员（例如，教师、社会工作者、问题青少年的监护人）包括进来更加重要。这些成人可能有权力改变儿童生活中所面对的情境和正在起作用的内部动力。如果将家庭成员或他们生活中的其他重要人物包括进治疗中，至少可以作为我们对儿童进行个体治疗的一个补充；如果这样做了，我们发现，儿童和青少年身上的变化发生得更快。在安排会谈之前，询问其他人是否可以参加到治疗中来。在所有的家庭会谈中对青少年治疗时，你都要把相关的人包括进来，或者征得青少年的许可与其父母或老师单独访谈，这样才不会破坏信任，这是非常重要的。两人的、家庭的或团体的沙游是一种非常有效的方式，可以促进交流和改正那些已经出现障碍的动力。但是，请记住：你需要所有家庭成员（尤其是权力最大的那些人）的自愿和合作。

有时，一些家庭会找你做家庭治疗。但是，更经常的是，父母把儿童带来，他们认定问题在儿童身上，并且有意识或无意识地把儿童当作替罪羊。因为“绝大部分的人类行为似乎是由系统的功能决定的”（Allen，1988），当你只是治疗个体时，就很难应对来访者的问题。因为家庭系统的一部分发生变化，其他部分跟着就会发生补偿性的变化，所以，家庭每个成员要合作来减轻被确认有问题儿童来访者的症状。艾伦（Allen）写道：“在家庭中，儿童和大多数青少年没有足够的权力对系统动力产生重要的影响，因此对他们进行单纯的个体治疗是无意义的。”

我们发现，在单独治疗儿童的同时，伴随对家庭的治疗，可以获得对儿童所呈现问题的更全面的解决。尽管如此，我们有时也对儿童进行单独治疗并且与父母单独会面。当父母即将分居或离异，并且儿童需要有自己的时间和空间来处理自己的感受时，我们就会这样做。另外，让儿童参与父母间的敌对是不恰当的，也是没有帮助的。除此之外，当父母一方有虐待儿童的行为时，在与儿童的会谈中把作恶者也包括进来可能太具胁迫性。同时，在你向父母传授养育方法时，一定要避开儿童。

我们假定，如果你正在做家庭治疗，你需要有关于家庭动力和系统理论的基本知识。每当你觉得适合做家庭治疗的时候，使用游戏会提供一种接近儿童的交流和互动方式。游戏是儿童天然的交流方式。如艾里那·盖尔（Eliana Gil）所述："我的基本论点是，成人必须停止将成人的互动方式强加到儿童身上，也必须停止要求儿童以他们不能成功的谈判方式参与。相反地，我鼓励临床工作者进入并且指引父母们进入儿童的世界，从而给儿童机会与成人世界进行丰富和相互的情感接触。"帮助父母不仅精确地观察孩子，与他们共情，还要学会与他们游戏，这是非常重要的。

家庭治疗与个体治疗最主要的区别，是家庭成员间的年龄各异，并且发展水平和能力不同。而且，随着家庭中成员的增加，互动、沟通和权力问题以几何级的方式增长。由于牵涉到的人员数量，要把所有的家庭成员一同安排进来也会发生困难。此外，我们提倡将沙游用于家庭，是因为我们觉得在儿童可理解的层次上将家庭成员彼此联系起来是非常重要的。下面我们呈现的是沙游用于治疗家庭的三个可能步骤。

家庭评估性沙盘

沙游可作为对家庭很好的诊断工具。我们同意盖尔的立场，即"分配一件共同的任务……'在我们的案例中，沙游'向临床医生提供了了解父母是如何使他们自己加入一项联合任务的、他们应用了哪些语言和非语言的沟通技巧、他们是怎样与儿童沟通有关公平、厌倦、设限等问题的第一手资料。临床医生也可以探察有关关系、依恋及其他互动方面的问题。"

根据我们的经验，治疗儿童时，父母是我们首先要接触的。先前的转介主要是通过：（1）父母，他们担心自己的孩子在学校、与同伴或在家中正陷入某种精神紧张；（2）法院系统，因为儿童或青少年陷入了法律问题；（3）家庭服务机构，因为有儿童或青少年被虐待和忽视而被举报；（4）学校，有时某些儿童或青少年会要求咨询。对于年幼的儿童，我们通常首先与父母交谈，大致了解现在的情况、儿童及问题的历史。接下来我们与儿童会面，建立友善信任的关系。对于青少年，我们尊重家庭成员，尤其是十几岁的青少年自己表达的意见。如果这是青少年自己的选择，我们与其父母就转介原因作简短通话后首先就与他会面。在治疗中这种顺序可以发展出与青少年间更大的信任。如果我们来访者的情况比较适合家庭治疗，我们发现，沙游比谈话治疗更能揭示出家庭动力。

在治疗过程中，家庭治疗具有基础性的作用，我们让父母和儿童知道，我们希望家庭能一同参与，帮助我们了解更多的关于这个体系功能的情况。我们会对儿童说："显然，你对家中事情的运转方式感到不高兴。有许多事情你想改变一下，是这样吗？"儿童通常会给予肯定的答复。然后你可以说："让我们一起努力看能否做一些改变，你觉得怎样？"儿童通常也会作出肯定的答复。接下来你可以说："我有个方法会帮助让这种改变发生。如果让家庭成员一块儿来这儿，我就能了解怎样帮助家庭把事情变好。你觉得如何？"至此，你不但是在满足儿童的需要，而且也建立了一个"是的"模式（也就是，在几次肯定性的反应之后，来访者处于积极的心理状态）。

这种方法在某种程度上可用在父母身上。我们发现，有些父母不愿意改变他们的观点，他们认为问题在孩子身上，而不能认识到家庭系统发生问题。如果你估计到父母会坚持认为是儿童出了问题，你可跟他们形成联盟。让他们知道，他们比你更了解他们的孩子，并且你的治疗需要他们的帮助。你可以说："这可是你们的孩子。你们比我更了解他，也最希望他好转。如果我可以像家人一样与你们一起努力，将对治疗很有帮助。”因为父母一般都希望从儿童的问题中解脱出来，或者减轻由此在家庭中引发的矛盾，他们会乐意做所需要的事情。你可以就游戏的使用对他们做些指导，也让他们明白，这是怎样有助于给你提供信息的，而且是如何使儿童能在他自己的水平上进行沟通的。有时，父母会抵制全家一起游戏的机会。这可能显示他们在治疗室之外很少同孩子一起游玩，或者表明父母在某种程度上感觉受到了威胁。他们可能害怕他们不能做对或隐藏的信息被暴露出来。

如果家庭成员同意使用沙盘，你就可以准备开始了。可能的话，为家庭沙游评估会谈安排一个半小时或两个小时。家庭评估沙盘的制作过程与夫妻自发性沟通沙盘类似（也就是联合沙盘的制作）。要经过创造沙世界、体验和重新配置、与家庭成员沟通阶段。如果目标是评估，治疗阶段通常省略。记录阶段会提供有价值的信息，连结沙游体验和现实世界阶段与拆除沙世界阶段也是如此。如果家庭中没有人经历过沙游，你可以说：“我明白你们都想使家庭里一切事情更加顺利，你们也想让每个人都更加幸福。但你们以前从未一起在沙盘中创造沙世界。按照计划，你们今天可以做这件事。有时，家人们在沙盘中共同创设了一个场景，他们就能更好地了解自己以及他人。这是一个玩耍以及彼此互相影响的新方法。”如果你们以前没有做过沙游，现在我要对沙盘和物件做个简要的介绍（详细内容请看第3章的创造沙盘世界阶段）。

我们有一张大的家庭用沙桌，不过传统规格的沙盘（约50厘米×80厘米）就足够了。如果你有多个沙盘，你可让家庭选择他们想用的沙盘。不要设置规则。要说明建设场景和沙世界的方法没有正确和错误之分。既然他们已经准备好要一起在沙中游戏，你可随时给予具体的指导。你可以说：“这是今天游戏用的沙盘（或者，选取你们今天要用的沙盘吧）。你们每个人都可以选择自己想用的物件以自己希望的方式把它们放在沙中。你们可以决定怎样创造这个沙世界。在你们游戏的时候，可以互相讨论，也可以不用谈话。在沙世界形成的过程中，你们可以移动已在沙盘中的物件，也可以将它们留在现在的位置。”如果你计划拍摄一组相片，做些笔记或进行录像，一定要征得他们的同意，解释清这有助于你记住这个沙世界是怎样建成的。对家庭沙游做详细的记录通常并不切实可行。如果家庭动力中一些重要的事情出现而你想要记住，可以草草记录一下。告知家庭，在他们一起游戏时你会静静地观看。

观察他们是如何开始以及每位成员又是如何进展的。对家庭的观察比对夫妻的观察甚至更为复杂，因为人数增加了。显然，除非是在他们都聚在沙盘旁建造时，否则你将无法仔细看清楚每个成员正在做什么。因而，你要观察的是家庭动力。注意每位成员所扮演的角色。父母彼此间是如何互动的？每个家长又是如何与儿童互动的？三角关系出现了吗，比如是否有两个人合伙对付第三人？纠结或疏离明显吗？是否有证据表明父母一方或双方将自我感受投射到儿童身上？家庭成员间的权力差异是什么以及差别是如何被处理的？儿童可否按自己的意愿游戏？父母一方或双方或儿童主动承担职责吗？如果父母认为不当的行为出现时，父母一方或双方会加以限制吗？他们是如何彼此互相关注的？他们是彼此独立地游戏，还是去领导或跟从别人？他们是彼此合作在沙盘中建造了一个整体的沙世界，还是在同一个沙盘中每人只在自己的部分创造了彼此分开的场景。当他们想把一个物件放在别人物件的旁边或者他们想移动别人的物件时，他们会征得别人的同意吗？他们感觉可随意这样做而无须询问对方吗？他们接受或拒绝和批评他人对场景的贡献吗？每位家庭成员是如何表现他们的紧张或轻松的？你不可能观察所有的事情，但要注意，在评估中你最感兴趣的事情应是家庭内部的动力。在家庭中，这些情况会因环境不同而发生变化。尽可能留下足够的时间让家庭来创造他们的场景。

如果沙游只是用来评估来访者的情况，在创造阶段完成后就可停止游戏。有时，如果时间允许，你也想对家庭成员间的互动情况作更进一步的观察，你可继续进行下面的阶段。如果你选择让游戏继续下去，给家庭成员几分钟时间让他们静静地体验一下场景。提醒他们，可以让沙盘保持原样，也可以做些改动。在体验和重建沙盘世界阶段之后，给每位家庭成员一次机会带领其他成员游览沙世界。在带领者讲述自己的体验和感受时，你要留意观察每位家庭成员给予别人的尊重和自己得到的尊重及注意。在你指导他们时，不必强调要认真倾听别人的叙述，也不要规定他们不能插话。如果不集中注意力、没有礼貌或插嘴的现象不断发生，并且你已经弄清了家庭的人际交流模式，你就可以对这些现象进行干预。因为这是评估沙盘，此时你的目标是收集信息，而非促发改变。虽然你并没有使用治疗技术进行干预，但在连结沙游体验和现实世界阶段中就可能出现潜在的改变或意识的提高。

在创造沙盘世界阶段（如果沙盘工作在此结束）或与家庭成员沟通阶段之后，给家庭成员一个拍照的机会。观察他们是怎样选定拍照人的，是从什么角度拍照的。他们互相合作吗？是一个人掌管吗？在整个过程中所有的决定点都为你提供关于家庭动力的相关信息。

拍照之后，询问家庭成员他们觉得这次沙游经历怎样。在连结沙游体验和现实世界阶段，询问他们是否从创造沙世界的方式中了解到了一些关于自己的东西。询问父母是否发现他们沙游的某些模式使他们想起在原生家庭中的互动方式。这些问题最好在与父母的下次会谈中进行讨论。如同沙游治疗个体和夫妻一样，要细心地拆除场景，记住在会谈中所激发出来的东西。

家庭个体化沙盘

如果你正在沙疗的是一个家庭关系纠结的儿童——在家庭中，家庭成员不能保持独立身份，不能自由地表达自己——此时，家庭个体化沙游会谈就非常有用。在家庭的第一次沙游会谈中，通过让他们完成评估沙盘，你可以确认其是否为纠结家庭。在以后的家庭会谈中，你可让全家人一块来治疗，但要让每位成员在各自的沙盘中游戏。为了完成整个过程，尤其是家庭有3人以上成员时，如有可能的话，可安排两个小时进行沙游。由于整个过程和各个阶段与第4章讨论的夫妻个体化沙游很相似，我们在此只描述一些不同之处。

将个体化沙游介绍给家庭，你可以说："有时，一些家庭，即使家人有很多时间相处在一起，或者他们认为彼此非常亲近，他们对家庭中每个单独的个体也并非十分了解。他们可能不知道每个人都喜欢什么、不喜欢什么、什么会使他们高兴或沮丧，甚至是他的兴趣是什么。这项活动将帮助你们更好地了解彼此。"然后，如果你在此之前未向他们介绍过沙游，此时可向他们解释沙游的过程和材料，说明游戏规则。对于关系纠结的家庭，游戏规则非常重要。我们发现，如果要打破像彼此干扰、替对方说话或做事、消极地批评别人等模式，规则就必须严格执行。无疑，你要制订出适合治疗情况的规则。我们首先探讨尊重，接着让所有成员明白，他们将要建造自己的沙世界，即使他们先于他人完成了建造，仍要留在自己的沙盘旁。要着重强调，尊重彼此的隐私非常重要。我们督促每个人安静地建造，以免打扰他人。在创造阶段，要求家庭成员彼此不要说话、不发表评论，也不观看彼此的沙盘。

在这项活动中，由于家庭成员的数量，你可能面对的困难是没有足够多的沙盘。如果你经常做家庭会谈，你可能要多买几个沙盘和一些沙子。我们发现，较小的橡胶塑料盘（约40厘米×54厘米）就已够让家庭成员来建造他们的沙世界，这种盘在廉价店每个5美元。让每个人选一个沙盘开始建造。告诉家庭成员他们可以有大约20分钟的时间来创造任何他们想创造的东西。尽量使每个人的沙盘离得远一点，以便减少彼此观看和评论的机会。与沙游治疗夫妻一样，注视家庭各成员并观察其依赖、干涉、破坏和影响的迹象。如果有人不遵守规则，立刻走到他身边温和地提醒他。如果有必要，将该人的沙盘移到一个单独的区域。如果在其他人完成他们的沙世界之前，有一个人已经完成了，让他安静地体验自己的沙盘。然而，在做家庭沙盘时，因为你所面对的是不同年龄阶段和不同发展水平的人，所以要对个体需求保持时刻注意。例如，如果儿童年龄小或注意力有限，为防止他们提前完成干扰别人，我们将一些玩具放旁边供他们安静地玩耍。我们告诉儿童，只要他们不打扰还在创造沙世界的其他人，他们就可以玩这些玩具。

在与成员沟通阶段，告知家庭成员，他们每人将有约5分钟的时间来谈论他们的创造。你要给每个人相等的说话时间。让所有人聚集在一个沙盘旁，要求建造者引领他人游览自己的沙世界。要从家庭中权力最小或最易受到别人影响的人开始。如果这样做对被选出的人过于具有挑战性的话，就选择一个最和蔼的人第一个做。如果你担心家庭中的某个成员（通常是最有权力的人）一旦不能继续握有权力时，他就可能破坏治疗、不热心治疗或者结束治疗，你可以让家庭所有成员来选择谁最先说。你可以在前一两次会谈中这样做。

要求每个人都直接对着全家人讲。如果这太有压力，告诉他可以暂时对着你说。你要强调规则。让家庭成员知道，现在可以观看彼此的沙世界，但不能以任何方式（例如做鬼脸、转眼珠）对他人的沙世界做任何评论或诋毁。请他们认真地聆听讲话人所讲的内容。如果有人无法出现尊重行为，要求他们安静地观看你所示范的行为，鼓励每个人尽可能表现出适当的行为。在有些情况下要特别小心，尤其是当家庭中的某个成员可能对他人进行情绪上或身体上的虐待时。在这种情况下，如果一名成员开始谈论你认为可能会引发问题的话题（比如青少年与父母不赞成的人约会），把他的注意力引向别的地方。你可以说："我认识到你想要谈论的事情对你来讲是一个问题，但此时可能不是谈论它的最好时机。现在让我们继续游览，当你们都准备好要处理它时，我们将再讨论它。"在你的记录档案中记下这个话题，然后在你觉得家庭已经准备好的时候再回来处理它。当所有成员都带领彼此游历完他们的沙世界时，要求他们彼此分享创造自己的沙世界时的感受，以及在向家人讲述自己的创作时他们的感觉怎样。如果家庭成员都无法互相尊重地进行沟通，在家庭成员能够互相尊重彼此的差异之前先取消这个步骤。

在治疗性干预时期，就像你在个体会谈时所做的那样，对每个人单独进行干预。然而，在对个人干预的同时，你要通过观察其他人的反应和记住每个人所坦露的信息而仔细地留意他们。容许家庭所有成员为自己的沙盘进行拍照并将照片带回家。在连结沙游体验和现实世界阶段，询问每位家庭成员，关于他人和自己，哪些是他会谈前不了解的事情而现在知道了。为了要打破原有的揪错模式，请每位成员坚持做积极性的评论，直到他们学会了在进行沟通时不再一个劲地批评他人。询问每一个人，在接下来的一周里，他本人可以做些什么来鼓励自己和别人的个性。

你可以要求家庭成员继续创造个体沙盘一段时间，直到你认为家庭成员可以作为独立个体为共同创造沙盘作好了准备。当治疗发展到每个成员的自尊心不再那么与他人纠结并且沟通也变得安全时，这个家庭就已为创造沟通沙盘做好了准备。

接下来是一个个体化沙游的例子。我们治疗过的一个家庭很好地说明了在一个文化原则根深蒂固的家庭系统中个体化沙盘是非常有必要的。李夫妇在他们大儿子望死后找到了我们。望在一所著名的大学学习了一个学期后自杀了。虽然望的表现在中上等，但他在收到成绩单后显得异常压抑。之前，他曾告诉上高中的弟弟，由于自己表现不够出色他感到使家庭蒙羞，也无颜面对父母。李夫妇深受望死亡这件事的打击，弄不清楚到底发生了什么。他们说，家人一直很亲密，他们也深爱着自己的孩子。他们说从来没有要求望必须名列前茅。自从8年前全家从柬埔寨迁到美国以来，李夫妇一直异常卖力工作，以供给孩子们美国所能给予他们的最好的东西。

按照我们的要求，李夫妇带来了他们的两个男孩，15岁的晨和12岁的亮，进行家庭会谈。会谈中，两个孩子证实了家人的亲密，并说他们无法理解望为什么会做出这样的事。晨说，他跟望一样也在班内名列前茅。亮报告说，他正在努力保持自己的优势位置。虽然，李一家人不久就化解了悲痛，但我们仍明显感到，家庭成员不能或不愿坦言自己。于是，我们询问他们是否愿意创造各自的沙世界。对他们而言，很难认识到这种游戏的益处。但是，到了这个时候，他们信任我们治疗师，所以答应一试。

在与家庭沟通阶段，亮最先进行。他创造了一个场景，有几个人正在稻田里辛勤劳作。一条路穿过稻田中央，在路的尽头，他放置了一大块岩石，石头上面有一个佛像，下面有几间房子，一个小家伙背着一大袋稻谷，正在向着村庄和佛像走去。亮说，儿童已经筋疲力尽，想将袋子放下但却不能，因为其他人会失望。他们靠他将稻谷带到市场换些钱回来。如果他不能完成任务的话，不但会给自己带来耻辱，同时也会给其他人带来贫困。因而，他不得不任劳任怨继续走下去。

当我们询问亮关于那袋稻谷更多的信息时，他突然说："这就像所有我必须做好的事情一样。我只是不想让爸妈伤心或失望。他们为我们付出了那么多。我知道，他们想要我们能做得最好，但是这太难了……"这时，晨担忧地看着父母和我们，然后问他是否可以说几句。他将手搭在弟弟肩上，说："我知道那个孩子的真切感受。"当轮到晨谈论他的沙盘时，他更进一步地探究了亮刚刚真诚说过的感受。

尽管李夫妇难以理解孩子们的感受，但是家人终于可以开诚布公地讨论这个问题了。不久，李夫妇开始谈论他们在柬埔寨的生活，以及他们世代相传和移民后依然抱有的对未来生活的期望。他们逐步理解到，他们不希望这些他们过去未解决的问题再来困扰他们的孩子。

家庭沟通沙盘

通过评估沙盘或访谈，如果你感觉家庭成员彼此疏远或难以沟通，自发性家庭沟通沙游（所有成员在同一个沙盘中建造沙世界）就比较适用。沟通沙游有助于治疗儿童和其他家庭成员间的关系。因为这个步骤实施起来类似于第4章中讨论过的夫妻沟通沙游，我们在此只谈一些区别。当家庭成员彼此疏远时，家庭互动和沟通就变得很少。每个人很少与其他成员联系。家庭很少作为一个整体完成任务或共同度过时间。我们发现，疏远的家庭中的行为及沟通模式很容易在全家都参与的活动中发生改变。当所有家庭成员都在同一个沙盘中游戏时，他们必须学会沟通和互动，才能完成这项活动。

与单个人或两个人的沙游相比，你要观察几个人并与他们互动就困难多了。除非你进行录像，否则记录变得非常繁重且不出成效。当你治疗家庭时，注意你是在同几个个体工作，但同时也是与作为一个单位、一个大于部分的整体的家庭在互动。如同夫妻沙游一样，某种程度上，你成了系统中的一部分。这是无法避免的，有时也有好处，然而，在多数情况下，你卷入家庭的程度要保持在尽可能低的限度。沙游，很可能比多数治疗技术更能使你保持在来访者的外围，尤其是在建造的过程中更是这样。

一旦你决定要让家庭做一个沟通沙盘，你可以说："有时，全家人都太忙了，以致于人们很少有时间呆在一块，都忘了如何进行彼此的交谈和互动。这项活动将帮助你们家人相处得更好。"当家庭人口多于三人时，你要使会谈延长至两个小时。如同家庭成员单独创造沙世界一样，首先介绍一下沙游非常必要，这样就可以使每个人都明白你想让他们做什么。同时制定所有成员都必须遵守的规则也很重要。我们通常要求所有成员在整个建造过程中要保持安静，除非在他们需要互动以作出关于沙游的决定（如要他们把物件放在哪儿）时可以讲话。成员不能对他人做贬损的评论、做鬼脸或互相伤害。再说一次，一定要强调并保持互相尊重。现在，让家庭一块儿选择一个沙盘，并且决定是否要使用水或物件。如果你正在治疗的家庭是一个比较民主的系统，你可让每人都有发言权。告诉他们可以一起建造任何想要建造的场景或沙世界。

如果家庭成员不知道彼此怎样恰当地沟通交流，暂且停下沙游并示范新的行为。例如，如果你发现父母一方一再移动儿童的物件，你就要干预。你可以说："强尼看来有点伤心，因为你不断地移动他的物件。也许你该先征得他的同意。比如，你可以说：'强尼，我把这块石头移到沙盘的那一边，可以吗？'然后等待强尼的回应。"这促使他不但有礼貌地询问而且要听候儿童的回答。在家庭建造时，你要时刻留意家庭中正在产生的动力，以便在治疗阶段你能重新提起某个特定场景。让每个人首先体验，然后谈论一下沙世界，要把全部场景都当作自己的沙世界。如同家庭治疗中进行个体化沙游一样，在与成员沟通阶段，如果适当的话，让权力最小的成员最先开始谈论。一定要让成员彼此直接交谈。要求不引导游览的成员安静倾听，尝试着从说话者的视角看待这个“世界”，先把个人的偏见放在一边。重要的是要强调，尽管其他成员可能对这同一个“世界”看法不同，但每个人的观点对他自己来说是完美的。通常，让每个讲述者说清关于这个共同建造的沙世界自己所持的看法，5分钟就足够了。然后同每个人探讨大家共同建造一个场景并向彼此解释时的感受。

在治疗阶段，你要说明一下家庭的长处和不足。使用沙盘中的物件来揭示和帮助改变家庭动力。如同治疗个体和夫妻一样，你可以利用在第3、4章讨论过的治疗性干预方法。如果你想指导来访者进行物件的对话，让对话的人扮演两方物件的角色。为了引入其他观点，你可让放入该物件的人在对话阶段为他自己的物件形象代言。然后，让成员转换角色。如果家庭成员无法就沙世界达成一致，让他们在沙盘中放入一位帮手或智者。如果他们仍然不能作为一个家庭进行沟通和解决问题，询问你是否可以扮演帮手的角色。

在沟通沙盘中，让家庭成员共同合作寻找一个拍照的位置，决定出由谁来拍照。保证每个人都有说话权。在连结沙游体验和现实世界阶段，询问家庭成员每个人都学到了关于家庭如何互动的哪些事情。然后，询问他们想要改变的是什么模式，他们想怎样改变。让每个人谈一谈他能做什么和他认为其他人能做什么来改变家庭互动的模式。与家庭的所有成员共同制定一份计划，以便让他们在接下来的一周执行。确定贯彻好你所给出的每项任务。

本章小结

儿童沙游与成人沙游的区别

- 对儿童来说，游戏是一种自然的表达形式。
- 儿童倾向于比较具体的、物质的形式来表达他们自己。
- 儿童的语言和抽象思维能力有限，因而他们通常很少把内心外在地表现出来。
- 儿童在结束游戏之后，还常常没有意识到自己内心发生的变化。
- 儿童通常不愿意谈论他们的经历。
- 儿童的沙游形式富于变化，通常他们在沙盘中的活动水平比较高。
- 儿童的自我力量可能还很弱，并且他们的心理防卫通常也不适当。
- 对儿童而言，沙盘是既促进了个体的独立性同时又提供安全感的过渡性客体。
- 对儿童强化规则和限制非常必要。

儿童的发展阶段与沙游治疗

杜拉·卡夫

- 第一时期（六七岁以前）

  动物类和植物类物体占主导。
- 第二时期（六七岁至十一二岁）

  出现战争和冲突。
- 第三时期（十一二岁及整个青少年期）

现实生活的场景和社会视角的感觉出现；融入集体。

查尔斯·T·斯图尔特

- 第一阶段：婴儿期 II（7到10个月至2岁）

  隐藏和寻找；掩埋和挖出；用大量物件装满沙盘。

- 第二阶段：儿童早期 I（一二岁至三四岁）

  混乱、创造和破坏。

- 第三阶段：儿童早期 II（三四岁至六七岁）

  出现比第二阶段更有组织的战争；有冲突中的中心人物；试探限制。

- 第四阶段：儿童中期（六七岁至十一二岁）

  展现出双重性；出现比第三阶段更有组织的战争；男孩和女孩的沙盘有差别；出现篱笆，显示内在限制的形成；以前彼此分离的区域间出现联系。

儿童在沙游中的行为

- 由于物件众多而受到过度刺激。
- 用过多的物件充满沙盘。
- 使用多个沙盘。
- 游戏中出现移情问题。
- 用水注满沙盘。
- 用沙子填满容器，然后又倒空。
- 建造和破坏。
- 掩埋和挖出；隐藏和寻找。
- 游戏中展现出战争、冲突和权力争夺。
- 创造动态沙盘。
- 投撒沙子。

- 爬到沙盘上。

自发性静态沙盘

除了以下5点外，沙游会谈跟成人沙游会谈的进展阶段相似：

- 在第一次会谈中就在沙中游戏。
- 对年幼的和注意力分散的儿童缩短游戏时间。
- 设定游戏规则和限制。
- 有些儿童拒绝谈论他们的沙世界，只完成创造和体验阶段。
- 将照片当作过渡性客体。

自发性动态沙盘

- 各阶段划分不明显。
- 通常由年幼儿童创造。
- 破坏旧的并创造新的，循环往复。
- 过程比最终的场景更有意义。

互动性沙盘

由儿童主动开始的互动性沙盘：

- 容许儿童与治疗师主动互动。
- 允许儿童主导在沙中的游戏。
- 跟随儿童的指引，不说教。

由治疗师发起的互动性沙盘：

- 如果儿童在游戏中受阻，请求儿童允许自己加入。
- 在进入沙世界之前征得来访者的许可。
- 适当时给予示范。

家庭评估性沙盘

除了以下4点外，其注意事项跟夫妻沟通沙盘类似：

- 在开始沙盘之前，向家庭成员讲述游戏的过程和价值。
- 如果时间允许，除了治疗阶段外，要让来访者经历所有阶段。
- 在给予了初步指导之后，不要再设定任何的规则或限制。
- 关注家庭成员的内在动力。

家庭个体化沙盘

除了以下3点外，其注意事项跟夫妻个体化沙盘类似：

- 强调对所有家庭成员的尊重和关注。
- 要认识到，在家庭所有成员中，存在着不同的发展水平。
- 要认识到，随着家庭人数的增加，沟通问题以指数方式增长。

家庭沟通沙盘

除了以下4点外，其注意事项跟夫妻沟通沙盘相似：

- 观察并与多个不同发展水平的人互动比较困难。
- 在同一个沙盘中建造沙世界时，所有成员一起合作非常必要。
- 强调所有成员间应保持尊重和关注。
- 在拍照时要征得所有家庭成员的同意。

······ 第6章 ······

用于成人个体和夫妻治疗的指导性沙盘

在第3章、第4章、第5章中我们讨论了自发性沙盘的运用。本章中，我们将讲述其他几种沙游的应用。尽管大多数具体的干预方法是针对成人的，但其中一些也可以用于治疗儿童，特别是青少年。（关于针对儿童和家庭的指导性沙盘的应用，请看第7章。）在运用指导性沙盘时，你同样应容许、支持来访者进行创作，并留意观察来访者的非语言和语言表达、行为和情绪。同时，你继续保持不介入的状态并身处沙盘之外。这些与运用自发性沙盘时一样。与自发性沙盘不同的是，你要在主题或技术上指导来访者，帮助他们将注意力集中在正在处理的问题上。虽然与运用自发性沙盘相比，你会在方法和主题上对来访者进行更多的指导，但实际上，是来访者的无意识和意识在决定沙盘的内容。

你可以巧妙地提出许多主题，例如具体的创伤及其引起的问题、关系问题、梦、希望、需求、恐惧或过去的经历，并建议来访者从中选择并作为沙游的焦点问题。作为专业人士，当你认为来访者需要把注意力集中在某个特定区域，关注影响其生活或阻碍其向前发展的特定问题时，指导性沙盘就很有效。或当你与来访者的会谈次数有限、需要加速解决问题时，指导性沙游技术有助于提高你的工作效率。

在本章中，我们会详细说明当娜·林恩（Donna Linn）的次人格（subpersonality）整合和原生家庭的相关理论以及德·多美尼科的减速过程（slowing-down process）和放大工作（amplification work）的理论。她们使我们了解到指导性沙盘的概念。我们发现这些技术在实践中非常有用。在本章中，我们还会描述一些在来访者帮助下我们发展出的其他方法。我们发现这些方法对于帮助来访者解决相关的问题非常有价值。随着你的治疗经验日益丰富，你也能针对来访者的具体情况设计出其他方法。

重建生活场景技术

在人们的生活中，有许多情况和事件给他们造成了问题。在沙游会谈中，当来访者遇到自身无法正确处理的情况，或者是形成了阻碍其生活中的具体目标实现的交际障碍、思维障碍或行为障碍时，可以运用这项技术来加速改变来访者的感知和行为。

我们把这项技术称作重建生活场景，其理论依据是人的心智是真实存在的，可以通过想像再现、丢弃旧的方式并创造新的方式来改变人对一件事的记忆和感觉。这个过程会改变人的感知和反应。我们发现，由于沙游具有物质性，并且能够引发一种自然而然的转变，因此非常适合这种方法。虽然这种方法大多应用于成人，但也可以应用于有问题解决能力的年长儿童和青少年。

如果你至少有一个半小时来完成这项活动，就不会感到太过仓促。我们通常建议在来访者完成一至两次自发性沙盘并对沙游熟悉后，再开始应用指导性沙盘。对你来说，获得来访者的信任至关重要，因为那样才能使其觉得听从你的建议很安全。当你确定这种方法对来访者十分有价值时，你就可以与其探讨他的那些无效能的模式及行为，或者探讨你观察到的他的模式及行为。之后，你可以说："这种模式好像给你造成了不少问题。你是否下定决心要改变你的行为(或思维)？那样的话就不会继续发生类似情况了。"对于儿童或是青少年，你可以这样开场："你已经告诉我很多次，当老师在学校不让你做某些事时，你就会对她发脾气，因此惹上了麻烦并受到惩罚。这种情况好像也发生在你与父母之间。你愿不愿意找到一种新的方式，处理这些情况呢？"得到对方诚恳的肯定回答至关重要。正如我们所知，没有承诺，改变很少出现。如果来访者愿意，你就可以继续进行。

这时，你可以说："今天，你愿不愿意在沙盘上尝试一些以前没有过的小小改变？跟我一起尝试过的人往往觉得这种玩法能帮助他们，打破对他们来说具有伤害性的行为模式和行为方式。"如果来访者同意，告诉他一些信息，包括指导性沙盘与自发性沙盘有何不同，或在这次特定的会谈中你会请来访者做什么。这通常会减缓尝试新方法的焦虑感。也要告诉他，无论何时对指导有任何不解，都可以提问，你会给予回答。

现在请来访者在沙盘中重新创造给其造成问题的场景。可以使用任何所需物件，向你展示发生了什么。如果它是反复出现的模式，要求来访者重新创造在脑海中最近发生的或最突出的事件。当他完成后，要求来访者带你游览他的沙世界，告诉你在这件事中究竟发生了什么。像处理自发性沙盘一样，简单处理这个沙盘，不用那么细致。现在，来访者可能会非常清晰地看到造成问题的原因。如果它是一种反复出现的思维或行为模式，他就会看到这种模式被固化的原因。不要询问来访者是否愿意对沙盘拍照。照片会强化旧的模式和行为。

请来访者在沙世界中选择一个或多个物件，代表他自身中导致问题的核心部分。你可以说："在这个'世界'中，好像至少有一个物件或人物代表了你身上制造问题的那部分。你能告诉给我是哪个吗？”让来访者将物件放到沙盘中央。请来访者在架子上找到一个物件（或制作一个物件），这个物件代表了具有智慧且有爱心的实体，然后把它放在沙盘中央，面对代表来访者的物件。请来访者让两个人物对话。如果来访者不能让具有爱心和智慧的人物与代表自己的人物对话，或是找不到任何办法或更有效的方法来解决行为和思维上的问题，询问来访者是否愿意由你来扮演那个具有智慧的人物角色。有时，尤其是在危机事件中，当来访者对自己要求过于严格时，或者当儿童不能自己找到更有效的解决办法时，由来访者独自解决问题情境是不太可能的，他需要治疗师进行示范。当对话结束，来访者了解到想要做哪些改变时，要求他引入一个人物象征自己。这个人物能够用新的方式思考行事。你可以说：“你可不可以在架子上找到一个物件或人物，或者是自己制作个东西，能够以新的方式来行动？找到或制作出物件后，把物件与其他两个一起放在沙盘中央。”我们常常会鼓励来访者自己制作物件，这样此后他就可以带着回家了。

现在请来访者小心仔细地移除沙世界中的所有物件，把它们摆放在身边的桌子上。指导他最后再移除中央的三个物件，从而明确地强化对话和解决方式。向来访者强调，他现在正在清除旧的“世界”，将开始使用一个空白的沙盘。你可以说：“你正在从沙盘中清除旧的行为方式。它们现在都消失了，你可以重新开始。”当来访者完成后，让他做深呼吸，想像着所有的旧模式旧思想按照所希望的方式消失了。对于那些难以自己创造心像的来访者，你可以提供更多指导，让他们闭上眼睛，假想自己将每个物件都放在箱子里，锁上箱子。然后要求来访者重建一个沙世界。在这个“世界”中相似的情况会按照他的希望发展下去，而他会更加有效地做事、说话、思考。你可以说：“现在你可以有个崭新的开始。在沙盘中创造一个新“世界”，可以让发生在你身上事情按照你希望的方式发生。”让来访者知道他可以使用曾经在上个沙盘中用过的物件，也可选择新的。惟一需要来访者再次使用的物件就是代表来访者自己有能力改变行为的那个物件。如此一来，这个物件就可以积极地帮助他在“世界”中创建新的模式了。当来访者对新“世界”表示满意时，让他带你简单参观一下现在的沙盘，谈谈变化。

如果他愿意，指导他进行拍照，你可以代劳拍摄。与对自发性沙世界拍照的指示不同，在这个活动中不要给来访者拍或不拍的选择，因为你需要用照片作为家庭作业的一部分。在连结沙游体验和现实世界阶段，让来访者把象征拥有全新的行为方式的意象摆放在沙世界显眼的位置上，使他可以经常看到，以便不断提醒他进行改变。照片，是可以摸得到看得着的物体，它会帮助来访者固化、强化新的模式。你也可以要求来访者制作一个物件，使用已经做好的物件或在周围找到一些东西，来提醒自己要以新的方式行事。然后让来访者把物件放在口袋里，这样他每天都可以经常摸到，促进强化记忆。当你的治疗对象是青少年或成人时，你可以让来访者在头脑中回想最近的一个沙盘，每天至少两次，最好是在醒来时和快要入睡时。在这些时间段，无意识最接近表层，最容易受到影响。

我们通过一个年轻成年来访者的例子来阐释这个方法。理查德，25岁，美国本土人。因为他很难与同事和上司相处而找到我们。这对他来说不是一个偶然孤立的情况。在上个工作中，他曾因为觉得别人对他有偏见而几次勃然大怒。理查德被解雇了，离开那份工作。无论他在哪儿工作，他大多都感觉自己被那些不够尊重他的白种人包围着。几次会谈——包括一个自发性沙游，他在那里面创造了一个田园般的世界——之后，理查德还是感到很受挫折。虽然他认识到，他的感觉从某种程度上是不可理喻的，他还是会对无关痛痒的表情和评论感到愤怒。

这时，我们建议他在沙盘中重新设计生活场景。跟随我们的指示，他在沙盘中描绘了最近一次对同事发火的情景。简单地处理场景之后，他引入了一只熊，作为它的动物引导（或精神图腾），来帮助他改变模式。对话过程后，理查德选择了一块平滑而坚硬的石头代表他自己。找到石头后，他把所有的物件都从沙盘上移除。接下来，他用代表自己的石头创建了新的场景。在这个场景中，理查德把石头朝向各个方向，首先从东方开始。他解释说这会帮助石头记住他是谁以及他体内的力量。当他把注意力集中到石头上时，就可以避免个人主观化或非理性地解释周围人的行为和语言。他重新在沙盘中演绎了与同事的互动，这一次他取得了更加和谐的关系。当理查德回家时，他发现一个光滑的黑色石头代表了全新的自己。无论到哪，他都随身带着它来帮助自己在焦虑和愤怒时把注意力集中起来。

自我强化与技巧建立

虽然自我强化和技巧建立往往实现于自发性沙盘，但是有时更具指导性的沙盘在此方面也有其优势。当来访者处理特定的恐惧和焦虑时，有明确奋斗的任务、希望提高的技巧或自尊心不强时，这种更具指导性的干预就很有益处。因为沙游可以使来访者移向一种意识的改变状态和更加集中精力，这种技术类似于自我强化的催眠技术。与治疗室中的角色扮演也很相似，它的另外一个好处就是用象征的方式将实际行为客观化（例如，让人物练习变得更加自我肯定）。我们将这种技术应用在青少年和成人身上。一旦儿童有了解决问题的能力，我们也会将它应用在儿童身上。

除非来访者专程为上述问题而来，或者只是来做短程治疗，否则一定要等到你已经跟来访者建立了信任关系，并且他已经有过一些自发性沙盘的体验之后，再建议来访者做这种指导性沙盘。沙游最开始的指令很简单，随来访者有无沙游的体验而有所不同。对于新来的来访者，描述沙游的工作方式，介绍沙游的材料（向来访者介绍沙游的不同阶段，请看第3章）。然后指导来访者把“问题”摆在沙盘上。对于有体验的来访者，建议他尝试略有不同的沙游方式。例如，你可以说：“你好像一直在向上司争取，希望得到你觉得理所应当的升迁。我觉得在沙盘中创造一个场景将会对你有所帮助。但这次不要只选择那些吸引你的物件，为什么不试着选择那些召唤着你又好像与今天的焦点问题有关的物件呢？你愿意试试吗？”对儿童，你可以说：“小男孩，你不做作业，而不断有麻烦。今天要在沙盘上编个故事，主人公有同样的问题。这会很有意思。”

因为来访者一直在特定的问题中困惑挣扎，当其允许自己处理更深层次的问题时，会有意无意地抵抗或恐惧体验可能出现的东西或情况。因此强调并建立安全感是很重要的。这使我想起一个患有广泛性焦虑症的来访者。在他以前的自发性沙游中，棘手的隐性材料已经被揭示，并引起了强烈的情绪。他带着恐惧感回到童年。包括他害怕被魔鬼缠身和担心达不到标准。尽管我们查清了恐惧的来源，为他找到一种方法，在恐惧感到来时进行干预，他还是犹豫是否让自己在更深、更情绪的层次上处理这些恐惧。他担心如果真的感受到恐惧，他会像以前一样失控，跌入恐惧的深渊。因此，我们制定了一个计划，商定一旦他的感情变得异常强烈，就要提醒自己，现在已经觉得自己和生活都好多了，恐惧是荒谬的。他要记住，在日常生活中，他能够意识到这些想法是荒谬的；产生这种想法时，他能够控制住自己的恐惧感。我们与他约定，他这样做时一旦需要支持，我们就会帮助他。他还希望能够确信无论他变得多情绪化，都可以在会谈结束前被“带回”到理性的状态，并得到一些可以回去使用的方法。有了准备，他就能更轻松地面对指导性沙盘了。

一旦你和来访者建立起“安全网”，来访者在沙盘上创造了初始场景，就可以进展到体验、重新配置和游览沙世界的阶段（请看第3章）。然后，让来访者找到帮助减轻恐惧感或解决问题的方法。可以引入一个代表助人者的物件，如一个明智的向导，自身强大的部分，或是他们尊重和信赖的人。例如，如果来访者的自尊心不强，你可以建议他创建沙盘时摆置一个物件，提醒自己有能力和力量，或是提醒自己过去是如何成功解决类似问题的。其他可用的干预法有移动物件、与其对话或让物件与其他物件对话。

有时，来访者会在沙盘中只摆放象征问题的物件，而没有带入自己。例如，有个来访者患有广场恐惧症，在沙盘上建造了一个大都市，里面高楼林立，有一个购物区和许多汽车。她把这个“世界”描述为危险地带。我们问假若她置身其中会怎样。她颤抖着说：那样会很可怕。我们探索使她感到安全的方法，提醒她可以随时停止并要不断告诉自己恐惧是荒谬的。得到保证后，她按照建议首先选择了一个代表感到恐惧自我的物件，然后又选择了代表强大自我的物件，这个物件清楚恐惧的谬误性。代表强大自我的人物不那么害怕了，但还会有些不安。尽管如此，两个人物已经能够在沙盘上的城市中一同旅行，在各种商店、建筑物中一同探险。走过城市场景时，她已经放松多了。在后来的会谈中，她又创造了这个场景。这一次，仅引入了代表强大自我的人物，不过这时已变得更加睿智。这次她感到更加轻松了。通常，让来访者在一段时间内在几个沙盘上，反复练习新发现的技巧，会有助于增强和内化新的自我感。在治疗室或其他地方进行几次沙游和演练后，来访者的恐惧感就逐渐减轻了。

同自发性沙盘一样，给来访者拍照的机会。大多数来访者会选择拍照，但有些人会拒绝。这可能暗示了残存的恐惧、不安和焦虑。也可能表明，对于这个问题，还有许多工作要做。尤其是当来访者的肢体语言流露出不安时。这很可能正是需要进一步探究的。我们治疗过一个来访者，她说自己已经解决了问题，但又不愿为沙盘拍照。她不想有东西提醒她那件事，她宁愿将之抛诸脑后。我们从她的话语中推断问题还没有解决。在接下来的沙盘中，她得到了更好的解决方法，但还是不愿拍照。尽管这样，她这次已显得更为轻松，说已经凝聚了内在的平静感来对付恐惧。尽管此来访者不愿对沙盘拍照，而其他起初拒绝拍照的来访者，在后来的沙盘中大多都对问题的解决方法拍了照。

一旦你们离开沙盘，询问来访者的体验到了什么，以及会如何应用从沙盘上得到的体验。强化已经获得的正向发展。给来访者提供一些建议，以巩固他们在治疗室之外确立起来的安全感和方法。给来访者布置任务，让他们在日常生活中运用在治疗室中获得的自信心。如前面的例子中，我们建议来访者在闹市中逐渐走更多的路，因为她知道，睿智、强大、放松的那个自我会陪伴着她。

处理对立性问题的技术

我们生活在具有双重性和对立性的世界。和其他治疗师一样，我们发现在治疗过程中，无论使用何种技术，来访者都存在着自身内在和外在的矛盾。诸如爱与恨、明与暗、自由与束缚、弱小与强大、善良与邪恶和受害者与侵犯者等概念在治疗会谈经常出现。来访者可能会寻求办法化解和整合这些对立力量。在德·多美尼科工作坊中，她将正待揭示的对立概念表现在沙盘上，着重探索个人与原型在体验领域的交叉点。通常，对立面的整合会在经过一段时间后逐渐地、自然而然地出现。然而，如果你只有有限的时间去治疗来访者，或者来访者不愿用语言或者不愿在沙盘上展现问题，你可以让来访者做一个指导性沙盘来处理相关的对立问题。这种方法适用于儿童、青少年和成人。由于沙游中来访者既可以选择物件，又可以在沙盘上选择物件的摆放位置，因而非常适合处理双重性问题。

我们在此描述的技术来源于对一个来访者的治疗。此来访者在没有得到任何指示的情况下，选择了一只熊和一个婴儿来带象征她的坚强与脆弱的问题。她用这些物件创作了一个沙盘。在接下来的几次会谈中，她继续使用象征物来表现这个主题，但使用的物件和编造的故事却随时间改变了。

如果来访者愿意，给他两个你事前选好的物件。这两个物件必须象征着你评估来访者必须化解和整合的双重性。你可以根据事前与来访者交谈得到的信息选择物件，或选择那些人们认为恰恰象征这个双重性（如善与恶）的物件，并且需要来访者了解其文化内涵。如果来访者愿意这样做并已准备就绪，你也可以请他自己寻找象征探究的双重性的物件。无论物件如何选出，指导来访者用他希望的方式来创造沙世界。可以使用这些物件，也可以使用其他任何物件。接下来处理沙世界，做法与自发性沙游会谈时相同，重点强调已经确认的双重性上。在连结沙游体验和现实世界阶段，请来访者留意这两种对立的力量在下一周的生活中表现得怎么样。也许有必要让来访者使用象征对立的物件创作更多的沙盘，以便逐步促进矛盾的化解。如果你决定让来访者创作另一个聚焦于这个双重性的“世界”，一定请他自己选择物件。因为来访者处理此问题的过程中，可能会选择不同的物件代表双重性。

我们将此法应用到吉米身上。吉米，一个21岁的女生，她来找我们是处理老板对她的性骚扰。每当旁边无人时，老板就会说些下流的话、拧或拍她的屁股。这种情况持续了将近一年。她不敢将此事上报，怕会因此丢掉工作。她非常无助，却不敢谈论此事，因为家人教导过她千万不能示弱。吉米没有健康保险，钱也不多，因此，只能进行六次会谈。在第三次会谈中，我们解释了指导性沙盘，问她是否愿意创作一个指导性沙世界。她说愿意。于是我们给了她一只狼和一只兔，象征侵犯者和受害者。处理沙盘时，她真切地体会到，当狼露出獠牙步步逼近时，小兔子是多么无助。

在下一次会谈中，她将兔子从狼的掌控中救了出来，放到了一个安全的地方。第五次会谈，她选择了一个男人作为侵犯者，一个女人作为无助者，让两者对话。女性人物告诉男性人物他的举止不受欢迎也不适当。在最后一次会谈中，吉米说，虽然她仍然感到害怕，但她已经开始反抗老板并辞了职。目前，她正在寻找新的工作，并表示下次再出现类似的情况，决不会再任其发展，而要立刻进行反抗。虽然吉米从感情上还没有准备好提出诉讼，但是其他来访者常常走上了法律程序。

次人格整合沙盘

虽然我们在沙盘之外已经对来访者的自我状态进行了全面的治疗，来访者也在沙盘中自发地展现了自身的诸多方面并揭示了自己，但是我们还是要感谢当娜·林恩的宝贵技术。接下来的次人格整合技术在探究自我状态和社会自我的各部分时，更加具有指导性。来访者往往会自我怀疑、自我批评、难以接纳或理解自己的阴影，创作次人格沙盘提供了一个重新认识自己身上截然相对的、隐藏的或相对抗的部分绝好机会。这种方法对大多数来访者都非常适用，尤其适用于揭示内在的冲突、展露社会自我中受抑制的方面。我们发现，一旦来访者达到一定的发展水平（此时来访者能够使用抽象思维，能够识别自我的不同方面），这种干预方法就非常有效。

温里布写道：“沙游治疗加速了个体化进程——至少在某种程度

上——情结的化解，阴影的整合，以及阿尼姆斯/阿尼玛（animus/anima）的正负方面的分化。它更加直接地促进灵性自我的聚合和本能自我的再生。”我们赞同，但还要强调，对于某些来访者，比起自发性沙盘，指导性沙盘更容易实现情结的化解，更加直接地聚焦于阴影的整合。人们常常将“负面”或阴影投射到别人身上，尤其是关系密切的人身上，如同辈、配偶、兄弟姐妹、父母和同事。因此，两人关系（如配偶、青少年和父母、同事之间）也可从这种干预中受益。次人格沙盘揭示出人的阴影面，又不会伤害人，且有助于认识他们的投射。随着这种意识的增强，来访者可以找到使自己身上的阴影面与社会自我的其他方面以及他们的伴侣进行合作的方式。我们已经看到，来访者正在学着尊重自己身上那些原本不想看到的方面，正在学着让这些部分更加协调地发挥作用。他们得到新的自我认识，有助于伴侣尊重他们的差异之处，就像对待一个独立的人一样，使他们能够更好地探究身上的不同部分是如何互动、互补和互助的。

次人格沙盘会谈分为几个部分：

- 介绍沙游、选择物件
- 陈述对物件的感受
- 将物件拟人化
- 认同物件
- 实现物件间的互动
- 记录沙盘世界
- 连结沙游体验和现实世界
- 拆除沙世界

介绍沙游和选择物件

介绍沙游

指导性沙游治疗个人或夫妻时，像介绍自发性沙盘那样介绍沙游。不过，要补充说明这种经历会跟先前的沙盘创作不同。因为你会给出更加具体的建议。为了避免给来访者造成偏见，在开始前先不要做进一步解释说明。你可以说："今天，我想让你尝试一下有些不同的沙盘。我想沙子的这种玩法一定会让你感兴趣。试过的人都觉得这种体验非常有启发性。"如果治疗对象是一对夫妻，你可以补充说："你们不仅会更加了解自己和对方，还会找到解决冲突问题的方法。"让来访者选择一个进行创作的沙盘。当治疗的对象是具有关系的两人时，首先，可以让他们选择共同的沙盘或各自的沙盘。是选择共同沙盘还是独立沙盘，主要依据他们的个体化程度，这一点在第4章中有所论述。

选择物件

一旦选好沙盘，指导来访者选择六个物件。三个喜欢的，三个讨厌的。对于两人关系，让每人选择六个物件，放在各自的沙盘上，或放在一个中间隔开的沙盘上，各自的物件与他人的分开。对于个体来访者，你可以说："今天选择物件时，我希望你找出三个非常吸引你的物件，因你发现它们在某方面非常吸引你。我还想让你找出三个令你厌恶的的物件，因为你认为他们在某种程度上缺乏吸引力、丑陋、令人反感。你可以把它们排列在选好的沙盘上。"留意来访者在选择讨厌的物件或喜欢的物件时，是否会很轻松。虽然我们建议来访者把物件排成一行，实际上，这并不是必须的。不过，从排成一条直线的物件开始，将在治疗进程中，使变化看起来更加显而易见。如果夫妻选择同一个的沙盘，给予相似的指导语，但是要建议他们把沙盘按他们喜欢的方式分成两半，指导他们把物件摆在沙盘中自己的一边。

来访者选择的每个物件，无论是在自发性沙盘还是在指导性沙盘上，都来源于来访者的意识和无意识，因此，每个物件对来访者来说都是具有重要意义的。正如邓塔兹所说："物件可能代表着个体深层心灵的意象，不仅仅是有意识的思想的直接表达。"指导来访者选出三个喜欢的、三个讨厌的物件，实际是在把来访者引向其内在心灵中相互对立的方面。通常，这些对立的方面会自发地出现在沙盘上。但在次人格整合沙盘中，我们基本上是"逼出"所要讨论的问题的。

陈述对物件的感受

一旦物件放在沙盘上，让来访者（或两人关系中的一方）简要陈述一下为何喜欢或不喜欢选出的物件。有来访者这样描述："它真的又好看又柔软。"或者"它看上去真丑，真小气。"这些说法都很典型。有时，来访者描绘物件时，会根据所选物件使其联想到的生活中的事物，如一段记忆、一个人或一次经历。提醒夫妻双方，无论对方把物件描述成什么，都是合情合理的。伴侣一方不要对另一方的陈述进行评判或评论，你也不要这样做。有时，你觉得有吸引力的东西来访者却觉得讨厌，反之亦然。记住，你在这里的目的是支持和接纳来访者的想法。不要给出语言或非语言信息。来访者对物件的描述会给你提供线索，暗示你物件对其而言意味着什么。描述也揭示了来访者对自身各个方面的看法。

将物件拟人化

让来访者将物件拟人化。你可以说："假装你是一个魔术师或有一支魔术棒，可以使物件活跃起来。每个物件都会说些什么呢？"请来访者让每个物件说话。这可以使来访者用语言主动表达。来访者的语言会揭示出物件的更多"想法"。这个过程必然会显示出物件的另一面，或者印证了你先前的感知，或者与先前的感知相矛盾。

我们发现来访者往往愿意给物件赋予生命，让它们说话。然而，如果来访者沉默寡言，就要有耐心并鼓励他们。通常，他们能够成功地让物件"说话"。注意来访者让哪些物件出声时会更容易些，哪些会更困难些。有时，讨厌的物件会先说话而且说得比较清楚；有时，喜欢的物件更愿意说话。提醒夫妻在对方进行过程中，要认真观察，尊重对方，不要打扰。

认 同 物 件

到目前为止，沙游的焦点一直是物件。现在，指导来访者将物件与自己联系起来。询问来访者每个物件代表了他自身的什么部分。你可以说："如果你身上的某部分像这个物件，那么是哪部分呢？"或"你身上的哪方面像那个（叫出物件的名字）？"或"它和你身上的一部分是如何相像的？"在给出这些指令前，我们有时先总结一下来访者对每个物件的描述以及每个物件所说的话。我们发现，这样做有利于建立起人的分离特性（dissociated characteristics）和内在方面（internal aspects）的联系。治疗对象是两个人时，着重强调要认真观察对方，不要进行任何评判。要等一方完全讨论完自己的物件后，再让另一方开始。

实现物件间的互动

来访者自己物件间的互动

治疗个体来访者的目标是帮助来访者看到其内在力量。在这个过程中，来访者可以探寻自身所有潜在的价值，找到办法使自身的某些方面与其他方面以合作的形式进行互动。这样就会达到一种更加融合、平衡、自我接纳的状态，逐渐移向于情结的化解。指导来访者移动物件，把物件放在能够创造和谐场景的位置。建议来访者把物件摆得成双成对，以便让物件相互帮助。可以给来访者另一种指导，让来访者把物件组成组，这样一个或多个物件就可以帮助其他物件了。例如，我们治疗过的一个来访者把一只愤怒的野兽放在沙盘上。她觉得野兽需要水晶和泰迪熊来克制它无法遏制的愤怒。指导来访者让物件相互对话，如同你在个体自发性沙盘的治疗阶段所做的那样。把你的指导建立在来访者在治疗活动早期阶段所揭示的语言和问题上。你可以说："这些物件（叫出来访者给物件起的名字）怎样彼此协商才能相处得更好呢？"或"这个物件需要什么帮助？在这里，谁能够帮助他/它？"或"他/它需要问他/它（指着不同的物件）什么，想要交流什么？"与自发性沙盘的治疗阶段相似，在沙盘上也会出现许多移动。在会谈即将结束时，鼓励来访者用自己感觉最好的方式保留场景。虽然我们通常不建议引入其他物件，但是，如果来访者难以在他厌恶的物件中找到任何安慰或合作对象的话，这种建议（即鼓励来访者用自己感觉最好的方式保留场景）还是不错的。

对于夫妻，我们在这个物件互动的部分中有时会使用其他方法。夫妻可以按个体治疗的方式进行。例如，伴侣双方交替进行各自的治疗，观察对方时要表示尊重，保持沉默。在伴侣之间的相互整合之前，允许进行个人的内在整合、化解和澄清。每个伴侣都有机会在各自的沙盘上或共享沙盘中自己的那边完成个人整合。完成之后，两人开始综合他们的物件，找到让相互对立的部分一起合作的办法。另一个选择是放弃个人整合，用各自的物件对夫妻进行治疗。我们所做的决定，主要是依据每个人的自我力量的水平、伴侣心灵深处存在的人际交往能力的发展水平。如果伴侣一方有轻度的分离（dissociated）或有许多内在冲突，或者不能接纳自我的某些方面，我们觉得还是先让他完成个体治疗。这可以促进他自身次人格的内在和谐的获得，然后，他就可以与伴侣的次人格安全地进行互动了，两人的次人格可能是对立的。内在的协助、理解、和谐成分越多，找到外在解决方法的能力就越强。

夫妻物件间的互动

让夫妻的物件互动的目标有两个。首先，这样的互动有助于夫妻认识自身和对方身上各方面的价值。其次，它有助于夫妻发现这些方面是如何在他们的关系中进行积极的或消极的互动的，也可以说明某些方面是如何帮助化解关系中的冲突的。例如，如果伴侣一方有攻击性的一面，另一方有教养或有耐心的一面就会表现出理解。这是一个有力的方法，它能帮助来访者找出自己所需、尊重彼此间的差异、确认彼此接纳的可能性，注意到正处于直接冲突中的各个方面。

一旦你准备让伴侣一起治疗，建议他们擦去隔开各自物件的分界线。如果他们的物件在不同的沙盘上，让他们把物件放在联合沙盘的各自一边。然后，让他们把自己的物件与对方的物件配对分组，这样所有的物件整合起来，创造一个（而不是两个）场景。建议他们用所有的物件创造出一个代表他们关系的沙世界。你可以说："你们已经选择了一起分享一段生活。现在我提议，你们把所有的物件都放在同一个空间里，我们要看看这些不同的物件是如何互动的，它们需要些什么才能使共同的生活更加和谐。你的哪些人物（物件）能和对方的配成对或组成组？哪些看起来应该搭配在一起？”向伴侣双方都提出这些问题。一旦人物在沙盘上摆好，观察夫妻在沙盘上的创作模式，接纳或拒绝对方物件的情况。注意他们是把同类物件（如讨厌的和讨厌的，喜欢的和喜欢的）组对，还是把不同性质的物件（如讨厌的和喜欢的）配对。观察伴侣间是如何协商讨论的，是否一方起主导作用或试图控制对方，是否双方能够协同努力。有时，我们发现，关系中的力量，或者能够把他们带在一起的方面放在了沙盘的中央，困难和冲突则放在了沙盘边缘。偶而会有一个物件看上去不协调，夫妻就需要一起把它摆放在合适的位置。这项活动常常会带来欢笑或引人泪下。你往往会看到伴侣互相憎恶对方部分所在，或他们彼此直接冲突部分。

在伴侣进入治疗阶段以前，让每人描述双方物件联合后产生的场景。然后，用类似自发性沙盘治疗阶段中的方法实施干预。你可以从让他们识别出自己摆放在沙盘上与对方的相抵触的物件都有哪些方面开始。指导他们让产生冲突的物件进行对话。然后建议夫妻一起决定如何将物件配对或分组，使整个场景中的物件互动进行得最好。例如，你可以向伴侣中的一方或双方提出这些问题：“那个人物（叫出物件的名字）需要什么？”“谁能够帮助他/它？”“这个物件对那个（对方的）物件感觉如何？”“什么可以使这两者和谐相处？”“这些物件之间有哪些问题？他们怎样才能解决这些问题或协调他们的差异呢？”

当会谈即将结束时，有几个不同的总结方式供选择：（1）让夫妻以今天想要保留的样子布置场景。你可以说：“今天结束时，你们两个想要怎样保留沙盘呢？你们可以按自己喜欢的任何方式摆置物件。”（2）让夫妻以一种最能表现他们今天希望看到的沙世界的样子的方式保留沙盘。你可以说：“假如你希望对沙盘世界中的关系感觉好些，你会怎样保留沙盘呢？”或“这个场景中谁需要感觉更好些？你要怎样保留沙盘才会使那个物件感觉更好呢？”（3）让他们以一种会谈结束时能够代表他们感受的方式来保留沙盘。（4）让夫妻以一种能够说明改变积极展望的方式安排物件。

记录沙盘世界

让来访者（如果是夫妻就让每个伴侣）从自己选择的视角对沙世界进行拍照。在征得来访者同意后，你自己也可以对其拍照。

连结沙游体验和现实世界

指导个人或夫妻谈论自己任何见解、想法和感受，或是在会谈后他（们）想要如何运用沙游体验。你可以这样提问：“这个是怎样反映你们的状态/关系的？”“你会怎样利用今天在沙盘上发生的事在生活中或在关系中帮助你？”“你在今天的沙游中学到了什么？”

拆除沙世界

当来访者离开治疗室之后，仔细拆除沙盘并做笔记。找出沙游会谈中难以处理的地方和被发现力量。你可以由此构想出处理这些问题的下一步的工作。

次人格整合沙游案例

玛利卡和查克是因为关系不协调而来做治疗的。他们说，两人常常给对方挑错，并觉得受到对方的批评。他们觉得他们陷入争辩的沟通模式之中，结果总是陷入僵局。两人都在以往的个体会谈中创作过自发性沙盘，发现沙游非常具有启发性。当我们建议说，两人可以一起创作一个带有更多指导的沙盘会非常有帮助时，他们便欣然接受。

按照我们的指示，他们把一个沙盘一分为二，选出了三个喜欢的物件，三个厌恶的物件。夫妻在沙子中间划了一条线，划分出各自的区域。玛利卡选择了一只鹰、尤达（《星球大战》中的角色）和一块刻有“奇迹”字样的平滑的石头作为喜欢的物件。至于讨厌的物件，她选择了一个正在用枪瞄准的猎人、一匹破损的马和一条中国龙。查克选择了一个金属制的美国土著人的手形摆件、一架桥和一幅画框（里面绘有一个手持小棒的女孩的侧影）作为喜欢的物件。他不喜欢的物件是一条多头龙、一个手被绑到后面的灰色人物形象和一个军事坦克，在坦克的顶部有个人在用枪瞄准（请看图10）。玛利卡把鹰描述为自由的和强大的，把尤达描述为智慧的和接纳的，把石头描述成握有生活奇迹的。她把猎人描述为是具有破坏性的、自我中心的、自认高出所猎杀动物一等且更具生存价值的。她把破损的马描述为受损害的和软弱的，把龙描述为凶猛的和危险的。查克把手描述为具有延展性和保护性的，把桥描述为通向理解的道路以及人与处所间的联系，画框中的女孩被描述为充满了希望的自由创造的孩子。他把龙描述为愤怒、喷火的怪兽，把被捆绑的人物描述为受到限制而无法做他想做的事的

图10　夫妻的次人格沙盘——选择物件阶段

某个人，把坦克描述为具有杀伤性和破坏性。当他们接着让自己的物件说话并找出物件代表自己身上的那些部分时，他们都满怀尊重地倾听对方。他们感兴趣的事情不仅来自各自所选的物件的相似性，而且来自他们在动力中所明显表现出来的那些方面。

接下来，我们让他们擦掉沙盘上的分界线，将他们选出的物件组成对或配成组。我们决定这样做，省略了让每个人都将自己的物件组对这一步，是因为他们看上去已经做好准备整合他们的物件了。他们几乎没有什么争议，就把两只龙组在一组，猎手和坦克一组，受伤的马和被束缚的人一组。在组合喜欢的物件时，他们进行了更多的思考和协商。他们把奇迹石、画框中的女孩和鹰组在一起，尤达和手一组。但是他们难以决定桥的位置。最后，他们把它摆在了沙盘的中央。按照我们的要求，玛利卡描述了她所看到的沙世界，并且叙述了这次创造“联合世界”的经历对她来说意味着什么。然后，查克也从自己的角度也做了描述。尽管在沙盘中，愤怒和攻击的象征形象都很抢眼，然而玛利卡和查克都能够倾听对方，没有发生对质。

我们鼓励他们让想要发言的任何物件彼此对话。双方都立即投入角色，还让怪兽吼叫打斗。治疗过程中，我们询问怪兽是否希望继续打斗。开始，夫妻并不确定，随后表明充斥这种攻击性的“世界”绝不是令人愉快和安全的居住环境。我们建议去寻找一条缓解这种不和谐状态的方式，玛利卡和查克开始重新摆放物件，进行了不同的分组，还做了些改变，直到两人都满意为止（请看图11）。他们觉得应该减少猎手和坦克的破坏性，并赋予他们“奇迹”石和手的宽容和理解。在两条龙之间需要架起一座桥，从而它们就可以相互沟通，传达彼此的信息。鹰的强大和自由可以帮助破损的马重获健康和力量。被捆绑的人需要得到的画框中小女孩的自由和希望。夫妻双方认识到了尤达智慧的力量和接纳“世界”上所有的居民的能力，因此，他们把尤达放在能够俯瞰沙盘的位置上，张开双臂环抱着整个“世界”。

图 11　用于夫妻治疗的次人格整合沙盘的物件之间互动阶段

接下来，两人都为世界拍了照。离开沙盘后，我们进行了讨论。玛利卡和查克都能够将沙世界所发生的事应用到两人的关系上，他们领会到了各自在关系中所做出的积极方面和消极方面。玛利卡说，如果她觉得体内的猎手或龙的特性将要浮现时，或感到查克身上龙的攻击性显现时，她就会尊重龙，并且记住桥在他们之间。查克也说，当玛利卡身上的猎手攻击他时，他也会记起桥和画框中那个能够提供帮助并充满希望的女孩。两人都喜欢处在沙世界上方的尤达形象，均表示当想要批评别人或受到批评时，尤达就会呈现在他们的脑海中。这些代表玛利卡和查克自身某些方面的象征物和沙盘中聚焦的情节帮助他们打破了曾经深陷其中的反应性动力模式。

原生家庭沙盘

沙游中出现的大多数模式、信念和问题来源于过去的经历。“遗产”代代相传。当这些信息被认同，效果得以确认时，个体就会更加了解自己，对其人生旅程会产生更大影响。通常，若能揭开故事真相、确认信息以及找到自身受家庭影响的方面，无论是显性影响还是隐性影响，都会对来访者有所帮助。治疗时可以利用各种技术帮助来访者发现已获的模式和信念体系，包括家谱树、自传和多代治疗等。

我们发现，创作原生家庭沙盘（这是我们从当娜·林恩的工作坊中学来的），不仅能清析展示出家庭传统，还能让治疗师熟悉来访者的家庭成员及他们的信念体系、行为和特质。除此之外，原生家庭沙盘允许来访者用象征性体验每位家庭成员对其描绘的事情，容许在家庭成员象征之间开展治疗性工作，同时提供了发现并解决未化解的家庭关系和潜在危害的家庭模式的机会。同时通过原生家庭沙盘，认识了家庭内部的积极支持和力量，澄清了导致来访者寻求治疗的问题所在。

虽然原生家庭沙游的大致过程与自发性沙游类似，但是在这个从无意识到有意识、从没有互动到彼此互动性的治疗过程中，我们没有把游戏过程分成几个阶段。我们从介绍沙游并选择物件开始，然后来访者描述自己的沙盘。我们通过治疗干预增加与来访者的互动。像在自发性沙游中一样，我们以记录和简短的连结沙游体验和现实世界阶段结束会谈。

首先，像介绍自发性沙盘中那样向来访者介绍沙游。调整对来访者的指导语，让他知道，你将给出比自发性沙游更具体的指导。除了这些指导之外，他可以做出任何他想做出的选择。向来访者强调，探索家庭关系和家庭信息与其自身的相关性。让他知道，你的建议将会促进他对这个领域有更多的了解。指导来访者为家庭三代中的每个成员（如祖父母、父母、兄弟姐妹）各选择一个物件来代替。你可以说："你可以选择任何适当的物件代表每位家庭成员。可以是任何物件，只要能象征那个人或是让你想到了那个人就行。你可能会把祖父母放在这儿（指着在沙盘上端）。在那下面，摆上你的父母。再下面，是你和兄弟姐妹。"如果不太麻烦，又与来访者的问题相关的话（如酗酒史、抑郁症史、精神病史），还可加入父母的兄弟姐妹的象征物。但是，因为你希望把焦点聚集在直系核心家庭上，而且时间有限，我们建议你不要涵盖父母那一代的其他人。如果有相关的家庭模式，这些可能并不需要象征性的呈现就会出现在会谈中。你可以确认这些模式对来访者的影响。

选好物件后，请来访者描述每个物件是怎样让他联想到那个人的。从最年长的开始。鼓励来访者说出任何想到的往事。来访者往往选择的不是人形物件。例如，来访者选了一块大石头代表他的外祖父。他在描述石头时，我们能清楚地了解到外祖父在他的生活中扮演着很重要的角色。他把石头描述为坚固强大，暗示外祖父总是在他身边。和外祖父在一起，他会感到很安全很放心。他甚至说石头包含着一种潜藏的温和，与外祖父相似。

通过描述物件成家庭成员，来访者同我们分享了一些信息，在这些信息的带领下，我们开始对来访者进行合理的治疗干预。方法和第3章中治疗阶段介绍的治疗干预法相同。我们想起一个在现有的关系中挣扎的来访者，她好几次结束了与别人的关系。她认识到，当一段关系开始变得太过认真时，她就会找到理由结束它。她对这种模式感受到不满和困惑。她在制作原生家庭沙盘时，选择了一位端着盘子的妇女代表她的母亲。刚开始，她还没有意识到这种选择的隐含意义。在描述每个物件时，她认为母亲是准备饭菜照顾家庭的那个人。之后，我们建议让代表来访者的人物（一位舞者）与沙世界的某个人对话时，她稍微犹豫了一下，然后将舞者靠近端着盘子的妇女。来访者给人物赋予声音，让她们对话。舞者问妇女为什么她总是端着盘子。妇女回答说那是她的工作。随着对话的进行，来访者认识到，虽然她感激儿时母亲总是在身旁照顾她，但是她常常看到母亲屈从于父亲。她认识到自己不想去放弃自由和独立，并把婚姻看成是一种牺牲。这个领悟不仅有助于她更好地了解自己，而且促进了她对婚姻定义看法的转变。她认识到问题的根源在于一种无意识的恐惧，即她不能对一段关系作出承诺。

在会谈接近结束的时候，指导来访者按照那天他想要的样子保留场景。提供拍照的机会，询问你是否也可以拍一张。讨论来访者所获的领悟。探讨怎样将此次经历应用到治疗所以外。如果可以，建议进行后续追踪活动，将来访者所学到的付诸实践。来访者离开后，小心拆除沙盘，记笔记。

“放大”沙盘

“放大”（amplification）是一个允许来访者详细阐述所创造“世界”的问题、主题或物件的过程。这项技术是德·多美尼科教给我们的，我们发现将它用于治疗儿童、青少年和成人都很见成效。来访者可以选择“放大”的焦点，或由治疗师来选择。有时，当来访者创作了自发性或指导性沙世界并完成了治疗干预时期的时候，某个物件、某组物件或沙盘某个部分可能显出有重要意义或需要进一步解决。触动你的区域不一定与触动来访者的区域相同。虽然这个区域往往描述了未解决的问题，但它也可能揭示了某种力量。偶而，一个对来访者而言代表着精神上或情感上的力量和宁静的物件，在那个时刻，就比代表未解决的冲突的物件更具有价值。因此，让来访者选择他希望探索沙盘的哪个部分非常重要。

在进行“放大”之前，给来访者拍照的机会。征得他的同意，你也为自己拍一张。然后指导来访者选择对其最为重要的部分。你可以告诉来访者：“如果你愿意，在接下来的会谈中，我想让你尝试一点不同的事情。我想让你在沙盘中选择一个你特别想探究或者想花时间欣赏的一个物件或一片区域。”如果来访者是儿童，你可以说：“在沙盘中找出某样东西，再把它放在另一个沙盘上创作一个全新的‘世界’，一定会是件很有趣的事。”通常大部分来访者都会有希望探索的物件或区域，但是，如果情况并非如此，就跳转到连结沙游体验和现实世界阶段。如果来访者同意进一步对某个物件或某个部分着重强调会带来好处，就指导他选择另一个沙盘，搭建一块新地形，把物件从原来的沙盘上转移到新“世界”。如果来访者愿意，可以增加其他物件，完成场景的创作。可以给来访者一小段时间让他处理新“世界”。如果时间不允许充分体验两个沙世界，你可以问来访者是否愿意在下次会谈时重建放大的场景。你可以说：“现在我们没有时间完成这个新“世界”了。我注意到你还有许多东西需要进一步探讨。你若愿意，我们可以在下次会谈中重建这个沙盘，并进行更加详尽的探索。因为我们已经拍了照，而且我也记录了你的游戏过程，你应该很容易就可以把它重建起来。”

为了说明放大沙盘，我们先来看一看杰西的例子。她来找我们主要是想处理压力和焦虑发作。杰西，离异，有两个孩子，全职，对工作的要求高。她发现自己已经失去了平衡，大部分时间处于焦虑中。创建沙世界时，杰西进行得很快，她带入了许多物件。在沙盘的一角，她埋了一个棺材，里面是一个男性人物，后来说是她的前夫。然后她把一个儿童人物放在被掩埋的棺材上面的沙子上。在沙盘中央，她放置了两个孩子和一个母亲，他们正在相互叫嚷。我们以为这群物件显然代表了她想要进一步探究的问题。然而，当杰西去选择她所希望探究的区域时，她立即选择了另一个角落。在那个角落，一个佛陀独自坐在一大丛水晶旁边。在新的沙盘上，她临湖建造了一座美丽的巨石圣坛，把湖边的佛陀放在巨石的凹陷处。然后，她把一个女人（后来认为是她自己）放在巨石顶端，俯瞰场景。她的身体开始放松，泪水流了下来。她在那儿坐了几分钟，呼吸着场景中的空气，感到平静安宁。然后，她转向我们，说：“谢谢。丈夫离开后，这是我第一次感受到内心的宁静。”当杰西下回再来会谈时，她说自己一旦感觉变得焦虑时，就会利用场景中的意象及其引发的感觉来使自己放松。

有时候，你可能会做出决定，不让来访者自己选择放大的区域。如果来访者有意逃避问题，或对沙盘某个部分会产生强烈的情绪反应，你就可以让他放大那片区域或问题。这可以在治疗干预阶段之中进行，也可以在其后的过程中进行。你对来访者给出的指导与刚刚讲过的内容类似，只不过由你决定初始的焦点。

创伤沙盘

因为大多数治疗师的治疗对象常常是最近或以往受过创伤的来访者，所以我们会用一小段内容来介绍如何使用沙盘来回忆和治疗情绪创伤。这里描述的创伤疗法得益于多年来对来访者的治疗实践。在过去的治疗实践过程中，我们运用催眠法、意象法和完形疗法，帮助来访者再现创伤，然后，随着时间的流逝而逐渐将其释放，进而重构并整合它。我们感谢德·多美尼科提出在沙盘上重游创伤的概念。严重威胁人们在情绪上或身体上的完整性的创伤（如遭受或目睹身体虐待或性虐待、忽视、学校枪击事件、凶杀、战争、事故或天灾），往往会导致令人痛苦的症状，例如，害怕、惊恐和无助。有时，当来访者再度经历创伤事件时，就开始躲避任何引发与创伤有关的事物。有时，他们变得过度警惕或离群，并且变得麻木。不能或不愿说出发生了什么。有时，来访者来治疗时，只觉得全身不舒服、焦虑和消沉，却不清楚问题的起因。不过，大多数经受过严重创伤的来访者，无论记不记得，都会难以以正常的方式生活，他们需要外界的帮助来解决他们的问题和对事件的记忆。

当来访者忘记或说不出创伤时，你可以建议他在早期治疗中创作自发性沙世界，从而评估其可能不能解决的问题。沙游可以揭开以往创伤中未经处理的无意识记忆。然而，来访者来找你通常是有明确目的的，想要处理最近受到的创伤，或是一直记得并引起非常严重症状的创伤。在这些情况下，只要你与来访者建立了信任关系，就可以使用沙游。只要来访者能够理解你的指导，就可以用指导性沙盘，最小可以用于7岁的来访者。如果你的来访者对把焦点聚焦在创伤上的指导性游戏感到有威胁，那么你可以允许他在进行指导性沙盘之前，按其需要创作一些自发性沙世界。

刚开始的指导性沙盘上，你可以请来访者再现所发生的事件，但是要把它当成做游戏来做。游戏中，要涵盖所有的人物、行为、反应、想法和感受。指导来访者随着沙游在沙盘中的进展讲述故事。虽然创作静态的画面也很有价值，但是如果来访者创作动态的沙世界，就能搜集到更多的信息。这个过程可以使你与来访者把注意的焦点集中到发生创伤的过程中所带来的改变上。你可以说："当你重新创建情景时，给我展示一下并告诉我在你作为主角的事件中究竟发生了什么。从你的角度描述它。从你觉得应该作为开头的地方开始吧，按照事件的展开进行，直到事情的结尾。"对于孩子，你可以说："在架子上找出一个人或动物，假设那个物件是你，在沙盘上展示一下在你身上发生了什么。你可以尽量使用需要的物件，使故事像真正发生的那样。"

来访者在沙盘中描绘突发性的事件，把注意力聚焦在建造过程上，常常可以会使他远离创伤，当他在揭开故事细节的时候，更少地感到威胁。指导性创伤沙盘与自发性沙盘的不同在于你鼓励来访者以第一人称而不是第三人称讲述故事。如果来访者难以用第一人称叙述事件，你可以建议他用第三人称编个故事，可以使用虚构的名字。也可以建议他成为游戏的导演，并以导演的角度讲述故事。尤其是儿童觉得后面的技术带来的威胁感会更少些，用第三人称讲述时会说得更多。你可以对儿童说："假设我们正在讨论的事情发生在架子上的一个物件身上（指着架子，让儿童选择一个物件），现在告诉我在它身上发生了什么。告诉我关于它的故事好吗？来，在沙子上演示一下所发生的事情，你可以使用架子上任何想用的东西。"如果来访者完成动态的沙盘后，有一块区域需要进一步探究，可以请来访者将这个部分放大。如果有时间，可以在同一次会谈中进行。如果没有，则在下次会谈中进行。

当来访者重新创造创伤场景时，他不仅会再次体验到创伤，而且当他用手移动沙子、操控沙盘上的人物的过程中，往往也使被卡住的情绪和身体的能量产生了移动。当来访者真正从这个角度看待发生的创伤并且使用语言探索那次经历时，常常就会产生情绪的释放和知觉的改变。许多来访者只是在心中回想他们创伤的经历，很少说给别人听。

根据创伤和问题，建议把创伤的特定方面作为此后几次会谈中沙游的主题往往很有价值。除此之外，指导性沙盘中的重建生活场景、自我强化和技巧建立（如同本章前面所述的）等技术，也可用来帮助来访者化解创伤。

在沙盘上处理创伤，另一办法是请来访者创作一个场景，带入他需要解决问题的所有人物。然后，带入一个代表自己的人物。让来访者用已经提到过的各个阶段来处理沙盘。在治疗干预阶段，请来访者让代表自己的人物和象征着与其存在尚未解决问题的人物一一对话。如果有需要，让所有人相互对话。

请来访者放大上述沙盘中任何需要解决的区域。例如，特瑞，在一次约会中被强奸了。当我们请她建造一个包含所有她想与他们一起解决此问题的人物的沙世界时，她带入了象征强奸者的男人形象和象征母亲、父亲和现任男友的形象。会谈中，特瑞显然还是对强奸她的那个男人怒不可遏。她认识到，在她能够摆脱这个事件的影响以及重新信任男人之前，她必须先进一步地解决好那个男人的问题。特瑞选择放大有强奸者的那部分沙盘。她把一个带有攻击性的女人（代表她自己）放在他对面，并让女人对侵犯者尖叫，并把他捣入沙中。后来，她坦露说，让沙盘中的男人和女人形象单独放在一个沙盘中非常重要，因为她觉得父母（形象）不喜欢女人的愤怒。如果评判性的父母形象出现在她的沙盘上，这个女人就不能够充分表达自己。会谈之后，特瑞认识到，对她来说，摆脱父母评判性的内射是多么的重要，这样她才能表达出想要表达的愤怒。

来访者的伴侣或家人常常受到创伤的影响，尽管他们可能没有意识到发生了什么。因此，治疗来访者的伴侣或家人可能也很重要。然而，只有当创伤的肇事者已经做完或正在做个人治疗时，并且获得来访者和家人都同意后，才能将他包含进治疗过程。当你的来访者自己的创伤得到解决，并且希望在伴侣或家庭单位内部寻求解决时，建议来访者进行夫妻或家庭治疗。有许多方法可以治疗遭受创伤的夫妻和家庭。同样地，你可以首先进行自发性沙游会谈，使夫妻或家庭成员熟悉沙游。一旦他们适应了这种疗法，并评估他们已经准备好了，就让每个成员建造各自的沙世界，从各自的角度揭示创伤。然后，按第4章介绍的引导伴侣游览沙世界那样，让每个成员向其他人讲述故事，说出他们的感觉和想法。通常，新的观点会被揭示出来，成员会得到新的领悟，以往的痛苦和误会得以化解。分享彼此的沙世界后，如果还有时间，并且认为他们准备好了，就可以让每人从自己的沙世界中拿出一些物件，放入夫妻或家人选择的共同的新“世界”。然后，你就可以一起探索这个新的“世界”。

下面是应用此法的一个案例。我们的治疗对象是一对夫妻，他们难以化解最近的一次创伤。年轻的妻子傍晚在公园跑步时，遭到袭击。尽管她的伴侣，一位年纪较大的男人，看上去很关心她，但是她却感受到他带有某些怨恨。他们不再亲密。在治疗阶段，她的伴侣坦露说，只有不自重的女人才会在天黑后到公园去跑步。他承认怪罪她“在错误的时间跑到错误的地点去”。当他把注意力聚焦在自己沙盘上描述袭击的那个区域时，他认识到，那个手持斧头砍向女人的黑衣人，不仅代表着袭击者，同时也代表他自己。直到那时，他才将自己视为是场景中的一部分。当夫妻把各自的物件还入一个“联合世界”时，他丢下了黑衣人，放入了一个普通男人形象，向女人伸出他的手。

在以后的会谈中，可以请夫妻或家庭探究每个成员是怎样持续经受创伤影响的。你可以让夫妻创建一个沙世界，深入研究任何先前列出的创伤方面或任何其他相关的区域。如果你不选用夫妻或家庭治疗中的个体沙盘，你可以选择让夫妻或家庭以联合沙盘开始，向你展示，他们作为一个整体，是如何看待此次创伤的。放大个体、夫妻和家庭沙盘的一部分对于夫妻或家庭治疗和对于个别治疗有着同等的重要性。随着治疗的进行，不管你的治疗对象是个体、夫妻、家庭还是团体，都可以在前面沙世界的基础上，继续建立沙世界。随着问题的逐渐解决，个人和团体的痛苦症状就会逐渐消失。

虽然这个部分大多数是用来解决成人的问题的，但许多治疗师也问我们如何把沙游用于帮助儿童化解创伤。为了说明怎样使用创伤性沙游有效地用于治疗受到创伤的儿童，我们在此讲述一个受到虐待儿童的棘手案例。虽然我们用个体沙游和联合沙游对蓓费雷和她的母亲进行治疗，但是我们在这里只讲述对蓓费雷的治疗部分。当蓓费雷和其母亲向社会服务机构报告了蓓费雷遭到她保姆的丈夫（史密斯）的性虐待之后，社会服务机构马上把她们转介给我们。蓓费雷是独生女，转介给我们时10岁。史密斯太太做她的保姆已经3年了。性虐待发生在周末蓓费雷呆在史密斯太太家的时候。蓓费雷的母亲离异，在当地一家服装店工作。据她介绍，蓓费雷跟史密斯太太很亲近，把她当成第二个妈妈。母亲第一次注意到性虐待是因为她发现蓓费雷坐下时有困难。当她询问蓓费雷并检查她时，发现蓓费雷肛门肿胀发炎，还禁不住哭了起来：“是史密斯做的。”母亲已经由于经济拮据、前夫好斗而倍感压力，这下她再也受不了了，立即把此事报告给了警方。警方带蓓费雷看医生，介绍给社工，又转介给我们。

蓓费雷和母亲第一次来做会谈时，母亲表现得很焦虑，不过还是能够顺畅地介绍一些情况。她看上去非常支持蓓费雷，也愿意参与治疗过程。然而，蓓费雷却在第一次会谈中始终保持沉默。直到现在，她还没有向任何人讲过事情的细节。在第一次会谈中，蓓费雷的母亲谈到过去一年中女儿行为的变化。蓓费雷原本是一个友善外向的孩子，后来越来越内向孤僻，现在大多数的时间都独自呆在自己的房间里。还常常半夜醒来尖叫。学校也很担心，因为她成绩下滑，也不再跟朋友一起玩耍。

治疗开始时，我们决定对蓓费雷和母亲分开治疗。因为这孩子显然不愿在母亲面前探究她的创伤。蓓费雷一下子就被沙盘吸引了，并在上面创造了一个自发性沙世界。她的第一个沙盘描绘的是一个田园诗般的世界，湖边到处是毛茸茸软绵绵的动物、美丽的花和树木。她没有带入任何人物物件。在讲述场景的故事时，她轻松地表达出对大自然和她的宠物的喜爱。随着治疗的继续进行，蓓费雷越来越喜欢创作沙世界。渐渐地，她开始信任我们，并带入了一个人物象征妈妈。她说非常爱她的妈妈。但是又说她需要保护妈妈，因为妈妈已经承受着太多的压力。她不想让妈妈失望或生气。她简单地说了一下母亲对于虐待事件的痛苦，却说不出究竟发生了什么事。几次会谈后，蓓费雷在沙盘上摆放了一只巨大的蜘蛛，隐藏在巨石灌木中。但是，在她讲述故事时，却没有谈到蜘蛛，反而在我们提到蜘蛛时，她变得焦虑不安并离开沙盘。然而，那只蜘蛛在接下来的沙盘中反复出现，而且越来越显眼。几个星期后，她才开始谈谈论蜘蛛。这时候很显然，蜘蛛代表了曾经虐待她的男人。

终于，我们觉得她已经做好了准备之后，我们请她重新创造受虐待的场景。她开始了创造，一个愤怒的女人把一个身着女孩衣帽、受到惊吓的小外星人形象留在一个用纸板建造的地方。那里站着一位高大、丰满的女人，正微笑着张开双臂欢迎她。在蓓费雷撕碎并放成一堆的碎纸后面，藏着一只蜘蛛。随着故事的展开，两个女人形象离开，蜘蛛从纸堆后面跑出来。受惊的外星人疯狂地到处乱跑，却无法逃离蜘蛛。蜘蛛跳到她身上，“对她做了那件事”。结束场景是外星人的半身被推进沙子，蜘蛛坐在纸堆上面。在讲故事时蓓费雷说，早上，在母亲（愤怒的女人）离开后不久，她的保姆（那个丰满友善的女人）也常常会离开家。保姆的丈夫，也就是蜘蛛，会把她带到一间堆满色情录像带和杂志的贮藏室，强迫她看那些东西，然后强暴她。

在她给虐待事实配上声音后，她的场景迅速地发生了改变。虽然蜘蛛还在，但却变得越来越小。在一次家庭会谈中，母亲说蓓费雷有时候还会产生强烈的恐惧感，害怕史密斯先生会“来抓住她”。在接下来的个体会谈中，我们让蓓费雷在沙子上制作一部电影，来告诉我们如何让史密斯变得不那么吓人。她重新创作了以往的场景，但这次拿了一个长相正常的女孩（而不是外星人）形象，让她猛地扑向小蜘蛛，把它碾进沙子里。接下来，在我们的指导下，她用聚合粘土制作了一只蜘蛛，把它放在地板上，用脚踩碎。她高兴得在屋里乱跑，叫喊着：“史密斯死啦！”在她离开之前，我们设计了一种方法，让她把史密斯视觉化地看成一只小虫，每当害怕他时，就可以用脚踩烂。在之后的几次会谈中，她用聚合粘土制作了“小虫”，然后踩烂，并快乐地喊叫。恐惧和噩梦逐渐消失了。

在这个案例中，沙游治疗很有效。因为它使蓓费雷有机会通过视觉和触觉使创伤具体化并加以治疗，把她从受害者的感觉转变成经历的掌控者。除此之外，由于沙游是蓓费雷自己选择的疗法，所以特别有效。

本章小结

重建生活场景技术

- 请来访者承诺改变旧模式。
- 让来访者在沙盘上重现导致问题的事件。
- 在治疗阶段引导来访者，做法与运用自发性沙盘相同。
- 指导来访者选出沙盘上的一个物件，代表造成自己问题的因素，并把它放在沙盘中央。
- 请来访者找出一个物件，代表智慧实体。
- 把代表智慧的物件放入沙盘，面对居于沙盘中央的物件。
- 请来访者赋予各种象征物以对话，找到问题解决的办法。
- 让来访者选出第三个物件代表有能力的自我。
- 请来访者从沙盘上移除物件，同时想像消除了旧模式。
- 指导来访者建造新的场景代表改变后的模式，在新的场景中要用到沙盘上那个代表有能力的自我的物件。
- 引导来访者再次体验治疗阶段。
- 让来访者拍照，以强化新的行为模式。
- 在连结沙游体验和现实世界阶段，要求来访者在接下来的一周里要经常想像新的模式。

自我强化和技巧建立

- 通过建立一个安全的环境为来访者做好准备。

- 如果来访者在会谈中体验到深层恐惧，提供一个后续追踪计划。
- 指导来访者把“问题”摆到沙盘上。
- 进行体验和重建阶段。
- 利用治疗性强化干预方法，让来访者演练想要的结果。
- 给场景拍照。
- 探讨来访者的体验以及其将如何利用得到的启发。
- 强化来访者的安全感。

处理对立性问题的技术

- 交给来访者两个象征问题的对立物件形象。
- 请来访者利用这两个物件和其他物件创造场景。
- 处理场景，做法与自发性沙游相同。
- 在连结沙游体验和现实世界阶段，指导来访者回忆这些对立面在生活中是如何体现的。
- 重复这项练习，允许来访者在下次会谈中重新选择象征对立的象征物。

次人格整合沙盘

- 向来访者介绍次人格整合沙游。
- 指导来访者选择三个喜欢的物件、三个讨厌的物件，把它们放在沙盘上；如果是夫妻，每人选择六个物件，放在沙盘上自己的那一边。
- 要求个体来访者描述每个物件；对于夫妻，让被动的一方首先描述他（或她）的沙盘。
- 让个体来访者将每个物件拟人化，让物件说话；对于夫妻，让每个人倾听对方讲话，并表示尊重。

- 鼓励个体来访者有意识地指定每个物件代表自己的具体部分；对于夫妻，要每个人倾听对方讲话，并表示尊重。
- 引导物件间的互动，可以是对话和动作；在夫妻治疗时，每个人可以让自己的物件互动，或是让自己的物件与对方的物件进行互动。
- 让来访者有机会对最后的场景拍照；在夫妻治疗中，双方都可以对场景拍照。
- 促进来访者探讨如何将体验应用到自己身上（或夫妻关系上）。
- 小心地拆除沙世界。

原生家庭沙盘

- 向来访者介绍原生家庭沙游。
- 指导来访者选择物件，分别代表祖父母、父母、自己和兄弟姐妹。
- 让来访者描述每个物件或家庭成员。
- 鼓励来访者将物件拟人化，并让物件参与到相关的互动中。
- 指导来访者按照意愿保留场景。
- 提供拍照的机会。
- 让来访者探究如何将沙游体验应用到目前的生活中。
- 小心地拆除沙世界。

“放大”沙盘

- 允许来访者建立一个非指导性沙盘，加以处理。
- 向来访者介绍“放大”过程。

- 你来选择或指导来访者选择沙盘上要被“放大”的区域。
- 让来访者选择另一个沙盘，搭建另一个“世界”。
- 指导来访者将希望“放大”的物件引入新的沙盘。
- 请来访者以任何他（或她）期望的方式完成场景的建造。
- 同来访者一起处理新“世界”。

创伤沙盘

个体创伤沙盘

- 请来访者重现所发生的事件。
- 指导来访者随着沙世界的逐步建构讲述故事。
- 放大沙盘中任何需要进一步解决问题的区域。

夫妻/家庭创伤沙盘

- 向夫妻/家庭介绍创伤沙盘。
- 让每位成员建造一个独立的沙盘，从个人的视角展示创伤。
- 请每位成员向其他人讲述自己的故事。
- 帮助每位成员探索他（或她）的世界。
- 个人的问题充分解决后，让家庭成员把他们的物件带入到一个联合沙盘中。
- 同夫妻/家庭一起处理“联合世界”。

第7章

用于儿童和家庭治疗的指导性沙盘

如何将指导性沙盘用于儿童治疗

与治疗成人一样，对儿童及青少年而言，指导性沙盘比自发性沙盘通常更有用。

限制物件的数量

儿童偶尔会将大量的物件倒进沙盘中。我们通常会容忍这种情况发生几次。但是，如果沙游没有进展，或者如果我们因时间有限不愿意或不能够（两次会谈间的清理时间很少或可进行的会谈次数有限）放任这种行为继续下去，我们会建议使用指导性沙盘，而不是放弃使用沙游。如果儿童难以开展沙游或建造沙世界，你也可考虑使用指导性沙盘。让儿童任意选择他想放到沙盘中的12种物件，并放到他喜欢的任一位置。这样安排会使儿童在你设置的限制内感到足够的安全。然后，与你在自发性沙游会谈中所做的一样，完成所有的阶段。你可建议儿童找4种植物或与植物相关的物件并把它们放进沙盘中。然后，再让他找4种动物模型或与动物相关的物件（比如羽毛、骨头）并放进沙盘中。最后，让他找4个人物模型放进沙盘中。在向儿童介绍每类物件之后，建议儿童停留在沙世界中感受一下这个“世界”。在这个停留期间，给他一个机会去做他想要做的任何改变。这能使来访者一步步地建造完整而有序的沙世界，并且体验把这些物件放入沙盘的感觉。接下来，你就可以探索这个新“世界”了，就如同你在来访者创造自发性沙盘之后做的那样。

开展游戏

捉迷藏

即使没有实际出现捉迷藏游戏，藏匿与寻找、掩埋与暴露、覆盖与挖出的行为也经常发生。如果你的来访者看来不愿坦露隐藏的信息，但是他又做好了这样做的准备，那么捉迷藏游戏经常有助于治疗的进展。当儿童一再在沙中藏匿或掩埋物件并将他们藏在那里置之不管，你就可以断定他们已准备好了。我们留意到，当儿童逐渐趋向于愿意解决他们的问题时，他们开始谈论掩埋着的物件但不把它们挖出来。当你通过评估认为干预并推动过程发展的时机已经成熟，你就可以向儿童建议玩捉迷藏游戏。指导儿童把所有他们想要藏起来的物件埋在沙中。你可以说：“你好像很喜欢将东西埋到沙子中。如果我们在沙盘中玩捉迷藏，就像你与伙伴玩捉迷藏时一样，一定会很有趣。”一旦游戏开始，你可以转过身去或闭上眼睛，让儿童选择物件并把它们掩埋好，然后你立刻寻找并挖出物件。留意儿童选择的是什么物件。被藏匿或被埋起来的物件的本质跟消失现象都具有重要意义。

此时，如果儿童愿意，要求他讲个关于物件的故事或谈论这些物件。刚开始游戏时，儿童经常只愿玩游戏而不想谈话。交换角色——

这次由你来选择物件，选取一些你认为在治疗上与儿童情况有关的物件。如同前面游戏的方式一样，让儿童闭上眼睛，然后找出藏着的物件。当儿童找到物件之后，要求他讲一个故事。一些儿童会说"该轮到你讲了"。这样的话，你就讲一个故事。故事不需要具有威胁性，但要能间接地联系到相关的问题。如果儿童先前没有讲述关于他埋起的物件的故事，你就给他示范一下如何讲故事。

非常感谢我们10岁的劳伦的来访者，我们将用她的例子来介绍如何在沙盘中捉迷藏。劳伦被转介给我们，因为她跟伙伴相处不好，在校表现糟糕，而且常常感到非理性的恐惧。通过回忆，她的妈妈怀疑从她未满3岁时一直到她7岁期间，同她们一起生活的一个叔叔曾经对劳伦实施过性虐待。劳伦已经不记得这种虐待或者是不肯承认。因为她不愿充分发挥想像力和创造力进而暴露痛苦的事情。她建议我们玩一个游戏——她将物件藏起来，然后由我们将其找出。游戏规定，当她选择物件并把它埋到沙子中时我们必须背过身去。她在几周的时间里反复玩这项游戏，但始终不愿谈论沙盘。

这时，我们猜测到她无意识地希望我们找出她内心隐藏的事情，所以我们决定让劳伦去寻找藏起的物件可能会对治疗有所帮助。因此，我们建议，该轮到我们掩埋物件了，她答应了。我们仔细地选择，把对劳伦有某种意义的物件藏起来。就像喜欢扮演埋藏者的角色一样，她也喜欢扮演寻找者的角色。但是，当我们建议她编一个关于物件的故事时，她拒绝了。我们在几次会谈中都在玩这个游戏，不断地变换着角色。关于物件的故事，她说得也越来越多。有一天，针对我们藏起来的人物，她编了一个带有动作的故事。故事中一个爱骑摩托车的男人正在试图摆脱女友。他们纠缠半天后，女子将一壶热水泼在了男人脸上。男人的反应是狠狠地打了她并将她推倒，然后跑出了那个房子。这个故事揭示了劳伦在现实生活中经历过的对暴力和被抛弃的恐惧。在这一系列沙盘之后，她不再那么抗拒去坦露那些自己过去隐藏的经历。

走迷宫

生活中，人们要面临许多挑战，跨越许多羁绊或障碍，才能实现自己各种各样的目标。对于正挣扎于人生困境中的每个来访者，迷宫是一个恰当的暗喻。从7岁左右的儿童到青少年，每个人都喜欢用沙子建造迷宫并成功从中走出来。因为沙子非常吸引人而且安全，它非常适合用来制造充满障碍但可以被轻松克服而达到最后终点的迷宫。如果要求来访者在沙盘中构造迷宫，你可以说："我注意到你希望走迷宫和解谜。今天，我们将做一个稍有不同的活动。我想，对你来说，在沙中建造迷宫应该更有趣。你可使用沙子、篱笆、墙、危险区或你喜欢的任何东西来阻隔通向终点的道路。"让调查对象说出他们试图到达的地点后，让他们开始走。每碰到障碍物，让他们找一条路绕过去或将其从路上挪走。在他们到达终点时，他们会感到一种力量或产生强烈的效能感。此外，他们将会在这一进程中学到许多解决问题的技巧。有时，儿童会要求你造迷宫来让他们走；有时，他们造迷宫让你走；有时，他们要与你一块造迷宫。走迷宫有助于培养孩子的适应能力，还可将它们应用于儿童治疗室之外的生活中。

编 故 事

对于喜欢互动游戏或难以独自建造沙世界的儿童，让他们在建造沙世界时同治疗师一起编故事的方法是很有价值的。这项干预方法，是温布结合了温尼科特的随意书写技术（squiggle technique）和其他编故事技术而创造出来的，并把它应用到了沙游中。在活动过程中，儿童和治疗师轮流选取物件放入沙盘中，然后利用这些物件编故事。如果儿童要求做互动游戏，不妨询问他是否愿意同你一块儿在沙游过程中编故事。如果儿童同意，可以让他找出自己有兴趣的任一物件放入沙盘。然后，请他说一句包含他所放入沙盘中的物件的话来开始整个故事。你可以说："我想，今天我们做一件稍有不同的事情，应该很有意思。如果我们一起编故事并在沙盘中演出来，你认为怎样？我们轮流往故事中添加物件。你可以先选择想选的任意物件放入沙盘中，接着造一个关于该物件的句子就可以了，然后就轮到我进行了。如果你希望我先开始的话，我也可以先开始。"儿童选择谁首先讲故事，谁就先开始。

随着每个人轮流挑选物件并把它放入沙盘中，故事会一直持续下去，直到故事和场景完成为止。请来访者来给故事做结尾，除非儿童或青少年难以完成这个任务并且要求由你来结束。我们发现，虽然一些儿童开始不愿编故事，但大多数会沉浸到活动中并乐意设想出结尾。虽然我们多数是在跟从儿童的指引或话题，但是，我们也常常会主动选取一些相关物件或将故事引到我们认为最有助于治疗的方向上。出现下列情况时更是如此：（1）我们想要一些特定的信息时；（2）我们觉得有必要尽快让儿童解决某些问题时（例如，治疗次数有限的管理控制性来访者）；（3）儿童似乎已经踏在敞开所隐藏信息的边缘，但对这种进展尚存顾虑时；（4）我们想要通过故事予一些教导时。

这让我想起了贺普——一个聪明而富有创造力的10岁女孩，她接受过我们两个月的治疗。由于刚离异的妈妈难以控制住贺普，她被转介给了我们。贺普非常任性，并且常常卷入到权力争斗中。她的固执不仅影响到了她与权威人物（也就是她妈妈和老师）的关系，而且影响到了与同龄人的关系。在两个月的治疗时间里，贺普参加了艺术治疗、编故事治疗和其他游戏治疗。她也在沙中做过游戏但没有用物件。

在大多数此类活动中，她始终控制着局面，不愿跨越某条界线。尽管前面的治疗显示出贺普害怕被抛弃和需要控制力，但她总能设法绕开我们想让她更多地表达自己恐惧的意见。

因为贺普非常具有创造力并且很喜欢讲故事，因此我们决定，将编故事技术的创造性与沙游技术能将思想与感受客观化这两方面结合起来，对她进行治疗。因为她可以在沙盘中做出改变，这一点与绘画不同，因此我们觉得她会感到更安全和更有控制力。我们的直觉是正确的。随着故事的发展，贺普创造了一个场景，一只迷路的小狗在寻找它的爸爸妈妈。我们非常谨慎，不去插话来帮助解决小狗的困境；相反，我们会添加相对来说无关紧要的物件和话语，这些物件和话语促使环境更加圆满。贺普最终给小狗带来一个朋友，小狗邀请朋友与它住在一起。那个朋友说，它永远不会离开。这对贺普来说似乎是一个突破，她间接地表示出她要控制环境是因为她对被抛弃和孤独的恐惧。这种沙游方法的互动本质，利用了贺普活跃的创造力和预见并随意改变场景的能力，在我们的支持下，贺普的状况有了好转。

用于儿童治疗的指导性主题沙盘

我们多次看到，即便是儿童生活中最困难的问题，也能够在沙游中显示出来，而且，沙游与通过谈话治疗或其他游戏方法（如编故事）相比，会更少遭到儿童的抵制。维尔莱特·奥卡兰德（Violet Oaklander）在谈到一个案例时写道："这种对儿童生活中现实情况的再现，不用沙子也可以有效地完成；但是，由于沙子对儿童有超强的吸引力，它可以带出更为自由的表达。"对儿童和青少年来访者来说，在沙中重新创造一个特定的情境、关系或问题，比用口去谈论它感觉更安全。

在做儿童指导性沙盘时，你可以根据来访者情况，安排一个小时的会谈或者缩短一些时间。一位同事告诉我们，对于那些倾向于用分散注意力策略来躲避相关问题的儿童，她有时会将会谈时间减至半小时。在这些情况下，她会把半小时都用来让来访者在沙盘中重新创造某个特定的问题。她发现，与一次完整的会谈相比，这是更为有效的办法。这种时间限制传递给儿童一个信息，他应当认真起来，尽快进入角色。

当时间和金钱紧缺时，指导性的且有限制的会谈会减少资源浪费的可能性。你可以对不做家庭作业的儿童说："今天你来创造一个关于男孩厌恶上学并且不愿做作业的沙世界怎样？"或者对一个试图独立生活的青少年说："你的父母像对待一个小孩一样对待你，你感觉和他们在一起很不开心。今天，我们有一个不错的主意，就是让你在沙盘中创造一个'世界'，描述一下那个想获得更多自由来干自己喜欢的事情的那个人。"或者，你也可以指导来访者重新建造他自己的情境。让他创造一个场景，然后像在自发性沙盘时一样处理沙盘。如果你请来访者创造的场景是在特定情景下与他相似的人物，那么在处理场景时让来访者使用第三人称。如果你让来访者在沙盘中重造他自己的情境，让来访者用第一人称来处理它。在两种情况下，尽可能地把焦点放在沙盘上。

下面是一个指导性沙盘的例子，是由一位年龄较小的女孩建造的。它说明了使用具体的物质形式帮助青少年儿童来理解自己行为的有效性。在她遭到父亲性虐待的事情被举报之后，我们开始接触这个13岁的来访者。她被送到了认养家庭照顾，她过去感觉比较亲密的父亲被法院裁定不得在没有监督的情况下去看望她。在治疗过程中，她继续偷偷地与父亲见面，诱惑性地触摸和语言上的性虐待仍然持续着。她自己也明白这种持续的性虐待是不能接受的，但是这并未改变她的行为。最后她暗示自己依旧在与父亲见面时，我们按照先前的约定将这种情况通报给了对她负责的社工人员。即使在我们讨论之后，她似乎仍然不理解她与父亲的会面是怎样促进虐待持续下去的。此时，我们建议做个沙游，请她将自己的情况在沙盘中展现出来。在沙盘中，她创造了一个场景，在河对岸一个女孩形象正站在一个男性形象旁边，河的对岸是空的。她描述了女孩跟男性之间的感情和关系。突然，她意识到了女孩形象和男性形象站得那多么地近。当她真切地观察到这一场景时，她与父亲间的依恋变成了身体上及情感上的现实。

随着故事的展开，越来越清晰的情景是，虽然女孩感到不安和害怕，但是她还是想要留下来。我们进行了更深的探讨，来访者透露说，这个女孩感到很矛盾。女孩担心，如果她靠近男性的话会受到伤害，但如果不与他见面，他就会跟踪她，或她将不能从他那儿得到想要的疼爱。我们问：“什么会使这个女孩感到不再那么害怕？”她不知道答案。我们接着问：“女孩想对男性说些什么？”来访者回答道：“她太害怕了，不敢同他说话。”我们然后问道：“如果她离开那个男人，会发生什么呢？”起初，来访者感到没有能力移动那个女孩形象。静默了一会儿后，来访者非常谨慎地把女孩形象移到了河的对岸，并且带入了一些其他物件来支持她。这使得女孩感到不再那么孤独。来访者的身体放松了下来。这表明，其实女孩在离开男性后感到了解脱。然后，在连结沙游体验和现实世界阶段，来访者说，她先前并没有认识到接近父亲实际上会促进虐待的发生，也不知道自己有能力避免那种不安全的状况。在这次会谈以及与社工人员交谈后，在没有监督的情况下她再也没有与父亲见面了。

用于青少年治疗的个体化沙盘

个体化是一个正常的发展过程。在个体化进程中，青少年不断脱离开父母，逐步迈向自己的个体化。然而，对有些青少年来说，这个过程可能很艰难。他们可能深感痛苦，这种痛若源于他们对权威的公然反抗或者他们没有能力脱离开父母并形成自己的特性。通常自发性沙游会自动处理这些问题。然而，有时用更直接的方式处理这个问题会更恰当，比如，当你看到青少年在回避问题，或者你只能进行有限的几次会谈。如果来访者愿意尝试指导性的个体化沙盘，你可以说："我希望你从架子上找一种物件来代表你妈妈并把它放进沙盘中你想放的位置。然后，用同样的方式放好你爸爸和你自己。当你做完这些之后，用一个最能表现出你和父母现在关系的方式来完成场景。"当来访者完成场景后，跟他一块简要处理沙盘，让他假想自己已经高中毕业能够独立生活。指导来访者在一个空白的沙盘中创造一个新"世界"来描绘未来父母与自己间的关系。让青少年知道，他可以使用第一个沙盘中的形象，也可以寻找新的形象。在这次或下次会谈中，你可请青少年只用一个代表自己的形象（没有代表父母的人物形象），再创造一个沙盘。

16岁的瑞恩因为难以应对父母的离异而来寻求治疗。当时他与妈妈和继父一块住。爸爸与瑞恩的感情很好，却很少能见到他，因为在为他安排的探视时间里，妈妈和继父总会让瑞恩做其他事情。爸爸很为儿子担忧。瑞恩在暑假的一部分时间里与爸爸在一起，他爸爸于是带他来见我们。瑞恩说，他与继父难以相处，因为继父期望他完美无缺而在瑞恩没达到他的要求时就很不满意。瑞恩需要不断努力来取悦继父。当他们相处愉快时，继父是一个智慧的、有爱心的、慈祥的人。

这段时间，瑞恩很少跟伙伴们在一起，因为他们的行为通常令继父不悦。瑞恩的妈妈因工作需要经常不在家，她完全支持继父，常常因无足轻重的事情同瑞恩争吵。

瑞恩在与他父亲一起住的时候只能参加四次会谈，因此，在他第三次来的时候，我们询问他是否愿意尝试一下指导性沙盘。他选取了《101斑点狗》这部电影中的克萝拉作为妈妈，一头熊作为继父。他选取了一件屈膝而跪的中国古代的战士形象作为爸爸。然后，他选取了一条长耳且面露悲伤的小狗作为自己。在沙盘的中心，他将熊放在小狗的对面，然后把克萝拉放在沙盘内的一边，让她的手指指着其他人。在场景的另一边，中国战士藏在丛林后，他只是看着其他人，什么也没做。

当瑞恩构建下一个沙盘来描绘他与父母未来的关系时，他笑着说："太棒了！我能把爸爸妈妈放到任何我想放的地方了！"首先，他移动克萝拉，把她放到一块大岩石后面。然后，他拿走了中国战士，并说他不能确定把他放在什么地方。他拿起熊，把它背对着中心放到了沙盘的一边。在沙盘中央，他建造了自己独立于父母的新生活。他安置了房子、湖泊与树林，还有一个吉他。最后，他回到了战士和小狗旁边，选取了战士并说："你知道，这个战士事实上已经是我，我不再是小狗了。"然后他把屈膝的战士放在沙盘中心的房子旁边。在连结沙游体验和现实世界阶段，瑞恩说，在完成沙盘后他感觉不同了。他懂得了继父如何看待他已不再重要，继父走出他的生活也可以。现在他必须创造自己的生活。他惟一担忧的是，他父亲可能会受到伤害，因为他完全将父亲从新生活中移走了。虽然瑞恩还不理解整个沙游过程，但是他对父亲的认同非常清楚，因为他用父亲形象（中国战士）替代了自己。实际上，他真正地展示了他从生身父亲身上获取的情感力量。

如何将指导性沙盘用于家庭治疗

沙游应用于家庭，如同前面所提到的，是解决家庭问题的一种有效方法。但是，与用沙游治疗成人个体和夫妻一样，在某些情况下，治疗师需要采取比自发性沙盘更具指导性的方法。如果家庭不富裕，没有或只有有限的保险，或者只对短期治疗有兴趣，或者你断定较为集中的方法可能更有价值，指导性会谈就比较适当。如同个体及夫妻治疗时一样，在制作指导性沙盘之前先让家庭至少建造一个自发性沙盘。随着你使用沙盘更为自如或有信心，我们鼓励你对我们的方法进行修改或发明新的方法。

用于家庭治疗的指导性主题沙盘

在处理权力抗衡的家庭问题方面，指导性主题沙盘特别有用。你可以说："在上次会谈中，我们只简要讨论了一下存在于你们家庭中的一个问题（指出问题或情景），如果你们愿意，今天是一个很好的机会，我们可以在沙盘中处理一下这个问题。请你们创作一幅图画，精确地为我展现一下在这种情况下会发生什么事情。"根据实际需要，你可以让家庭在一个或多个沙盘中创作。如果你希望确定每个人是如何认识情景或问题的，就让成员使用单独的沙盘。如果你希望弄清楚整个家庭作为一个单位是如何看待问题的，那就让家庭成员在一个沙盘中建造，允许他们在建造时谈论自己的感受。确保每个人都参与到场景的构造中。

化解家庭中的权力争斗

指导性沙盘对于处理家庭中的权力问题（家中有青少年的家庭经常碰到这种问题）特别有效。当你通过评估认为家庭成员正处在他们似乎无法解决的权力争斗之中时，你可以让他们在沙盘中处理它。首先让每个家庭成员建造个体沙世界，从他自己的视角描绘权力的争斗，然后，再像你在用于家庭的自发性个体化沙盘中所做的那样，处理场景。这容许每个人讲述自己所见到的故事，并且鼓励每个人倾听所有其他人的观点。

在下次会谈中，让家庭建造联合沙盘，要求每位成员都放入自己在先前沙盘中用来代表自己的物件。他们可以使用任何他们希望的方式、使用任何他们选择的从家庭观点描绘权力争斗的物件，完成场景建造。让每位成员带领你简要地游览一下其共同建立的沙世界，确保每个人都谈到了所有的物件。此时，让全家人一起找到一位客观的助手。这个人能够看清问题的所在，并且能够帮助沙盘中其他物件理智地解决问题。你也可以说："在你们每个人内心当中都有一个声音知道这些问题的答案。也许你们可以一起找出一个物件来代表这个智慧的声音，并将其放在沙盘中央。"让每个人将代表自己的物件摆在沙盘中央并面对着助手。然后，请每个成员轮流使中间的物件彼此对话并与助手对话，试着找出可能的解决方案。

如果家庭成员无法听到其他人的观点，你可以建议每位成员为象征自己的物件赋予声音。让家庭成员扮演彼此的角色（比如母亲扮演女儿角色，女儿扮演母亲角色），然后再次进行对话。确保每位家庭成员都有机会赋予助手声音。把游戏保持在沙盘之内。如果家庭成员不能扮演助手，你可以主动要求扮演。但是，要鼓励他们尽量想出自己的解决方法。这时，你可让家庭成员暂时脱离沙游而去做一些解决问题的实际活动。家庭同意执行的决定必须包括（至少部分地包括）那些争夺权力的人或需要维持权力的人同意或建议的内容。没有他们的合作，决定将不会起作用。如果你时间充裕，让家庭成员重新配置沙盘中的物件，以便他们能够具体地看到他们共同决定的解决方法。让家庭为有解决方法的沙盘拍照并将照片带回家。如果你没有时间允许家庭重新配置他们有解决方法的沙盘，可让他们在下次会谈中创造这个场景后再进行。到那时，他们会已尝试使用那个解决方法，并将发现其他潜在的答案。

无论家庭是否在沙盘中就解决了问题，都要进入到连结沙游体验和现实世界阶段。询问每位家庭成员他们在下周将如何实施解决方法。让家庭把照片放在每个人都能经常看到的地方。请他们每个人评估自己（而非他人）在改变家庭动力上所取得的进步。在下次会谈中，让家庭所有成员记住照片的内容，客观地谈论（如果需要的话，你可以提供帮助）解决方法是怎样发挥作用的以及需要做哪些改变。这些做法将有助于把家庭维持在正确的轨道上。

下面的案例展示了具体的步骤：波妮，一个14岁的女孩，由青少年监护办公室转介给我们。波妮同一个朋友离家出走并闯入了一家闲置的房子。在与波妮进行了几次会谈后，我们明白了她的行为与她跟妈妈之间的权力争斗有密切关系。波妮说，母亲对她保护过分，不允许她做朋友们都被允许做的事情。那时，我们开始会见她的家人，对他们进行短程治疗，以便帮助度过波妮正经历的发展变化。

在创造权力争斗的指导性沙盘时，我们注意到，每位成员对所发生的事情的观点迥异。波妮8岁的弟弟描绘了存在于母女间持续的争执，但是他不责备任何一方。他放入两头狮子（妈妈和姐姐的象征）和一只藏在石头后面的小老鼠（自己的象征）。波妮的爸爸工作繁忙，对所发生的事情只是略知一二，他在沙盘中表示自己完全摸不着头脑。尽管他迷惑不解，但为了维持家庭关系的稳定他站在了妻子一边。他用一个拿着公文包、不感情用事的男性形象象征自己。妈妈建造的一个场景勾勒出了波妮和她之间的矛盾，描绘出她担心如果波妮再这样走下去将会发生的情景。她最害怕的是波妮会像她的一些朋友一样染上毒品。妈妈在沙盘中用年幼的小女孩形象代表波妮，这与她选择的代表自己的物件相比小了很多。她既没放入儿子也没放入丈夫。在波妮的场景中，争执完全是妈妈的错误。她放入《白雪公主》故事中邪恶的巫婆来象征妈妈，一个跟巫婆同样高的相貌平凡的年轻女子象征自己。她既没有放入弟弟也没有放入爸爸。波妮说，如果妈妈不这样过度保护自己，那位年轻女子的生活中将不会有争执发生。

在第二次会谈中，我们要求每位家庭成员把在先前沙世界中用于象征自己的物件放进联合沙盘中。我们告诉家庭成员他们可以一起按他们想用的任意方式完成场景建造。在简要处理这个沙盘后，我们让家庭选择一个助手。他们选择了尤达。我们建议，让尤达把大家带到沙盘的中心并询问每位成员为使情况有所改观愿意做些什么。然后，让每名家庭成员都扮演一定的的角色，与尤达对话。由于波妮和她妈妈难以理解彼此的观点，她们无法让尤达提出可以奏效的解决方法。所以，我们让每个人扮演代表自己的角色，而由我们来扮演尤达。在他们与尤达交谈之后，我们让波妮和她妈妈交换角色，然后让各个形象彼此交谈并与尤达交谈。在这个过程中，妈妈理解到女儿确实已经长大，也比自己原想的要更负责任和理智。波妮明白了妈妈依然爱她，与她的多数争执也是由于担心她。她也理解了这些担忧是合理的，因为一些与她经常在一起的朋友的确在吸毒。爸爸看到了自己是多么的疏远家人，认识到他需要多陪家人并要积极发挥一些作用。尤其令他苦恼的是，其他人都没在他们创造的第一个沙盘中放进象征他的形象。

他们也都认识到，家庭的状况正在如何影响着年幼的弟弟。

这时，家庭各成员已经知道在家庭问题中各自的责任，他们就可以借助尤达和代表自己的形象之间的对话提出解决方法。爸爸决定在下班后尽快回家陪伴家人，多负责组织些大家都同意的周末家庭活动。弟弟说，他不会再躲在房间里而要与其他成员多多沟通。妈妈说，她需要放手给波妮更多的信任，并多将自己的精力放在儿子和丈夫身上。她承诺，如果波妮表现得好（即值得信赖），她愿意给予其更多的自由，她也乐意多花些时间与全家人在一起。波妮表示，她会努力理解妈妈的担心，不再做让她担忧的事。她同意多与家人在一起。波妮尤其对弟弟感到愧疚，决定跟他多打打球或在他要求时陪他读书。在重新布置沙盘时，他们决定建造一个他们正在计划的下周外出的场景。在建造过程中，他们之间的关系其乐融融。后续的几次会谈主要是帮助实现和强化家庭成员的良好意愿。真正的和持续的行为改变要比找到解决方法要慢一些。

本章小结

限制物件的数量

任意物件

- 指导儿童找出 12 种物件放入沙盘。
- 如同在运用自发性沙盘时你所做的那样来探索来访者的沙世界。

指定物件

- 请儿童找出 4 种植物或与植物相关的物件并放入沙盘。
- 指导儿童找出4种动物模型或与动物相关的物件并放入沙盘。
- 引导儿童找出 4 个人物模型并放入沙盘。

- 让儿童再找 4 个想用的物件完成场景。
- 如同在运用自发性沙盘时你所做的那样来探索来访者的沙世界。

开展游戏

捉迷藏

- 让儿童把他们选择的物件都藏在沙子中。
- 找出物件。
- 给儿童一个机会让其运用这些物件讲一则故事。
- 对换角色；治疗师藏起一些与治疗有关的物件。
- 指导儿童找出物件。
- 建议儿童运用这些物件讲一个故事。

走迷宫

- 建议儿童在沙盘中创造一个迷宫，可以独立完成也可以在治疗师的帮助下完成。
- 让儿童说出目的地。
- 指导儿童走出迷宫。
- 如果合适的话，帮助儿童将沙游中的体验应用于日常生活。

编故事

- 请儿童找出一个物件并将其放入沙盘。
- 指导儿童使用这个物件造一个句子。
- 找出一件有助于引导故事情节发展的物件并将其放到沙盘中。
- 造一个与物件相关而且适当的句子。
- 轮流选取物件并造句子。

- 让儿童完成场景并结束故事。

用于儿童治疗的指导性主题沙盘

- 指导儿童创造跟其有类似问题的某个人的沙世界。
- 如同在自发性沙盘中你所做的那样，利用第三人称处理沙盘，将焦点放在沙盘上。

替代方法

- 指导儿童创造一个描绘其问题的沙世界。
- 如同在自发性沙盘中你所做的那样，利用第一人称处理沙盘，将焦点放在沙盘上。

用于青少年治疗的个体化沙盘

- 请来访者找出一个代表妈妈的物件并放入沙盘中。
- 请来访者找出一个代表爸爸的物件并放入沙盘中。
- 请来访者找出一个代表自己的物件并放入沙盘中。
- 让来访者完成代表家庭成员关系的场景。
- 如同在运用自发性沙盘时你所做的那样处理沙盘。
- 指导来访者假设自己已经长大独立。
- 指导来访者建造一个代表未来他与父母之间关系的新“世界”。
- 如同在运用自发性沙盘时你所做的那样来处理新的场景。

用于家庭治疗的指导性主题沙盘

- 建议一个话题（创伤、模式或情境），让家庭在联合沙盘或各自的沙盘中描绘出来。
- 如同在运用自发性沙盘时你所做的那样来处理沙盘。

化解家庭中的权力争斗

- 让每位家庭成员各自建造一个沙世界来描绘权力争斗。
- 如同在个体自发性沙盘中所做的那样，与每个成员一起处理沙盘。
- 在下一次会谈中，指引家庭建造一个“联合世界”，要把在先前“世界”中代表他们的物件放进去。
- 如果家庭成员愿意，请他们通过添加其他物件来描绘权力的争斗。
- 如同在运用夫妻自发性沙盘时所做的那样来处理沙盘。
- 让家庭成员共同找出一个“助手”或象征智者物件。
- 指导他们把“助手”和代表他们自己的物件放到沙盘中心。
- 指导他们轮流与沙盘中心的物件对话，从而找出问题的解决方法。
- 指导家庭从沙盘中走出来去解决问题，如果需要，你可以协助进行。
- 让家庭成员建造有解决方法的沙盘。
- 请家庭成员为沙盘拍照。
- 在下次会谈中跟进他们的进展。

第8章

记录沙世界的创作过程

记录的原因

在成人个体或夫妻来访者完成沙盘后，虽然大多数治疗师都会对完成的沙盘拍照或画草图以作为记录档案，但并不是所有人都会记录沙世界的创作过程。

想像一下，如果将你的全部人生缩拍到一张照片上，在看照片时，你会关注什么？你可能会在意你在什么位置，照片里都有谁，发生了什么事，自己怎么会在那里。然而，其他人看照片可能只看见了结果的状态，照片可能会也可能不会引发他们的情感共鸣。他们可能看不到你从照片上看到的东西，也了解不到你所经历的事。他们不清楚你做过的决定、历经的改变、走过的弯路，也看不到在那之前你曾有过的欢乐、悲伤、挣扎、收获和领悟。你可以反驳："可是，这张照片只展现了整个事件的一个瞬间，呈现出的仅仅是我全部生活中极小的一部分。"沙游也是这样——是沙游的过程揭示了来访者在沙游中无意识和意识的动向，创作记录是他们完成旅程的地图，已完成的沙盘照片只记录了这一过程的结果状态。

尽管经过训练，最终你能记住来访者沙世界的形成过程。但在刚开始，要在心里有条理地记住有关物件选择、布局等细节，还是非常困难的。依照某种格式做记录很重要，这样做可以训练心智，从而准确观察在沙世界的创作阶段中所发生的事。“这（记笔记）会帮助你了解来访者的思维过程，诠释象征含义，能够使你理解、掌握来访者沙游过程的本质和方向。”（De Domenico，1988）这些笔记在治疗阶段也会对你很有帮助。通过密切观察创作过程，在结束阶段，你有更多机会了解沙盘中的哪个区域出现了问题，并需要处理。例如，你可能观察到，当来访者注意到自己将狮子模型带入沙盘，面对面地摆放在羊（模型）的面前时，他就会变得惊恐不安。他可能随即会把羊移到河的对岸，让它不要面对狮子；或者可能会把狮子从沙盘上移走。这时，你会马上知道，对于这些物件，来访者存在着一些问题，需要在治疗阶段进一步探索。然后，在治疗阶段，笔记会提醒你，当来访者移动狮子和羊的时候，应注意具体发生的事情。

之所以要记录，还有一些其他原因。也许你的记忆力非常好，能在治疗阶段记清该处理哪些问题。但你不可能在会谈结束后还能准确地回想起沙世界的形成过程。如果你做了记录，就会有个地图用来在以后作参考。如果你需要回想起沙世界的形成过程，你可以通过在头脑中回忆各个步骤或者自己重建沙世界，来重现来访者建造沙世界的过程。如果你不清楚来访者在沙盘上所揭示的问题，或者出现了反移情问题，或者你想要和督导探讨时，就可以选择这么做。如果你要进行研究、教学或处理涉及法院的案例时，可能也需要这些资料。

假如你需要出庭作证，这些记录可能对于你、来访者、法官或陪审团，都很重要。我们有一个案例，需要为一个5岁的男孩作证。他名叫强尼，曾遭到父亲的虐待。强尼已经搬到领养的人家。法官想弄清强尼对生父的感情，以及若把他送回父母家是否合适。法院的律师传唤我们出示记录，包括我们对强尼的沙游会谈做的记录，并将记录作为证据。尽管孩子没有对父亲发表不利的评论，但是当法官读到孩子的沙世界创作记录时，就清楚地知道，强尼还是对父亲很气愤。在沙盘游戏开始不久，强尼带入了一个他称其为父亲的人物。当时，他的脸变得扭曲，并开始尖叫。然后，他抓起父亲的象征形象，狠狠扔到墙上。每次会谈他都要重复这个游戏，每次他都会这样做，而且一次比一次激动，扔得越来越狠。从我们的笔记中，法官意识到强尼还没有做好回家的准备。

有意思的是，有些治疗师不愿在会谈期间记笔记，因为他们觉得记录可能会分散精力，使他们无法全心投入在来访者身上。但事实上并非总是如此，记录有助于集中注意力，专注创造过程的每个细节，因而有利于治疗师全神贯注，排除不必要的想法和分析。尽管有些来访者不愿被记录，但大多数并不反对，而且觉得记录会增加沙游过程的可信度和重要性。当然，你要在会谈开始之前询问来访者，是否可以记录，就像在会谈过程中征得记录许可一样。如果来访者不愿让你做笔记，你就要在头脑中记清楚会对治疗阶段有所帮助的东西。如果你愿意，在会谈之后再将它们记下来。

记录的方法

录像

正如前面所提到的，将会谈记录得最完整的方法是拍摄录像。虽然许多治疗师会对他们的日常会谈拍摄录像作为回顾材料，并作为对来访者的指导和学生的教学工具，但是，首次提出拍摄沙游录像的是德·多美尼科博士。这种方法的好处显而易见。会谈的每个细节，包括治疗阶段的细节，都得到了记录。你可以按照需要反复倒带观看录像的全部或几个部分。当你的指导对象或治疗来访者对会谈中发生的事情提出些特别的想法或疑问时，录像就显得尤为重要。在录像中观察自己，有助于你掌握沙游这种新式疗法。如果你的治疗对象是一对夫妻、一个家庭或团体，要同时记录两人或两人以上的信息，做笔记就很复杂，而拍摄录像就没那么繁琐麻烦，而且会更加完整。除此之外，你可以在以后的会谈中重新观看录像的部分内容，重新解释沙盘中出现的问题。

我们曾见过一对夫妻，他们明白两人沟通的模式（不断地奚落对方）给彼此造成了问题，但是没有真正了解他们的行为或他们的行为是如何相互影响的。即使在完成沙世界创作之后，他们仍然还是不能从沙游过程中跳出来分析理解问题。得到他们的同意后，我们拍摄了沙游会谈的录像，并重放了相关的部分。当看到双方如何进行语言和非语言沟通时，两人都感到很惊讶、很羞愧。这种意识的转变剧烈，相当富有戏剧性。

尽管如此，录像也有几个缺点。大多数治疗师觉得它成本太高。治疗师回顾整个会谈的录像既不方便又耗时间。除此之外，有些来访者，特别是那些遭受过虐待的来访者，会担心施暴者万一得到录像带，就会利用它对自己进行身体上或情绪上的伤害。他们宁愿自己所说的话或所做的事不会留下永久的记录。

如果你决定要录像，我们建议你在拍摄之前，先让来访者签署一份同意书。将签好的同意书与录影带分别存放在安全的地方，以备不时之需。例如需要证明你得到过来访者的拍摄许可。你也要熟悉相关的法律规定。向来访者征求拍摄许可时，要与其讨论拍摄将如何进行、摄像目的（例如，用于来访者的治疗或用于教学或培训）、放像地点（如治疗室、工作坊、大学教室）。让来访者知道，录像带会存放在一个安全的地方，锁起来。也让来访者知道他们可以预约观看录像带。此外，你应告诉他们，你是否已经按照之前的约定播放过录像；一旦他们改变主意，不想再将录影带存档，你就会毁掉录影带。

如果来访者不愿意屋里有其他人拍摄会谈的录像，你可以将摄影机悬在天花板上，或是用三脚架将其固定在一个隐蔽的位置，将镜头对准治疗区。如果来访者不愿被拍照，或是不需要记录来访者的动作和表情，就把镜头对准沙盘。无论如何，我们建议拍摄尽量不要醒目明显，因为它可能会干扰沙游过程。如果你觉得拍摄录像时难以认清沙盘上的物件，可以在来访者带入物件时，对每个物件做个笔记。

拍照

假如你无法拍摄会谈的录像，又想要或需要沙游过程的图片记录，就可以对沙世界的建造过程拍摄一系列照片。如果建造速度很快，或不止一人在沙盘上创作，拍摄照片往往比记录详细笔记更容易。在这些情况下，照片会比笔记更加准确地描绘创作过程。德·多美尼科发展了我们这里谈到的过程照相技术。她说，她发现在与有些夫妻和家庭会谈中，拍照片结合记少量笔记是最容易、最方便的记录方式。

同样，这也要征得来访者的许可。只要你能够小心谨慎，不干扰他们的创作，大多数来访者不会反对拍照片。掌握好拍照时机，尽量拍摄到沙世界发展的不同阶段，以便捕捉到沙游过程中发生的重要改变。变焦镜头可以使你拍到物件的特写镜头或沙盘的特定区域。在体验、重新布局和治疗阶段中，如果转变出现了，你也可以进行拍照。主要从观察者的位置去拍，就不会干扰到来访者的建造工作。如果你想要把沙游过程拍得精确，最好还是使用一整卷胶卷。此外，还要做个粗略的笔记，在每条记录前面记个字母P（照片编号）来对应相应的照片。如果你的治疗对象不止一个人，在P的旁边列出其他人建造的东西。照片从冲洗店返回时已经编了号，这样会很容易把照片和笔记对应起来。

大多数治疗师不愿对建造过程拍照，因为这种记录方式成本高、耗时长，而且会干扰来访者和治疗师。拍照会引发来访者的自我意识，可能会使他总是想着“应该做什么”。除此之外，快门的声响也可能会使人茫然不知所措，尤其是那些对声音敏感的人。即使来访者已同意拍照，也要让他们知道，无论何时，一旦他们觉得不舒服或你感到他们心神不安时，你就要停止过程拍照。

简要做笔记

虽然我们建议你要准确记录沙世界的形成过程，你们当中的一些人可能会觉得做笔记会干扰你，使你不能专心陪伴来访者。记住，对来访者的陪伴和陪护才是最需要重视的。只有将你的能量与来访者的能量结合起来，才会促进转变的发生。如果你觉得在记录时，不能够支持来访者进行体验，或是不能保持陪伴状态或提供安全的保护环境，那就不要做笔记。虽然你的最终目标是在情绪上和精神上都要与来访者一起进入他的沙世界，但是切记你始终要扮演的角色是观察者。如果可能，尽量对来访者最开始创作的两三个沙世界认真做笔记，只有这样，你才能掌握沙游过程的本质和方向。

如果你决定不再继续做笔记，那么，请继续“在心中做笔记”。这样，你就可以回忆起物件进入沙世界的先后顺序，沙子是什么时候移动的、如何移动的，来访者的语言和非语言表达以及发生的一切改变。把这些记在心中以备将来处理。像大多数人一样，如果你难以记清不断演变的沙世界，那就草草地记下一两个词来提醒你，使你回忆起那些重要的观察内容。在治疗阶段，你可以浏览一下笔记，并且与来访者一起核对你所观察到的信息。如果有可能，在会谈结束后，留出一段时间，回顾一下沙盘，针对想要记住的沙游部分，做笔记或图示。

详细做笔记和图示

如果决定不对来访者的沙盘拍摄录像或是拍摄过程照片，但需要沙盘创作过程的细节，我们建议你做深度笔记。一定要征得许可再做笔记，向来访者解释清楚为什么要做笔记，而且笔记将成为你的机密文档的一部分。你可以说："在你创建的时候，我可不可以记些笔记？笔记会帮助我记清楚所发生的事情。这样，我就能在需要的时候做些参考。我会将笔记和你的机密文件一起保管。"如果你的治疗对象是孩子，他正在创作静态沙盘，你就可以说："你在沙盘上的创作令我非常感兴趣。我能不能把它们写下来，这样我就能记住了。"如第5章所述儿童常常会创作动态沙盘，你常常是沙盘中的一个主动玩家。在上述情况下，或者当你与一个家庭中的几位成员联合工作时，笔记是难以实行的。尽管如此，你还是要密切关注儿童或家庭游戏的主题、进程和方式。

在沙游过程中，我们通常会站在或坐在来访者指定的位置做记录。如果我们能保持安静，不太显眼，来访者就不会被我们的记录工作所干扰。里思·梅纳赫喜欢安静地坐在远处，在案例本上勾画发展中的沙世界。凯瑟琳·布莱德威喜欢坐在隐蔽的地方记录着物件的位置和摆放的顺序。如何处理记录将取决于你。完成笔记后，把笔记放在身边或腿上，远离来访者的视线，不要放得太远，以便随时参考。有时，在治疗阶段和连结沙游体验和现实世界阶段，如果我们想要在记录中保留一些内容，就会先草草记下一些简要的笔记。会谈结束后，留出足够的时间完成笔记。笔记内容要涵盖治疗和连结沙游体验和现实世界阶段所发生的重要事件。

记录的内容

针对沙世界的创建阶段所发生的事情，你可能做了许多观察，产生了许多想法。但是，也许不能全部记录下来。因而，我们建议你将观察到的某些特定现象，按照发生的时间顺序记录下来。通常，来访者会按照重要性或根据沙世界发展的时间顺序，把物件摆放到沙盘上。不过，事情往往也不尽然。有时，来访者只是把找到的物件，按照架子上的排序，摆放到沙盘上。于是，稍后你要检视物件摆入顺序的意义。在治疗阶段，你可以请来访者依照物件摆放到沙盘的顺序，回顾沙世界的创建过程。在那时，无论对于你还是来访者，顺序的含义都会变得清晰可见。

在观察沙世界的创建过程时，你不仅要记录来访者所选的沙盘形状、沙粒大小和沙的颜色，也要记录沙子是如何移动的、移动方向，是否使用水、使用多少（如把沙子弄湿润或把水注满沙盘）。在来访者选择要使用的物件时，记录下物件名秒、摆放到沙盘的顺序、位置、面朝的方向以及空间位置（如高于沙面，或在沙面上，或在沙面下）。记录来访者做出的每个改变：埋入沙中、移动或移出，选出没有放到沙盘的物件。来访者的肢体语言、语言和非语言表达一旦出现，就记录下来。记下你自己的感受和想法，也记下你觉得重要的任何东西以及你想要在后面的阶段中回顾的东西。记住，来访者的沙游过程是一次完整的经历。整个连续的过程都不是任意的，来访者所说所做的任何事情都有重要意义。

记录的格式

掌握速记法很方便。如果你不了解，也可以研究开发自己的速记方法。我们采用的是德·多美尼科研究发展的记录技术和速记法，很实用。无论你是选择使用我们的系统方法，还是更喜欢开发自己的方法，都可以参考下面的例子。

个体沙游记录表

与在会谈中现场制作新的表格相比，我们觉得提前制作或复制记录表格会更加省时（参见本章后面的样表）。我们用20厘米×35厘米的纸张制作原始记录表格。将纸张横放，将宽度为35厘米的一边四等分，然后划线，把纸张分成四栏。在顶部，我们要留下足够的空余，写上来访者的姓名、日期、来访者选用的沙子（颗粒和颜色）和沙盘（尺寸和形状），以及沙子的干湿状况。然后，依下列各项标注各栏。如果来访者的物件太多，第一页记不下，准备好第二页。如果你选择使用这种表格，可以按照我们的指导进行，或者将本章后面的表格复制放大使用。本章最后附有记录来访者沙世界的完整表格实例。

- **第一栏：物件/沙子**

在栏中列出数字1到20。这样，你就可以按顺序记下：来访者放入了哪些物件、移动或移除了哪些物件、触摸过却没有放到沙盘的物件、移动沙子、加水、创作或改变沙盘的布局，如加入河流和山脉。当沙世界的创建完成后，记录在创建过程中选出却未经处理或使用的物件。在未经使用的物件的标号上打勾，在你觉得需要记住以便稍后处理的变化的标号上画个星号。若物件的位置改变了，就要再次记录。在列出的各项旁边尽可能留出空地，以便稍后在括号中添加一些由来访者给出的对物件的描述词、名称或属性。

●第二栏：来访者的语言/非语言表达

记录来访者在创作过程中的所有肢体语言、面部表情、行为举动，情绪（如呻吟、叹气）及语言表达。在记录时尽量保证客观。在处理阶段，一定要将观察到的来访者表情，记录在对应的物件旁边。

●第三栏：治疗师的反应

简单地写出你在沙世界的创建阶段的反应、想法和感受。记住，不要分析或阐释来访者的沙世界。将注意力主要集中在来访者身上，关注他的体验。这栏的笔记会在治疗阶段非常有用，对会谈后的回顾阶段也非常有价值。对于来访者的创作过程、你自己的观察过程以及可能出现的反移情问题，你的记录可能会给你一些启示。如果你听到自己的内心对白，在括号中写出。同样，一定要把你的想法和评论写在来访者的物件或表情的旁边，以便你在回顾过程中，就可以了解到整个画面是如何组合搭配的。

●第四栏：图示/地图

至少画出两个沙盘的图示，一上一下。在每个图示中画出四个相等的象限。用铅笔划线，以便擦除或区别于对来访者的创作过程所做的记录。像城市地图一样，在图示顶端从左到右写上1、2、3、4、5，沿边线从上到下写上A、B、C、D、E。这样可以帮助你准确地定位每个物件的位置或沙的形状。当你在第一栏中记录物件名称或沙的形状时，把沙盘中项目的标号标在相应的位置上。若物件朝向特定的方向，在标号旁用箭头表示。若沙子被移动，用箭头标出移动的方向。对于河流、湖泊，要画出水的轮廓。接下来的建议有助于确定物件与沙子的空间关系：若物件在沙面上或水面上，在其标号上画个圈；若物件摆在另一个物件上面或里面，或是悬吊在空中，在标号上画两个圈；如果物件被掩埋，就不用画圈了；若物件被移动或移除，在第一栏记下调整变化，然后把图示中原来的标号用线划掉；如果物件还在沙盘上，在略图中新的位置写下新的标号。如果来访者在沙盘上加入很多物件或做了太多改变，可以在另一个图示中继续记录。

来访者离开后，仔细研究记录单，将整个沙游过程融入一张图里面。在各栏的下面，纸张的底端，留出足够的空余，以便你能简要记下任何想要添加的想法、评论。若需要更多空间，可以在纸张的反面继续完成记录。列出要在治疗阶段处理的问题、你的评估以及对以后会谈的计划。如果建造过程漫长、迅速或非常复杂，你有可能需要不只一张记录单进行记录，在这种情况下，你可以使用简要笔记来完成记录。可以想像得到，在会谈中不太可能有时间将所有内容都列在记录单上。因此，尽量在两个来访者之间留些空余时间让自己回顾一下沙盘，完成笔记，把会谈整合一下。

夫妻沙游记录表

正如我们前面提到的，对于刚开始从事沙游治疗的治疗师来说，可能会对夫妻进行深度沙游过程记录感到迷惑和紧张。我们在此介绍一种比较实用的方法和表格（参见本章后面的样表）。如果你做不到记录过程的同时保持陪伴状态，可以先做简要的笔记，记录在沙世界的创建阶段所观察到的相关内容。简要笔记包括任何语言和非语言的互动实例，个体和夫妻建设性的和破坏性的动力。

如果来访者在联合沙盘中接受治疗，记录方式与个体会谈相似，提前制作表格。只不过要把22厘米 × 35厘米的纸张分成三栏，而不是四栏。按下面的方式标注各栏：

第一栏：	第二栏：	第三栏：
丈夫＿＿＿＿＿＿	妻子＿＿＿＿＿＿	图示
物件 / 沙子	物件 / 沙子	
表现	表现	

在夫妻的“物件/沙子”标题下，记录沙子的移动和将物件带入沙盘的顺序。记住，不管是谁摆放物件，你都要连续地为物件编号。例如，如果丈夫把第一个和第三个物件放入沙盘，妻子把第二个和第四个物件放入沙盘，丈夫的栏中就应该包括：标号为1的鸟和标号为3的树，妻子的一栏中就应该包括：标号为2的房子和标号为4的桥。观察具有重要意义的语言和非语言线索和互动，将其记录在“表现”下。你若有任何感受和想法，觉得有必要记录下来，也可记在这个标题下，在前面用一字母“T”（治疗师）标注。在第三栏中，按个体会谈的记录步骤绘制图示。将夫妻双方的创建过程绘入到一个略图中。记录的结尾部分与个体会谈相同，即在夫妻离开后，留出足够的时间，以便完成笔记。

如果夫妻双方分别接受治疗，也可按照之前的方式记录。只不过要把纸张一分为二，两人各用一半，每人都有自己的图示。

左半边：

丈夫____________

物件/沙子

表现

图示

右半边：

妻子____________

物件/沙子

表现

图示

评论：会谈结束后，记录你所解决的治疗问题、你的评估以及对今后会谈的计划。

对于那些你觉得很重要但又在做笔记阶段没有完成的事情，可以记录在你的案例笔记中。

沙游记录表

个体沙游记录表

姓名：________ 沙盘：________ 沙子：湿________ 干________

日期：________ 颜色________ 颗粒________

物件 / 沙子	来访者的语言和非语言表达	治疗师的反应	图示 / 地图
1.			
2.			
3.			
4.			
5.			
6.			
7.			
8.			
9.			
10.			
11.			
12.			
13.			
14.			
15.			
16.			
17.			
18.			
19.			
20.			

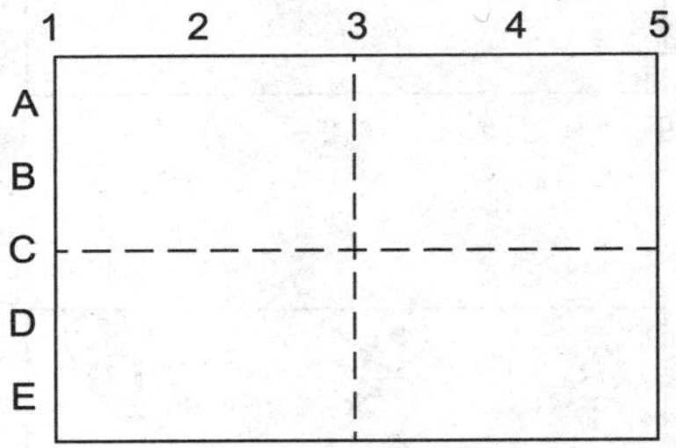

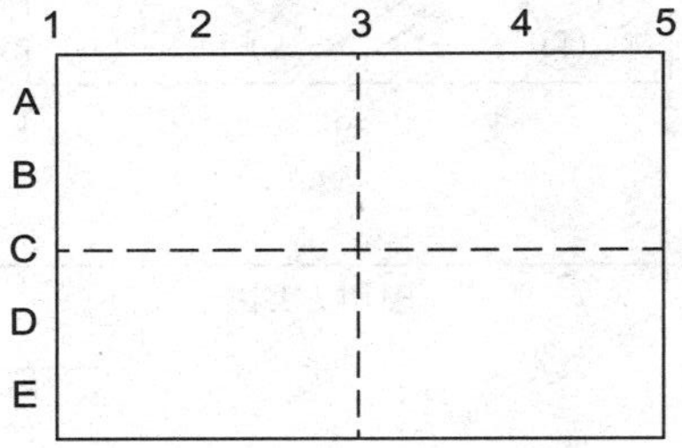

评论：____________________

个体沙游记录表：范例（请参考图 12）

姓名：杰西卡　　沙盘：20×30 长方形　　沙子：湿 ✓ 干
日期：1997.1.10　　颜色 白　颗粒 80 网眼

物件 / 沙子	来访者的语言和非语言表达	治疗师的反应
1. 把沙子弄湿	专注地猛捣	
2. 小沙堆（山）		
3. 圆圈		
4. 河流		
5. 蟹壳（光滑的、橙色）	轻轻地抚摸	
6. 蟹壳（带刺的、棕色）	触摸尖刺，发出“哦”的声音	注意到对比
7. 鸟巢（安全和爱）		
8. 巢中有两颗蛋（再生，双胞胎）	“啊哈”，笑	“来访者是双胞胎”
9. 水晶（精神自我）		
10. 五头怪兽（负面思想）		内心退缩，感到憎恶
11. 六角星（犹太人遗物）	惊奇的表情	“宗教面对怪兽？”
12. 老虎（力量）	直直地坐着	
13. 桥（到另一边的路）		
14. 金字塔		
15. * 桥被移动	拿起桥，犹豫	“转变发生？”
16. 蜡烛放在金字塔中，被点亮		
17. 吊勾上的阴阳		
18. * 镶有珠宝的花瓶，被埋藏		检视被埋起来的花瓶
19. * 老虎转向怪兽		
20. ✓羽毛（触摸但却没有用）		

图示 / 地图

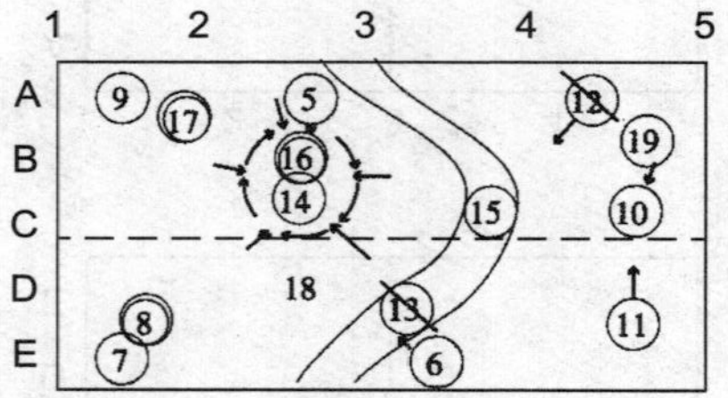

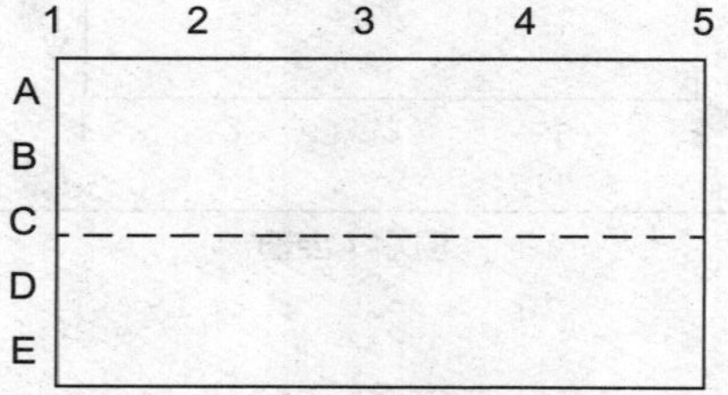

评论：要处理的问题：缺乏自我接纳；负面的自言自语；脆弱的宗教认同。

评估：对阴影方面逐渐接纳并不断迈向整合

计划：让未接纳的自我状态与平衡的自我进行对话，写日记，观察负面的自言自语。

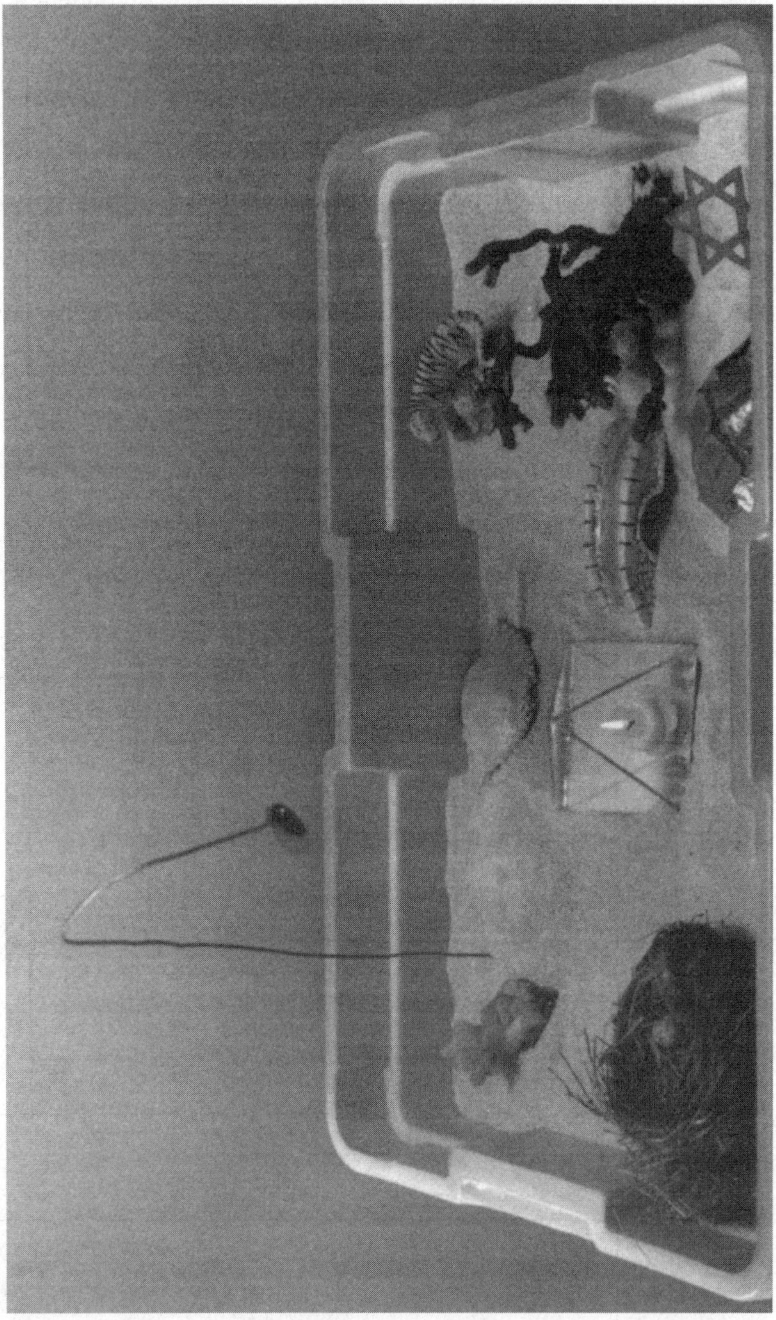

图 12　说明个体沙游记录格式的沙盘

夫妻沙游记录表：独立沙盘

夫妻姓名：________ 日期：________

丈夫：________ 妻子：________

沙盘：____ 沙子：湿____ 干____ 沙盘：____ 沙子：湿____ 干____

颜色____ 颗粒____ 颜色____ 颗粒____

物件 / 沙子	表现	图示 / 地图	物件 / 沙子	表现	图示 / 地图
1.		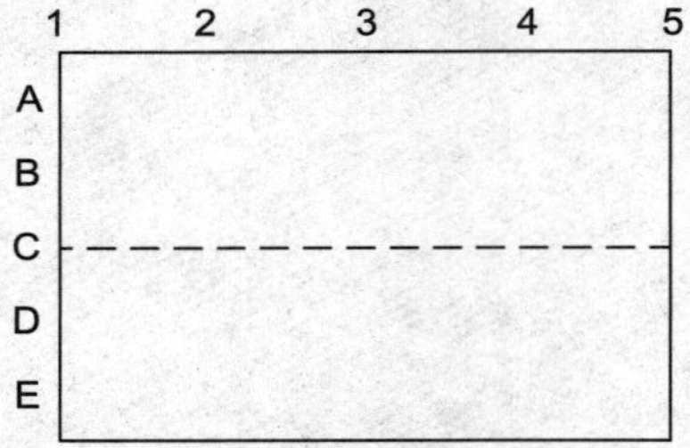	1.		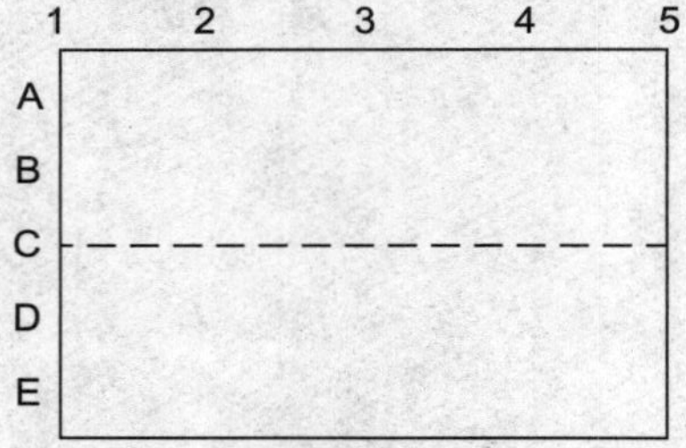
2.			2.		
3.			3.		
4.			4.		
5.			5.		
6.			6.		
7.			7.		
8.			8.		
9.			9.		
10.			10.		
11.		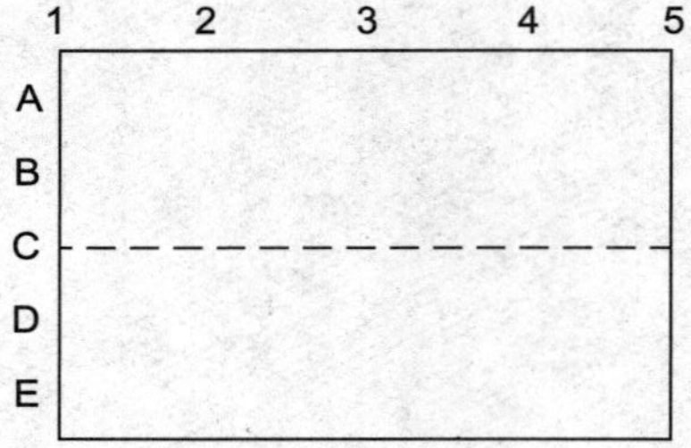	11.		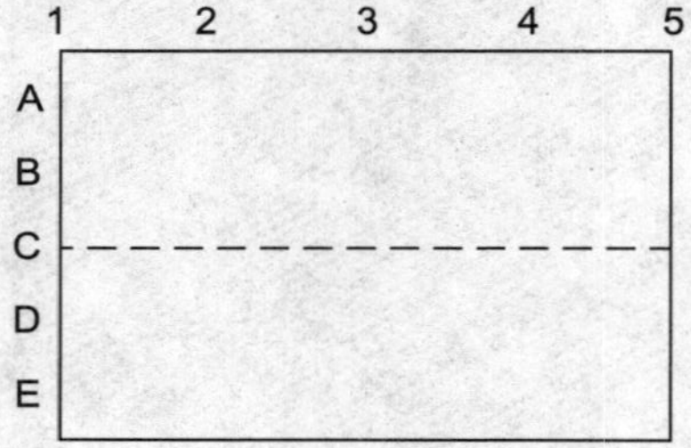
12.			12.		
13.			13.		
14.			14.		
15.			15.		
16.			16.		
17.			17.		
18.			18.		
19.			19.		
20.			20.		

评论：________

夫妻沙游记录表：联合沙盘

夫妻姓名：＿＿＿＿＿＿＿＿ 日期：＿＿＿＿＿＿＿＿

沙盘：＿＿＿＿＿＿＿＿ 沙子：湿＿＿＿ 干＿＿＿ 颜色＿＿＿ 颗粒＿＿＿

丈夫：＿＿＿＿＿＿＿＿ 妻子：＿＿＿＿＿＿＿＿

物件 / 沙子	表现	物件 / 沙子	表现	图示 / 地图

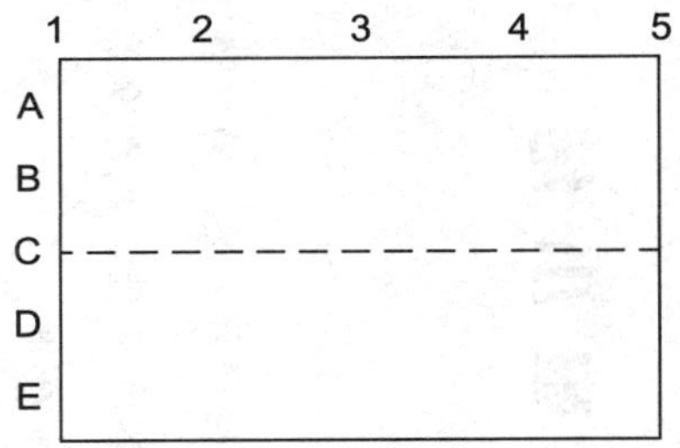

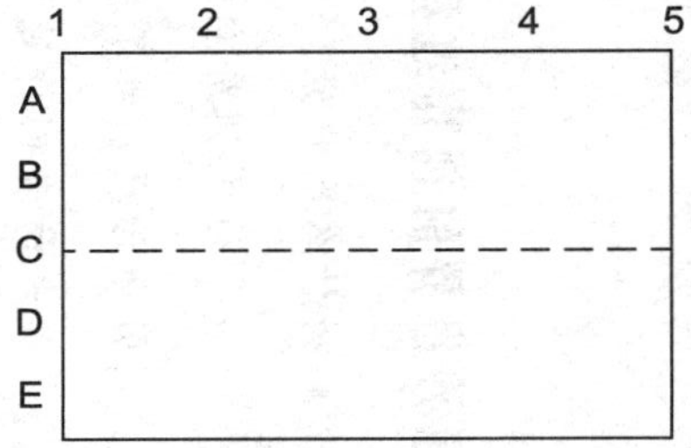

评论：＿＿＿＿＿＿＿＿＿＿＿＿＿＿＿＿

本章小结

记录沙世界的创作过程

▶ 为什么要记录

为了训练自己记住创作过程；为了集中注意力；为了引导治疗；为了积累参考资料，用于今后的研究；为了增加来访者创作过程的可信度。

▶ 怎样记录

录像；对沙游过程拍照；做简要笔记；做详细笔记和采取图示。

▶ 记录什么

沙盘、砂粒大小、沙的颜色和干湿度；物件的摆放顺序和位置；物件的朝向和物件间的空间关系；沙子和物件的移动和改变情况；埋入沙中的物件；选出却没有使用的物件；来访者的肢体语言、语言和非语言表达；治疗师的感受和想法；其他方面的观察和领悟。

第9章

沙游治疗的禁忌事项

尽管我们相信沙游是一种非常有效的治疗技术，并且希望每个来访者都能通过沙游得到治疗，然而在有些情况下，我们必须推迟使用，甚至不使用沙游。正如前面几章提到的，只有来访者具有治疗动机、能够自我反省并且愿意进行沙游治疗时，沙游的治疗效果才最为显著。大多数来访者都符合这些条件。同时，我们和沙游领域的其他工作者都发现，只有来访者同意进行沙游，沙游治疗才会对其有效。然而，沙游治疗对有些人并不适用，没有疗效，甚至具有伤害性。来访者对沙游的态度、个人的发展阶段、目前的情绪状态、个性类型、自我力量以及对环境的要求，都影响着你对沙游治疗方法的选择。

你所治疗的某些来访者可能会从沙游中获益，但是要让他们同意进行沙游通常需要花费一些时间。当来访者进入工作坊时，观察他们的言谈举止；当你提出将沙游作为一种治疗干预手段时，注意他们的反应，留意他们的态度，你可以从中得到一些暗示和线索。当你提议使用沙游时，如果来访者做出了消极的语言反应，甚至想避开沙盘，或身体紧张，或面露不悦之色，这时你要让他们明白，你并不是非要让他们进行沙游。告诉他们，无论何时，一旦他们改变了主意想要尝试沙游，请告诉你。如果你的来访者对沙游非常抵触，不要勉强来访者。正如我们在前面讲到的，即便你认为沙游对来访者会有很大帮助，如果来访者感到不舒服，或表现出对沙游的抵触情绪，你应该尊重他的感觉，容许他自己选择。

抵触情绪的产生往往是因为来访者不希望把自己"弄脏"，或认为沙游是儿童的游戏，不适用于青少年和成人。还有一些抵触者具有高度的理性和理智，但正如我们在第1章中所说，沙游对于这些人也会有所帮助。来访者抵触沙游的理由有很多。例如，里思·梅纳赫写道："这些'高度理性'的人大多认为沙游'太幼稚'、'太不科学'，因而拒绝沙游。"当你们建立起信任后，你可以再次提出沙游建议。我们发现，一旦来访者同意进行沙游，他们的抵触态度就会消失。

有时，抵触情绪来源于内心深处的无能感或者说完美主义倾向，担心言语失控，害怕所提示的未知事物带来的压力。我想起一位我们治疗过的一个来访者。莎利，五十多岁，艺术家，接受了8个月左右的治疗。她来治疗是想解决几个问题：创作灵感阻塞、对现有关系不满、自尊心不强，以及完美主义倾向。当我们提出沙游时，她显得犹豫不决，并离开了沙盘。几个月的治疗都没有涉及沙游。一次会谈中，我们觉得沙游治疗会特别有效，就建议她创建自己的沙世界。她回绝了，但表示愿意在下周会谈中创建沙世界。我们觉得她显然还有些抵触情绪，因而没有再次提议。在此后的三次会谈结束阶段，她都谈到了还未进行的沙游。在接下来的会谈刚开始，她报告说一直在思考逃避沙游的原因。她认识到，沙游会把她带到童年的状态，那时，她一直害怕父亲的评判。她觉得在父亲眼中，任何事她都做不好。尽管如此，那次会谈中，她还是决定要创建沙世界。这时，她不再抑制自己，尽情嬉戏，发挥创造才能。到了拍照时间，她自己先拍了照，然后也答应让我们拍一张。当我们问她想让我们从哪个角度拍照时，她想了一会儿，钻到沙盘桌的下面，摆出一个造型，做出仿佛举起整个世界的姿态。她微笑着，充满了自信。假如当初在她自己决定创建沙世界之前，我们就鼓励她进行沙游的话，不知道她还能否赋予其内在的儿童天性力量，迈向更大的自我接纳。

有时，你所治疗的来访者非常喜欢玩沙游，但却给你制造了不少麻烦。（除非你喜欢清理沙子、观看来访者吃沙子或爬到沙盘上，或是愿意在两次会谈间忙得不亦乐乎！）正如第2章中提到的，有些来访者可能会因为架子上摆放了过多的物件而受到过度刺激。这种情况对于注意力不集中或多动的儿童尤为常见。必须要考虑到来访者的个人发展或成熟阶段。那些年龄太小（两岁半以下）、身心不成熟以及容易受到过度刺激的儿童，若无特殊考虑，并不适合进行沙游。他们的心智能力和运动技巧还没有得到充分足够的发展，还不能把沙子保持在沙盘之内而不乱撒、编造故事或是用手操控小物件。有时，他们会推掉架子上的很多物件，乱扔沙子或吃沙子，或是把物件放到嘴里。有的儿童还想爬到沙盘上。看起来，这些来访者需要的是在沙盘上亲身体验，实地体验，而不是使用象征性的物件假设体验。一个儿童，不管多大，只要有上述行为，可能就需要使用其他干预方式，直到他掌握了沙游的技巧，并且能够遵守沙游必要的限制。

如果来访者容易分神，或容易受到过度刺激，可以只展示出物件中的一小部分。如果来访者有能力创作沙世界，但需要更大的空间，或喜欢扔沙子，让他们在地板上或比沙盘大些的纤维板上创建沙世界。如果他们的行为暗示出他们需要舒适，你可以抚慰他，给他以支持，或是提供一个安全的地方让他藏起来（如，一个大箱子，用毯子搭造的洞，或是桌子下面的一处空地）。如果沙游治疗无法在诊疗室进行，而你恰好有个大沙箱，可以让来访者在沙箱里随意玩耍。对于那些需要进行大量的运动，或者希望尽量少地受到限制的来访者（例如，想要扔沙子或是以往活动受到限制的来访者），可以使用大沙箱，进行户外活动或室内游戏，来替代沙盘游戏。有些来访者，由于沙游的限制条件，还不能进行沙游。举个例子，一个3岁的男孩，生活在寄养的家庭，被沙游所深深吸引。几次沙游体验后，我们认识到，沙游对于他来说限制太多了，我们的劳动强度太大。他总是把沙子弄到沙盘外面，因而我们在下个来访者到来之前，总要进行大量的清理工作。我们发现，如果让他在100厘米×100厘米的纤维板上创造沙世界，让他在诊疗所中更活跃地玩耍，或是让他在附近公园的户外沙箱里玩耍，治疗效果都很好。

我们同意德·多美尼科的观点。她认为，沙游对于治疗发展障碍儿童是无效的，也不适当。她说："如果儿童只对换沙盘作了简单的应用，说明他们可能需要进行另外一种活动。"她还说："因为他们缺乏人在出生后的头两年中要发展了的体验，他们尚无法从沙盘的限制、沙子的本质以及操作或配置小的象征性物件中获益。"她在研究中发现，在经过了一段时间的替代性游戏以后，孩子们就能够更加有效地利用沙游了。诺哈曼·波姆曾使用沙游治疗了大量的具有发展障碍的来访者。对成人和儿童进行成熟性的干预非常重要。我们发现，有发展障碍的成人同样是以不成熟的方式去接触沙盘。

如同需要考虑来访者的成熟水平一样，你也必须注意到来访者的情绪状态。如果来访者进入治疗室时情绪高涨或精力过旺，看上去需要释放（如愤怒、挫败感），他就可能需要一个较大的空间，进行更多的活动，受到尽量少的限制。如果这正好与你的观念吻合，那就为来访者提供能够进行大量的大幅度肢体运动的机会。我们发现拳击袋、飞镖板（没有尖利的边角）和粘土都有助于来访者释放情绪和解决问题，并能防止沙子散落在沙盘外面。如果没有这些材料，或觉得不太适用，我们会使用格式塔的双椅技术、视觉化技术、艺术治疗、写信治疗法，等等。尤其是针对青少年和成人。

虽然我们认为大多数性格类型的来访者都能从沙游中获益，但是对于某些来访者来说，沙游是没有疗效的。我们发现，如果来访者有强迫性人格特质或行为，就很难以非常有意义的方式去使用沙游，虽然他们也可能从这种治疗中得到一些好处。正同里思・梅纳赫所说："如果强迫性成为了一种仪式时，可以尝试沙游，但效果可能微乎其微。它常常变成了另一种防卫性的仪式，增加了患者的仪式内容。虽然沙游可以不必使用语言就揭示出强迫性心理的某些投射，但是这往往发生在儿童强迫症患者（也包括孤独症患者）身上，而不是发生在成人患者身上。"治疗师往往难以使用沙游对孤独症儿童进行治疗，因为治疗师很难忍受来访者不断拖延、惯性重复和缺乏建设性的沙游戏。尽管如此，沙游治疗师索希・倍雷和布莱德威・威勒还是研究发展出新的方法来帮助有依恋问题的儿童，例如，孤独症。如果你想用沙游治疗患有强迫症的来访者，可以尝试使用指导性沙盘（例如，次人格整合），你的指导可能会使游戏产生有意义的模式转变，从而打破原有的防卫性仪式。

就像深度探究无意识的其他治疗方式（例如，艺术疗法、视觉化疗法和催眠法）一样，对于某些来访者，使用沙游是存在一定风险的。我们发现，如果来访者自我力量纤弱，例如，患有精神病、精神分裂症、边缘化人格以及严重的人格分离，沙游就可能是破坏性的，除非来访者处在一个可控制的环境中（如正在住院），在那里，一旦来访者出现退行或是精神错乱仍可得到保护。此外，对于那些因干预引起退行而出现严重分离倾向的来访者，尤其是那些有自杀或自残倾向、没有能力自我照顾或是没有适当支持系统的来访者，最好不要使用沙游。边缘性人格或处在精神病发病前状态的来访者"可能会很脆弱，极易遭到无意识的'淹没'，一旦自我控制受到任何限制，就会立即感受到威胁”。（Weinrib，1983）里思·梅纳赫说过，边缘性精神病来访者“可能因为发现一只玩具蜘蛛或是巨蟒，就会‘猛地陷入’精神错乱的状态，并带有典型的临床恐惧特征，这样对治疗过程毫无益处”。你可以使用另一种方法，运用更多语言，更加意识化，更重实际，作为替代干预法。因为“由于无意识的自主性，它反应迅速，但是……自我……不能将体验整合。”（Weinrib，1983）里思·梅纳赫也建议：“分析师选择词汇进行控制，就长期而言，语言治疗在临床上会比沙游更加有益。”如果你选择了使用沙游，一定要谨慎小心，缓速进行。你可以采用比往常更为互动的角色，来减缓治疗过程。

有个来访者找到我们。之前，她曾参加过艺术疗法和心像法的个人成长工作坊。她曾经有过精神病发病史。据她介绍，艺术治疗和心像法练习使她产生大量的无意识心像，以致将她淹没，几乎与现实隔绝。看到她时，我们意识到，沙游可能会加剧其精神病的恶化。于是，我们把她转介给一位精神科医生进行药物治疗。在会谈中，我们采用了谈话治疗，并提议进行一些基本的活动，如，编织、园艺以及专注于日常家务。这些可以帮助她保持在此时此地的状态。

在来访者的生活中，我们认为，在某些时期和某些情境下，避免退行对来访者相当关键。你必须谨慎地判断，如果降低来访者的防卫，是否会令他处于某种程度的危险之中。实际上，判断起来相当困难，因为当环境变化时来访者的需要也随之发生了变化。我们都知道，在无意识层次进行活动会打破自我的控制和防卫，来访者会变得更加开放和退行。当来访者的家庭环境或邻里环境具有危险性，或是进了一所不安全的学校，或是工作环境不安全，尽量不要破坏他对周围潜在危险的警戒度。在来访者回到受虐待状态之前，必须让他的防卫系统完好无损。如果治疗的对象是都市中的青少年，我们觉得有必要了解他们的家庭背景，学校和邻里状况。用个例子来强调这种谨慎小心的必要性。一个14岁的来访者，会谈后，回到学校，那里环境非常危险。他的同学用刀子嘲弄他，并进行了语言攻击。好在他没有使用沙游，不然，他就可能不会有足够的自卫能力来保护自己。那时，我们主要利用自我强化和问题解决技术。你也必须考虑到来访者所处的环境。一旦离开会谈室，他就要在那里作出高水准的表现。虽然在连结沙游体验和现实世界阶段，你会让来访者准备好以便回到治疗室以外的世界，但是这往往不够。尤其是当来访者需要作出高标准的表现时（例如，考试、演出、从事高危险性工作），你可以把来访者的会谈时间安排在这些任务完成以后，或是每天工作结束后。

以上的例子是一些指导准则。旨在提醒你沙游并非对所有来访者都安全和有效。虽然大多数来访者能够从沙游中受益，但是，你还是要针对每个来访者的实际情况，一一做出判断。

本章小结

沙游治疗的禁忌事项

- 对沙游有强烈的抵触情绪。
- 来访者的成熟水平不足。
- 来访者有过多的情绪能量。
- 来访者的自我力量弱，例如来访者患有精神病、有严重的人格分裂，或具有边缘化人格。
- 来访者具有强迫性的行为和思维。
- 来访者对治诊室以外的危险保持警惕。
- 会谈后，来访者需要保持高理性的行为表现。

第10章

治疗师的个人沙盘

沙游治疗不仅会使来访者受益，同时也使治疗师受益。作为治疗师，你可以选择创建自己的沙世界，用于个人成长与来访者治疗。花些时间了解自己非常重要。除非你非常清楚自身内在发生着怎样的变化，不然，无论是作为治疗师和还是一般人，你都难以高效工作和生活。如果解决了悬而未解的问题，你不仅会变得更加明智敏锐，而且会发现你的理解力也逐步增强，你会变得更加完整统一，情绪上和精神上都会更加成熟。除此之外，自我探索还有助于你打破束缚创造力的桎梏，为你打开一片新天地，接纳新的思想，得到平静和自信的感觉。这种内在的稳定感会增强你处理生活中的变化和压力的能力，使你能够更加高效地治疗来访者，也能使你更少地将自己的判断和自己身上的阴影投射到来访者身上。相反，你会成为来访者生活中一个稳定的人，一个他们可以信任并能得到支持的人，尤其是当他们处在危难之中时。

实现个人成长

虽然实现个人成长有很多方式，但是如果你想通过有形的方式来表达无意识内容，沙游就是一个非常有效的工具。多年来，我们使用了很多方法来追求个人成长，包括自我催眠、梦的解析、完形疗法、团体疗法以及谈话疗法等。然而，在体验了自己创造沙世界以后，我们才把沙游当成了一项用于个人治疗和理解的技术。德·多美尼科建议所有的沙游治疗师都要定期创建个人沙盘，从而帮助自己不断成长。与一般的疗法一样，让治疗师体验自己的治疗很重要，尤其是他们实际操作的治疗类型。这在游戏治疗中往往很难做到。我们在序言中分享了芭芭拉的第一次个人沙游体验。现在我们想分享一下安娜为了促进自己的成长而定期使用沙游的经历。

> 直到我在加州奥克兰市向格思拉·德·多美尼科博士进行了广泛的学习后，我才真正了解到，沙游在自我治疗和个人成长过程中的作用是多么有力、多么独特。参加格里拉的培训不久，我收到母亲因中风而生命垂危的噩耗，就匆忙赶往加拿大去陪她。当坐在她身边，握着她的手时，我认识到，在她弥留之际能陪在她身边，是多么幸运的事。24小时以后，她离开了我们。短暂哀悼后，我花了一些时间办了丧事。我以为自己已经化解了母亲的死亡对我的影响。之后，在沙游培训过程中，我创建了自己的沙世界。在开始选择物件时，我觉得没有什么值得解决的。在进行治疗的时候，我的双手下意识地移向那些对我而言好像没有多大意义的物件。我尽情地建造着我的“世界”，完成时，我看到一个小孩，恐惧、迷茫，远远地望着母亲的坟墓。这令我自己都很惊讶。我默默地为母亲哭泣，也为那个我在哀恸处理中忽视的孩子而哭泣。她失去了在她生命中带给无条件关爱的那个人。在哭泣中，我治愈了过去和现在伤痛。虽然之前我已经从大人的角度处理了母亲的死对我的影响。但是，我并没有触及我内在

的那个孩子所感受到的深切的痛苦。在工作坊的那一个星期中，我完成了一系列的沙盘创作，其高峰情况就是发生在一个很有力的追悼会。在沙盘中央，母亲的尸体被埋葬在玻璃金字塔中，当小孩在尸体旁边跪下来的时候，整个班级庄重肃穆，站在旁边目睹着这一切。当小孩子送她母亲回家的最后旅程时，我点亮了围绕在金字塔外的一圈蜡烛。这些沙盘的照片至今仍被我视为宝贝（请看图13和图14）。这次体验之后，我便开始定期地运用沙游治疗自己。

图 13　安娜的起始沙盘

图 14　安娜的高峰沙盘

在讨论如何在沙中建造你自己的场景，处理你自己的问题之前，我们想要简单介绍一下我们的个人成长哲学。毋庸置疑，每个人对于人的概念都有自己的理解和信念。在我们看来，人是身体、心理、情绪和精神的统一体。我们为什么会在这里？每个人都有自己独特的答案。然而，一般而言，生命是一个过程，是一个接一个的体验，在这个征程中，我们学到了人生的智慧、经验和教训。心灵会自然而然地迈向自我治愈、不断成长和整合。不管人们做出怎样的选择，他们都将不断地被推向理解力的更高层次。当人们在体验和反复体验事件的同时，内在实体和外在行为都发生了变化。

鲁思·阿曼是荣格学派的心理分析师。她把内在成长定义为一个基本健康、稳定的本能自我在面对社会自我的阴影时个人世界观的转变过程。她认为，心灵是不断变化的。有的时候，个体的想法和价值观会摇摆不定。然后，“当灵魂的原型在灵魂深处再度形成转变，并且引入一个新的转变过程时”，他就会重获稳定和秩序。

是否要创建沙世界，或多久创建一次，都取决于你。我们发现，我们大概都是每个星期创建一次沙世界。这样，我们就能够解决问题，回答自己的问题，发觉新的领悟，并且可以审视心灵，尤其是当我们专注于忙乱的日常活动时。通常，沙世界的创建会在另一人的陪伴下进行。他可以是一位治疗师，或者是一位熟悉沙游的督导，也可以是一个我们了解并信任的人，他会认真倾听，而且不发表评论。如果你决定创建自己的沙世界，请记住，给你支持的人是否给出“适当的”问题或答案，或是否了解沙游技术，都并不重要。重要的是，他可以为你提供一个安全的保护环境，使你能够从认知、情绪、身体和精神上，探索你未打开的世界。虽然观察者说得不多，但他对你而言很重要，让你感觉得到了心理上的支持和有人倾听你讲话。如果你能真正地向某人倾诉，也会使探索过程变得更容易。这个过程往往使你听到了自己内在的声音。

然而，当你想要创建沙世界时，并不一定都能找到观察者来陪伴你。当你独处时，也可以自己建造、体验、处理自己的沙世界。当然，这可能不像有人在身边那样有效。假如你要自己创造沙世界，或陪伴者不是熟悉沙游的治疗师，那就按照治疗来访者的方案进行。记住，要相信你自己的内在智慧，能够找出你所需要的答案。

首先，尽可能地把你的头脑清空。你可以闭上眼睛，深呼吸，帮助自己放松。一旦感到放松了，想像当你呼气的时候，思想随之飘离。一直这样想，直到你的头脑一片空白。然后让自己安静一会儿，给自己无限的关爱。让“内在的孩子”（inner child）[①]知道，出来玩耍嬉戏很安全，怎样玩都可以，没有对错。无论发生什么，你都会在那里支持他，没有评判。如果你有问题需要解决，或想要找到问题的答案，让你的无意识心智为你找到解决方案。

清空头脑中的评判和分析之后，选择一个沙盘（干或湿，你想要的沙粒和颜色）。如果你想要在沙子上创造一个场景，现在开始建造一片地形，到架子上选出物件，开始建造沙世界。对于那些容易在不经意间回到沙游师身份的人，尽量快速进行，少思索。之后，花些时间充分体验沙世界。如果你愿意，要在体验阶段结束后，花一些时间来重新配置场景。接下来，把注意力关注在自己身上。记录创建和体验时的任何情绪和想法，将它们意识化。允许自己尽情感受这些情绪。

在治疗阶段，带领自己或观察者游览沙世界。这时最好大声说出来，无论你是独自一人还是有人陪伴。大声说话可以使你听到自己所

[①] 当个案有未解决的情绪内容时，自我中的“孩子”常常会驱使成人从孩子的发展层面来有所行动。当通过心理治疗已经处理了过去的需要和未解决的问题时，个案就能够用比较成熟的方式来表现自己了。

说的话，往往可以带来更多的领悟。如果你是独自一人，可以使用录音机，这样，你不仅有了一个听众，还可以重复播放录音，反复地听自己都说了什么。在游览沙世界阶段，像询问来访者一样，问自己相似的问题，不要过多考虑，马上回答。这样，无意识可以帮你找到答案，如同做梦一般。如果你对自己给出的答案感到迷惑，但应该认识到这个物件具有重要意义，因为它们是你体验到的身体上和情绪上的反应。继续探索，说出任何进入脑海的想法，即使你说出的内容可能觉得一点都不重要或毫不相关，也不要紧。记录说话时回想到的任何记忆。还可以针对沙盘中的物件或沙盘的一部分，编造故事。如果物件的内涵还不明晰，请继续游览沙世界，看看它与场景的其余部分是怎样联系的。有时，只有将物件联系到整个沙世界时，才会显露出其重要意义。

在整个游览过程中，记录你的身体感觉和情绪。当它们出现时，敞开自己拥抱它们并对它们进行处理。也可稍后再做处理。游览结束后，花些时间，仔细回想这个过程。此时，你往往会意识到沙盘的哪些部分有问题需要解决。双重性和冲突就会变得清楚明了。在有些情况下，你的沙盘会成为凝聚你的力量和内在平静喜悦的一座圣坛。如果真是这样，充分体验所有感觉，并将这些感觉带到日常生活中去。如果愿意，拍张照片。如有可能，请保持场景原样，一直到下次场景的创作。那样的话，你可以随时回到这里，进行回顾。

不过，在大多数情况下，你面对的是沙盘中的某个未解决的问题。如果真是这样，利用那些常常对来访者使用的治疗技术，例如，重组记忆，与物件对话，心像法和心理剧。根据你的意愿，移动、移除或带入新的物件。尽量不要去分析沙盘或对未打开的内容做负面评论。如果发生了什么可怕的事情，不要逃避，与恐惧共处，探索无意识的信息。

在体验之后，如果你觉得完成了对沙世界的处理，就给场景拍张照片。然后，花些时间，记录或创造一幅图画，以帮助你整合这个体验。问问自己有没有什么东西可以带入到日常生活中使用。我突然想到以往创作过的一个沙世界。我们想弄清楚与一位同事间存在的问题。在处理场景时，我们注意到我们将一个医用过滤面具摆放在我们和代表同事的人物形象中间。与面具对话后，我们认识到，正是这个面具切断了我们与那个同事之间的联系。仔细考虑后，我们把面具小心移除掉，能量开始流动，发生转移。后来，我们就随身带着这个面具意象，每当与同事互动合作时，就想像把它从我们的关系中清除了。慢慢地，我们之间的距离消失了。

创建沙盘时，一定不要匆忙草率。给沙盘照张相，在今后用来参考。按照你的意愿，可以在体验之后立即拆除沙世界，也可以把它按原样保留，等以后准备好了再拆除。

解决反移情问题

无论我们做了多少内在治疗，“反移情还是会发生”。作为治疗师和常人，我们往往会对来访者的外表和举止、或者对其所说所做的事情做出反应，至少会在心里做出反应。这些内在的反应或许积极、或许消极。我们体验到的想法和感受常常反映了我们自己过去生活中的场景和关系，未必与来访者目前的治疗有什么密切的联系。我们往往会将过去的记忆和反应带到现在的关系中，正如夫妻通常所做的那样。事实上，一旦我们与一个人建立了关系，就像我们在治疗来访者时必然发生的一样，就会与其形成一种伙伴关系。即使我们觉得在情绪上非常清楚，但把我们自己完全地消除也是不可能的，因为我们带入关系中的能量对于来访者的成长非常重要。我们会成为来访者系统的一部分，影响着来访者，也受到他的影响。

作为治疗师，在治疗过程中有一些反应并没有错，只要我们能意识到这些反应是什么、从何而来，就不会把自己未解决的包袱强行带入与来访者的关系中。一旦我们解决了自己的问题，通常就会变得清醒明智，有利于帮助来访者解决他们的问题。当我们解决了在来访者治疗过程中出现的反移情问题，不仅会在专业上有所进步，对个人成长也会有所帮助。

不管使用什么疗法（例如谈话，艺术，完形，催眠或沙游）治疗来访者，我们认为，一旦你解决了自己如何看待关系的问题，当你在治疗来访者时，就能够认识到自己的内在反应和感觉。无论何时，只要你对来访者的语言、举止产生内心反应时，在心里把它记下来，也要记住那时候你的语言和行为。会谈结束后，或在有空时，处理你的反应。解决反移情问题的方式有很多。通过自我反省、写日记、沙游等自我检查或者向治疗师或督导共同处理都很有效。如果你更喜欢视觉化或触觉化的方式，建造自己的沙世界就是非常不错的选择。通常，你的问题会从沙盘上反映出来，让你难以忽视它。

无论来访者是否建造了沙世界，你都可以使用沙盘解决反移情问题。如果你决定要使用沙游解决问题，而这时，来访者还没有创建沙世界，你可以像准备个人成长沙盘那样做好准备，让无意识从你的内在为你找到引起反应的问题。你也可以让你和来访者之间的动力显现出来。让自己沉浸在这些感觉中，不带任何评论或判断。充分体验这些感觉，记录此时产生的任何联想及回忆。然后，建造一个自发性场景，并处理它，最好是与另一位治疗师或熟悉沙游的督导一起进行。如果没有条件，就自己处理沙世界，使用前面提到的个人成长技术。如果问题难以把握，或是你无法自行解决，那就在你找到一位可信的治疗师帮助你的时候，再重建一个沙世界。

下面举个例子，来说明反移情问题及其沙游解决方案是如何影响来访者和治疗师的。我们督导的一位治疗师，名叫奈尔，发觉其治疗对象吉姆非常像自己的弟弟。奈尔十分爱她的弟弟。于是，她对来访者有一种强烈的积极反应。然而，奈尔并没有意识到，在她治疗吉姆的时候，在他身上倾注了很多期望，这些期望和多年来对弟弟的期待是一样的。吉姆正在决定是否回到大学攻读博士学位。奈尔巧妙地劝说吉姆回到学校，就像当初弟弟突然辍学时她劝说、强迫弟弟时的情景一样。奈尔总是觉得，弟弟现有生活中出现的困难，都该归罪于他当初离开学校的决定，并且认为，如果那时她能够说服弟弟留在学校，他现在可能已经功成名就。奈尔一直很歉疚，后悔没能帮助弟弟获得更好的生活。然而，对吉姆的期望，期待他最好回到大学，实际上阻碍了治疗过程的发展，阻碍了吉姆采用对他来说最佳的方案来解决问题。

在一次督导会谈中，奈尔在沙中建造了反移情世界。她意识到，自己放置在沙世界的愤怒女人形象事实上代表了她自己，而沙中那个男子形象并非她所治疗的来访者，而是她弟弟。让每个人物形象彼此对话后，她丢弃了原有的期待，全力支持吉姆做出自己的决定。她还与吉姆进行了互动，并为自己之前的混淆状态道歉。很明显，奈尔的问题得到解决，吉姆从中获益。不仅如此，奈尔的职业能力和个人生活也受益匪浅。最终，她摒弃了对弟弟的气愤和未能帮上他的内疚感。这种意识还帮她摆脱了要挽救来访者的想法。

来访者在治疗会谈中创建了沙世界以后，反移情问题就会更容易识别辨认出来。下面的练习是根据德·多美尼科的教学内容改编的。德·多美尼科是使用沙游解决反移情问题的创始人。和其他干预法一样，在来访者建造处理场景的时候，注意你的内在感觉。虽然你需要重点关注的是你的来访者，但是在他将物件带入沙盘，掩埋、移动或移除物件时，还要留意你自己的反应，也要留意你对来访者语言和非语言表达的反应。如果你对整个沙游过程拍摄了录像或进行了录音，就可以在会谈结束后参考其中的细节。有时，在解释沙世界之前，你的反应可能显得很强烈，然而，在你知道了实际意义后，反应就消失了。但是，不要忽视你的反应。记录下发生的事情，在沙游之后找时间处理它。毕竟，有些时候，你还没有完全认知理解，就会做出反应。你对来访者沙盘的初始反应为你提供了一个接触你自己未知的材料的机会。

我们想到一个特定的会谈，专门解释说明这种情况。在来访者完成场景创作之前，她把一张纸撕成许多碎片，并把纸片撒落在沙盘世界中。我们的第一反应是惊慌沮丧。对于我们来说，碎纸落在场景中，“世界”会显得杂乱无序。来访者开始谈论沙盘，在说到撒落在“世界”的魔力（纸片）时，眼中充满了惊喜。尽管我们最初得到了繁杂混乱的印象，但还是决定在会谈之后，花点时间处理来访者的“世界”。在处理场景时，我们小心翼翼，慢慢挑出了每一片纸，直到场景变得整洁有序平静。此刻才意识到，那时我们的生活正处于无序混乱状态，因而，需要秩序和稳定的恰恰是我们自己。这种想法能帮助我们，不再将自己的问题投射到来访者身上。

在来访者离开后拆除场景之前，在“世界”中逗留一些时间，把焦点放在引起你反应的物件或区域。如果你在两个会谈之间没有充足的时间，而且下一个来访者需要沙盘时，那就先把沙盘清理干净，以后再根据照片、图示和笔记来重建这个沙盘。我们建议你在每天工作结束后，再重建沙盘，那样，如果你要面对的个人问题还是悬而未解，你就有足够的时间进行处理。同样，如果可能，最好有一位你所信任的沙游师或督导和你一起处理。花些时间体验那个“世界”，就好像在体验自己的沙世界。然后，带领你自己（如果你独自一人）或是身旁观察的治疗师游览你看到的沙世界，尽量将注意力集中在制造问题的物件或区域上。通常，通过语言的方式将你的意义赋予物件、沙盘中的区域，或来访者的表述，这样，你便会理解来访者的沙世界是如何反映你的问题的。游览结束后，就像个人成长会谈过程中的方式一样处理沙盘。记住，这次你处理的是自己的沙盘，而不是来访者的沙盘。你所发现的问题是你自己的问题，而不是来访者的问题。结束时，按照自己想要保留的方式重新布置沙盘（移动、移除或带入新的物件）。花点时间去处理新的场景，问问自己在移动了物件或沙子之后什么改变了。然后，把你的领悟记录在你的日志里。

另一种使用沙游解决反移情问题的方法，其初始过程与前面描述的相同。之后，不是重新配置沙盘，而是将沙盘中引起你反应的部分放大。从沙盘取出这个部分的所有物件，用这些物件建造一个新的"世界"，带入任何想要带入的物件。有一次，我们督导的一个治疗师，根据自己的记录重建了一个来访者的沙世界来确认困扰她的是哪部分场景。最终，她认识到，令她感到焦虑的是沙盘中央的中空金字塔。她把金字塔取出，放在新沙盘的中间。然后，按照自己的意愿建造场景。在处理沙世界时，她注意到自己将金字塔装满了人。于是，她认识到那是因为自己会对空处感到不舒服。对她来讲，空处象征着孤独。而对于来访者，空处却代表了未知的地方，在那儿可能会出现新的事物或希望。沙游师意识到，自从搬到新家，她一直感到非常孤独寂寞。她的第一反应是把空处都装满人，而不是去面对自己的感觉。

另一种解决反移情问题的方法是创造一个你自己的全新的沙世界，不必利用来访者所使用的任何物件。让你的无意识心智为来访者的沙世界或令你困惑的那部分区域找到答案。如果你想要与某个来访者一起直接处理移情和反移情问题，可以让来访者创作一个关于你们治疗关系的沙盘。然后，和来访者一起处理沙盘。等他走了以后，利用他完成的沙盘深入研究自己对于你们之间关系的感觉。然后，为来访者的沙世界创造一个有答案的“世界”。通过将来访者的沙世界与你的问题以及过去经历联系起来并且对它们进行处理，你就可以减少反移情。事实上，你不断提高的理解力，会大大地提高你在生活中与来访者及其他人的关系。

在有些情况下，你所发现的问题也许不那么容易解决，继续治疗来访者已不太可能。作为一个治疗师，这可能是你必须处理的最痛苦的情景之一。但是，承认自己能力有限并努力地解决这个问题，对于你的成长和来访者的成长都很重要。如果你觉得治不了或不愿继续治疗来访者，向其谈论你的感觉和想法，将其转介给其他治疗师。因为来访者很可能也会察觉到出现了某些差错，因此提出这个问题也会证实他的感知。

对于来访者来说，这个过程也许非常痛苦，因为他可能会觉得是他自己出了什么差错，也可能觉得你在拒绝他。因此，谈论问题前，最好处理好你自己的感情，以免把过错强加在来访者头上。与来访者谈论你的想法和感受时要小心谨慎，这样你才不会强化来访者业已存在的自卑感和无助感（例如，他感觉是自己做错了什么才会被抛弃）。让来访者知道这都是你的问题，与他无关。你可以说：“你可能注意到，近来我好像有些疏离。最近，由于自己的限制，我感觉对你的帮助并不是很大。你对这几次会谈感受如何？”与来访者一起处理这些感受。这样的处理方式也许会导致治疗的终结和转介。不过，如果在互动中问题得到了解决，对来访者的治疗往往会进入一个更深的层次。

我们发现，做自己的沙盘价值无限，非常有效。当我们出现了问题，不管是专业问题还是个人问题，我们第一个想到的澄清的方式就是沙游。对我们来说，其即时性和客观性会促使我们达到一种更深的意识层次。我们可以观察、触摸并操纵物件。随着问题在我们面前的沙盘中赫然呈现，我们发现，那些原本想要用作自我保护、自我防卫的问题，现在却很难再去否认。

最后强调的是，处理好你自己的无意识材料，无论对于你还是来访者，都极为重要。

本章小结

实现个人成长

- 清空头脑中的无关想法。
- 让你的无意识心智为你的所有问题找到答案。
- 创建一个自发性沙世界。
- 充分体验沙世界。
- 带领你自己或观察者游览沙世界，询问自己类似于你提给来访者的问题，大声回答。
- 重组记忆，与物件对话，并且使用适当的治疗技术。
- 如果你愿意，拍张照片。
- 花些时间反思整个过程。
- 记录重要的领悟和感受。
- 都准备好时，拆除沙世界。

解决反移情问题

当来访者没有使用沙游时，你可以创作一个沙世界：

- 如同你在治疗来访者时一样，留意你的想法和感受。
- 让无意识心智找到你对来访者有所反应的问题。
- 让自己沉浸在感受和回忆中。
- 创建自发性沙世界，处理它，最好和另一位治疗师一起处理。

来访者使用沙游时，你也可以创作一个沙世界。

- 当来访者建造和处理场景时，记录你的内在感受和反应。
- 如果你有时间，把焦点放在来访者的沙盘中困扰你的那部分。
- 体验来访者的沙世界，就好像它是你自己的一样。
- 带领你自己或督导治疗师游览沙世界。
- 重组记忆，对话，等等，就像你在个人成长沙盘中所做的一样。
- 按照你的想法重新配置沙盘。
- 简单地处理新的场景。
- 拍照片并在日志中记下你的感悟。

放大来访者沙世界中引发问题的区域。

针对来访者的沙世界，创造一个包含有答案的沙世界。

结　语

就像本书的开始一样，我们也用一则故事来结束本书。许多年前，有一位有贵族血统的年轻女人叫安东妮娅。在俄国革命结束后不久，士兵们抢走了她所拥有的一切有价值的东西，她失去所有的金钱和财产。虽然她现在像其他村民一样过着贫穷的生活，但是她仍拥有一把美丽的扇子，它是母亲去世之前送给她的。当安东妮娅对她目前的处境感到特别忧郁时，她就把扇子带在身上。无论何时，只要她带着扇子，就会想起妈妈和那些旧日的美好时光，就会重新感到容光焕发和自信。

一天，在去市场的路上，她碰见一群吉普赛人正在小镇的广场上跳舞。她注意到有一位大约14岁的女孩，正垂着眼睛忸怩地跳着。音乐停止时，女孩抬眼看到了安东妮娅。当她看到安东妮娅所带的扇子时，眼睛为之一亮。安东妮娅离开广场后，女孩渴望的眼神一直印刻在她的脑海中。安东妮娅在内心深处涌起对这个女孩无限的同情。她回忆起自己以前不能相信自己的那种滋味。于是她转身又回到吉普赛人的货车旁边，对那个女孩说："来，这个给你，我不再需要它了，我将它留在心中。"接着她把扇子递给女孩。当女孩优雅地接受这份礼物时，她笑了，并且行了一个屈膝礼。

几个星期之后，安东妮娅又来到市场，她看到了那位吉普赛女孩，容光焕发，自信地在广场上跳舞、旋转。当她舞动的时候，左手高高地拿着那把扇子。安东妮娅注意到，女孩收集了各种颜色的野花，将它们绑在扇子的把手上面。安东妮娅来过这个广场许多次，发现这个吉普赛女孩已经在她的舞蹈中发展出比较复杂的运用扇子的方式。

有一天，安东妮娅又到了市场，她看到吉普赛女孩正在得意而自信地跳着舞，但是那把扇子却不见了。安东妮娅的眼泪夺眶而出，因为她害怕扇子给弄丢了。她四处张望，看到了一位大约8岁的瘸脚女孩。她坐在广场的边上，穿着破旧不堪的衣服。在她的手上，紧握着那把美丽而又相当破旧的扇子。她用另一只手，轻轻地抚摸着扇子，和它说着话。安东妮娅向那个孩子走去，坐在她旁边。她说:“你是怎样得到这把漂亮的扇子的呢？”小女孩回答:“哦，是那个正在跳舞的吉普赛女孩给我的。她说这不是一把普通的扇子，而是一把魔扇。她告诉我，她是从一位漂亮的女人那里得到这把扇子的。然后她说自己已经不再需要这把扇子了，因为她已将它铭记在了心中。她说，我可以按照任意我想要的方式去改变它，所以我在这里加上一些我最喜欢的小饰品。当我带着这把扇子时，我觉得自己很特别。我几乎觉得自己可以像其他小孩子一样跑步和游戏了。”安东妮娅对孩子微笑着，轻轻地拍了拍她的肩膀。她知道财宝在可靠的人的手里。

沙游——象征和意象的奇境——有点像这把扇子。我们想要再次感谢那些向我们传递沙游技术的人。我们已经为这个礼物赋予了我们个人的风格，就像这个故事中的孩子们对扇子所做的一样，而且我们怀着尊重和谨慎的态度来使用它。我们将我们的知识、想法和体验传递给你们，你们也可以用最适合你们需要和视野的方式来运用和改变它。然后，当你准备好了的时候，你也可以将你的知识和想法传递给其他人。我们希望你们能够睿智地运用沙游，但是请记住，正如同那把扇子一样，这项技术只是帮助你和你的来访者用不同的方式思考和感觉并协助你和来访者走向成熟的一个工具。

我们希望，在这个旅程上冒险的你们，能够学会信任由自己和来访者的内在智慧来引导你。我们也希望，将沙游融入你和来访者的生活，将会是一种不断充实的、充满刺激和有趣的、具有启发性的体验。

······ 附　录 ······

常见问题解答

下面是我们在工作坊和督导中经常面临的一些共性问题。

如果来访者只停留在表面水平，你应该做些什么？

作为治疗师，有时候这种情况会使我们遭受挫折，因为我们希望沙游治疗能够产生一些有意义的影响。虽然进展可能不明显，但是你必须相信，治疗已在无意识层次中发生，这一点很重要。允许来访者创造几个沙世界。有时候，来访者需要体验沙游一段时间之后才能学会信任治疗师和沙游过程。就像我们在书中所呈现的范例一样，这会让来访者进入无意识以及潜在痛苦的材料之中。不过，如果来访者一直保持在很浅的水平上，你就可以用语言的方式探索他正在体验的东西是什么。来访者外在的表现所揭示出来的内容常常会掩饰他内在正发生的状况。然而，有些来访者仍然太过防卫而无法释放内心（例如，他们不断地谈话、理智化，或匆匆地完成沙游过程）。另一些来访者则让沙游活动仪式化，从而可以使自己保持疏离和控制。如果你经过评估认为来访者无法将沙游当成一种超越表面水平的工具，就需要另找别种方法来治疗。

在整个治疗阶段，来访者都坚持使用“我”，这时候你可以做什么？

因为使用第三人称有助于来访者与沙盘的行动之间创造出一些距离感，这样的话就可以对来访者有较少威胁，我们建议你继续以第三人称来称呼沙盘中的物件（即用“那个女人”而不是“你”，或是用“那个男人”而不是“你的先生”）。不要纠正来访者所使用的语言，相反要示范使用第三人称。如果来访者坚持将物件个人化，而且对他而言很适当和安全，你可以遵循来访者称呼物件的方式来称呼它们。然而，要继续把活动保持在沙盘内，而不要把沙游过程转成谈话治疗。正如我们治疗过的一个男人在沙游会谈结束时所说：“你要我让那个男人和男孩彼此交谈，真的很有帮助。它似乎从我的无意识之中激发出了一些我以前没有想到过的答案。”

在沙游会谈中，你应该允许儿童点火柴吗？

这个问题的答案随来访者的不同情况而定。儿童的安全（包括你自己以及你所在的建筑物的安全）是首先要考虑的事情。当然，也要考虑其他一些因素。如果儿童太过年幼、发育不成熟或有情绪困扰，还或是有破坏和冲动倾向，我们就不赞成让他使用火柴。一般来说，我们会询问父母和孩子的监护人对孩子点火的态度如何。即便我们认为合适但他们却不这么认为，我们会尊重他们的要求。如果来访者曾有纵火历史，我们建议你评估一下什么才是对孩子最有帮助的。我们发现，在一个受控制的环境中，对于那些只是感到好奇、想得到控制感或者虽有破坏性但未发展出强迫性的模式的儿童，容许他们点火柴可能对他们有好处。儿童可以学到限制并将它内化，这样他就可以用一种安全和适当的方式来使用火柴。然而，如果纵火的模式根深蒂固而且具有强迫性，我们就不允许在治疗室中使用火柴和打火机。如果你有来访者属于这个类型，你或者把火柴从陈列架上拿开，或者干脆就不要在架子放火柴。有些来访者会把烧蜡烛、香薰、鼠尾草或纸当做是一种象征仪式，你可以告知他们，你这儿有火柴供应。

如何根据来访者在沙盘中创造的内容来确认他在成长过程中的阶段？

有几个理论可以说明来访者在他的成长过程的进步。斯图尔特的范式请看第5章的“沙游的发展阶段”。布莱德威和麦克德报告说，卡夫的三个连续阶段常常在儿童的第一个沙盘中以阶段相当的年龄表现出来。例如，如果儿童5岁，他的第一个沙盘会反映5岁的发展阶段。

洛温菲尔德认为，第一个沙盘就能够揭示出来访者对治疗的感觉、他与无意识的关系、他的个人问题以及可能的解决方案。布莱德威写到：沙游治疗过程从松散阶段至治疗完成，这些阶段可能发生也可能不发生，但是当它们发生的时候，她就知道某些事情正在发生着。她说，她发现第一个沙盘常常会描绘出一个问题情境和一个可能的解决方案。她注意到，在第一次沙盘之后，来访者常常会有一个逐渐的或突然的“向下走”或退行到集体无意识中。布莱德威发现，在这个时候来访者倾向于使用较多的水、水生植物和动物，而较少用到陆生动物和人类。最后才会有更多的陆生动物、人类和建筑物返回到场景中。这个时期是显示来访者较强创造力的时期。“向下走”和回来的过程可能会出现几次。

布莱德威观察到的另一个阶段被她称作“母亲－孩子”统一体（mother-child unity）时期。这个统一体首先伴随着动物出现，然后是伴随着人类出现。她也观察到阳刚和阴柔分化的时间，紧接着是两者的整合。最终沙盘中的游戏就导致了她所谓的“灵性自我”沙盘。来访者创造出了一个深奥的宇宙场景，安静祥和在自我之中浮现。此时常常会产生一种深刻的、富有启示性的体验，可能会有一种触及了灵魂的感觉。这个“世界”通常会释放出能量，自我力量也随之增强。布莱德威说，虽然生命过程直到死亡时才结束，但是治疗师将会认识到某些解决方案是在何时出现的，来访者和治疗师共同为之努力的特殊阶段是在何时完成的。

剩下的问题是关于解释和意义形成方面的。虽然我们不是荣格学派分析师或荣格象征学领域的专家，而且我们强调来访者的解释而不是治疗师的解释，但是许多使用沙游的治疗师有着很广泛的荣格学派训练，而且这群人在沙游领域中占绝对优势。因为本书的潜在读者可能包括那些熟悉荣格理论的人，也因为我们同意荣格的许多概念，因此我们在书中也囊括了一些关于解释的问题和解答。虽然熟悉荣格的原型和象征学可能会对治疗有所帮助，但我们并不认为这是绝对必要的。

对于你来说，了解和解释沙盘的象征意义很重要吗?

虽然在本书中我们强调让来访者来决定物件的意义，但是，关于治疗师是否应该或者能够解释来访者沙世界的意义则有不同意见。荣格学派治疗师相信有集体无意识和原型象征。他们强调，治疗师对于这些象征的理解，对于引导来访者进入更深层次的觉察和整合是至关重要的。卡夫认为，象征可以使来访者不断迈向丰满，它必须被治疗师正确地理解，这一点与荣格的观点相同。荣格学派认为，要在适当时机插入他们的解释。

我们认为，对沙世界的解释最好留给来访者，在这一点上我们同洛温菲尔德一致。虽然我们对“世界”的意义看法可能比来访者的想法会有更深的层次，但是，相信来访者智慧的内在自我可以在他能忍受的程度和在适当的时间框架中揭示自身非常重要。正如洛温菲尔德建议的那样，不管我们的努力怎样，来访者必将迈向个体化以及当前症状的不断改善。正如同克拉尔汤普森提到的，我们也鼓励来访者（和我们自己）把焦点关注在体验上而不是分析上。过于致力于特定的解释有时候可能会阻碍来访者的进步。“目前的趋势是避免僵化地依赖特定的规则，因为这些规则会带来限制。”（Mitchell & Friedman，1994）我们鼓励你根据自己的专业取向来选择是否做解释。

什么时候你可以与来访者分享你对沙世界的解释？

如果你决定要解释来访者的沙盘，我们同意荣格学派分析师的观点，在刚开始你最好只在内心来做解释。我们提醒你，在来访者准备好之前不要对他叙说你的臆测。温里布，一位荣格学派分析师，曾写到：在场景完成且治疗师已经询问来访者相关的问题或者引发了来访者的评论之后，治疗师才可以根据荣格学派象征学和原型意义来评估场景。治疗师并不会将这些解释告知来访者，但是可以使用任何以间接方式得来的想法。来访者的反应可能会也可能不会证实治疗师的推论。布莱德威和麦克德说，当沙游活动结束之后，与来访者一起共同观看他的沙盘图像时治疗师可以交换他所观察到的内容。他们相信在这个时候，认知会以非常有益的方式加入感觉体验中去。

你从哪里可以学到更多有关文化和原型意义的知识？

虽然我们一般并不建议一定要为来访者的沙盘赋予意义，但是，有时候，你若能够了解文化和原型决定的意义，那会很有价值。如果你和来访者仍然对沙盘的意义迷惑不解、场景是如何与来访者的问题或治疗的过程联系的、还有你已经问过并且我们在第3、4、5章讨论过的问题，你和来访者可以参考一本象征或神学字典，也可以参考我们建议的阅读书目和荣格学派的著作。我们二人已经从那些对文化和荣格学派的解释有着渊博知识的人那里收集了许多宝贵的资料，有时候这些可以带来对来访者沙盘更深的了解。下面是我们有价值的资料来源：

- 马丁·卡夫（Martin Kalff），一位荣格学派分析师，国际沙游治疗学会（International Society for Sandplay Therapy）的创始人之一，曾在《沙游治疗期刊》（*Journal of Sandplay*

Therapy）上发表过《沙游解释应考虑的20点》（*Twenty Points to be Considered in the Interpretation of Sandplay*）。他在该篇文章中写道，（同荣格一样），解释的内容不仅应该包括思维过程，而且还要包括治疗师的直觉、感觉和感知。

- 瑞·罗杰丝·米切尔（Rie Rogers Mitchell）和哈里特·S·费尔德曼（Harriet S. Friedman），在《沙游的过去、现在和将来》（*Sandplay Past, Present and Future*）一文中，把沙游描述成一个多层次过程。如同对梦的理解一样，对来访者在沙盘中的想法和工作可以从“三个层次”上来理解：个人层次（这个故事在来访者的生活中代表了什么），原型层次（潜在的主题是什么），以及文化层次（在故事中什么文化问题被视为诱发因素）。
- 鲁思·阿曼（Ruth Ammann），在其著作《沙游中的治疗和转化》（*Healing Transformation in Sandplay*）一书中，详细论述了她的思想体系。她对空间现象的解释融入在她关于沙盘中意义的理论中，她把物件的独特意义归结到沙盘的每个象限中。
- 杜拉·卡夫（Dora Kalff），在其著作《沙游》（*Sandplay*）一书中，对许多来访者使用的象征物都赋予荣格学派的解释。